MOVING FROM BOSS TO COACH

# 盖洛普

## 关于管理变革趋势的 52个颠覆性发现

[美] 吉姆·克利夫顿 Jim Clifton 吉姆·哈特 Jim Harter 著

徐中 刘铮 张洁 译

IT'S THE MANAGER

中国青年出版社

**图书在版编目(CIP)数据**

盖洛普关于管理变革趋势的52个颠覆性发现/(美)吉姆·克利夫顿,(美)吉姆·哈特著;徐中,刘铮,张洁译.
—北京:中国青年出版社,2022.5
书名原文:It's the Manager: Moving From Boss to Coach
ISBN 978-7-5153-5738-6

Ⅰ.①盖… Ⅱ.①吉… ②吉… ③徐… ④刘… ⑤张… Ⅲ.①企业管理 Ⅳ.①F272

中国版本图书馆 CIP 数据核字(2022)第045222号



## 盖洛普关于管理变革趋势的52个颠覆性发现

作　　者:[美]吉姆·克利夫顿　吉姆·哈特
译　　者:徐　中　刘　铮　张　洁
责任编辑:肖　佳
文字编辑:星　晨
美术编辑:张　艳
出　　版:中国青年出版社
发　　行:北京中青文文化传媒有限公司
电　　话:010-65511272 / 65516873
公司网址:www.cyb.com.cn
购书网址:zqwts.tmall.com
印　　刷:大厂回族自治县益利印刷有限公司
版　　次:2022年5月第1版
印　　次:2023年8月第2次印刷
开　　本:880mm × 1230mm　1 / 16
字　　数:304千字
印　　张:22
京权图字:01-2019-6513
书　　号:ISBN 978-7-5153-5738-6
定　　价:199.00元

如果你认为企业的首要使命是最大限度开发人的潜能，

那么这本书献给你！

# 目录
Contents

## 第五部分 职场的未来

# 如何阅读本书

这是一本写给首席执行官（CEO）、首席人力资源官（CHRO）和经理人（the Manager）的参考书。这本书不需要你在乘坐飞机时从头到尾匆忙看完，你随时都可以翻阅，我们写这本书是为了帮助企业解决当前面临的紧迫问题提供建议。

本书包括50多个极具颠覆性的观点，分为五大部分：战略、文化、雇主品牌、教练型领导和职场的未来。

所有公司都处在不同的发展阶段。你的公司可能已经解决了其中的一些问题，可能还有一些问题没有解决，那就找到有助于解决那些问题的章节内容。

当你阅读本书的时候，请记住，你的经理人和团队领导者的素质是企业成功的最关键要素。

# 推荐序

非常高兴为徐中博士领衔翻译的《盖洛普关于管理变革趋势的52个颠覆性发现》撰写推荐序。

最早读到这本书，是在2019年春天。那时的情景，现在想起来有着无限的美好。没有疫情，没有激烈的贸易冲突和经济对抗，更没有令全世界不安的硝烟和战争。不用戴口罩，我和中国青年出版社的朋友就在路边的咖啡馆里，平静地讨论着这本书，讨论着它对于中国企业的管理实践会有什么帮助。然而，三年过去了，书由徐中博士译好了，我们的生活也发生了巨大的变化。

我不需要陈述这三年里发生的那些大事。每个人都是亲历者，我们正在见证人类历史的进程。过去讲起VUCA时代，很多人都觉得似是而非，还有人觉得很遥远，大家其实对于未来世界，充满了很多的理性或幻想。但仅仅三年的时间，我们已经经历了一个巨变，也感受到了什么叫快速变化，什么叫不确定性，什么叫复杂到难以捉摸，什么叫做模糊到完全看不清。

其实，人类的历史从来就是这样，波浪式前进。每隔几十年，或上百年，就会出现一次天翻地覆的变化。人类有和平相处，也有兵戎相见；我们既能共同面对困难，也会彼此算计。这就是真实的人类社会。狄更斯说，这是最好的时代，也是最坏的时代。

不过，人类文明的脚步永远不会因为困难而停滞。即使在最困难的时候，文明的车轮也会滚滚向前。就像本书的出版，虽然中间经历了很多波折，但最终能够付梓，就在为历史的前行付出一份努力。我相信这本书一定会给中国企业带来重要的思想启示。

本书并不是一本孤立的书，它代表了盖洛普系列研究中的重要一步。这个研究已经催生出了很多有影响力的成果，这些成果先后成为了畅销作品，比如《现在，发现你的职业优势》《盖洛普优势识别器2.0》《伟大管理的12要素》等书籍。现在出版的《盖洛普关于管理变革趋势的52个颠覆性发现》，既是这个研究的最新成果，也是一个集大成的成果。从这本书中，我们可以感受到震撼力和影响力。当然，我也期待着盖洛普公司后续还会推出更有启发性的力作。

实施这些研究的基础，是盖洛普公司开发的“优势识别器”。据统计，已经有超过2000万人使用过这个测试工具。另外，盖洛普还有其他研究，包括对全世界160多个国家或地区的员工和经理人数以千万次的深入访谈，这也是写作本书时的重要材料和认知前提。

本书所讨论的核心问题，已经困扰了人类管理实践将近三十年的时间。这就是“人的价值如何可以得到更有效发挥”的问题。人们对于获得“好工作”的期望越来越强烈，但管理实践却迟迟不能给出有效的办法，所以，人的潜能无法得到充分的发挥。

书中给出了不少例子，都令人感同身受。比如，书中说：公司各级领导者每年要浪费价值10亿美元的时间在填写经理人的评价表格上，而没有证据表明这些评价和排名对于改善业绩是有效的。很多人都能深切地理解这一点，包括我本人。我们每年都要填很多无聊的表单，每次填写都让我产生深深的厌倦感。

就在我撰写这篇推荐序的前一天，我刚刚在公司秘书的催促下，完成了作为董事会成员必须要填写的一份评价表格。那是一张打分表，实际上是一份非常无聊、又无用的评价表。表格是按照评价中国管理者的方式设计的，其中有一项是要评价经理人的思想觉悟。但我所在的这家公司有国际业务，也聘任了少量的外籍管理者，于是，我真不知道该如何评价这些外籍人士的“思想觉悟”。

为了这件事，我和公司秘书浪费了不少时间。不打分，我对这些外籍人士不负责任，更重要的是也无法通过系统提交我的评价表；但是随意打分，又是对公司股东不负责任。我们不展开讨论为什么会有这种荒唐的事情出现了，但不可否认的是：这种官僚主义、形式主义的东西，实实在在地影响着我们的工作意义感，让我们有浪费生命的感觉。本来，我为这家公司服务，有着很多的快乐和收获，但在填表的那一瞬间，我却想辞职。

我们在不同的场景中，都不同程度地遭遇着类似的困境。因为如此，我们对工作的意义感，常常会打折扣。这本书提到，世界上只有15%的员工是真正敬业的，只有这些少数人，真正受到了组织使命和目标的激发。这不能不说是一个悲哀。这本书也提到，如果把这个15%变成50%，也就是让一半的人发生显著的改变，这个世界将会有更大的不同。我深以为然。

实现这个改变，是盖洛普出版这本书的目的。改变，需要每一个领导者去思考，通过思考去观照我们每天习以为常的事情和做法。我对这本书的感受是：它不仅仅是用来阅读的，更是用来品味的。这本书会让我们想到很多，我们会从文字里看到我们的上下左右，也能看到我们自己。

徐中博士为翻译这本书付出了很多心血。从一开始，我就坚定地认为他是最适合翻译这本书的人。他在清华经济管理学院接受了系统完整的MBA教育和博士教育，之后一直在领导力研究领域里辛勤地耕耘。在成为一名职业的领导力培训专家之前，他于2003—2008年担任清华经管学院高管培训中心的领导工作。2011年开始为经济管理学院的MBA同学开设领导力开发课程。现在，他经常为中国电信、华为、美团等高科技企业，以及中国建设银行、中国银行、国家能源集团等大型组织提供领导力咨询和培训。

最难能可贵的是，徐中博士利用十几年的时间，系统地梳理了领导力学科的发展脉络，并且重新组织翻译了这一领域的多部经典著作。大家手上看的沃伦·本尼斯、拉姆·查兰、约翰·科特等大师的很多经典作品，都是这一努力的成果。现在，徐中博士又奉献了一部最前沿的作品，我向徐中博士致以敬意。

最后，也感谢中国青年出版社的信任，衷心希望《盖洛普关于管理变革趋势的52个颠覆性发现》的出版，可以帮助我们找寻到塑造工作价值的方式，可以影响我们身边的人，也可以改变我们自己。

是为推荐序。

**宁向东**

清华大学经济管理学院教授

2022年5月

# 译者序

## 释放经理人潜能是解锁组织原力的杠杆

这是一本可能给每一位职场人士带来“醍醐灌顶”之感的大作！

作为一名职场中人，你可能经常会想：我对自己的企业和职业有多满意？我的才能有百分之多少得到了开发？我对企业未来的信心有多大？我的职业愿望是什么？

作为一名经理人，如果有人问你：“企业的盛景还有多久？企业持续增长的原力在哪里？员工心中最大的职业愿望是什么？”

你会怎么回答？如果你不能回答，那么，你想知道谁能回答吗？

我相信，无论你是企业家、创业者、管理者、政府官员，还是科学家、工程师、销售员、行政人员等等，你都会关心自己的企业、自己的职业，以及所在地区的经济如何实现持续繁荣增长等问题，因为，这是你的船！

全世界有一个权威的机构最有资格来回答这个问题，它就是盖洛普公司！这个拥有87年悠久历史的全球最大的调研机构，一直在做这方面的深入研究和实践工作。可能你已经看过他们出版的《盖洛普优势识别器2.0》《首先，打破一切常规》《伟大管理的12要素》《现在，发现你的领导力优势》《现在，发现你的职业优势》等畅销书和各类调研报告，这些研究成果都已经成为释放组织潜能和个人潜能的权威宝典，有数百万个组织和数千万人从中受益。

基于80多年的深入研究和上述成果的应用实践，盖洛普CEO吉姆·克利夫顿出版了这本新书《盖洛普关于管理变革趋势的52个颠覆性发现》来全面回答上述问题。在书中，他首先回顾了企业发展的历史和现状：

盖洛普的分析师们回顾了几乎所有领先机构和管理文献中能找到的所有内容，以及30多年来在美国和全球范围内追踪的职场数据，包括对160个国家的员工和经理人员进行数以千万次的深入访谈，与全球最大的300家大型组织的首席人力资源官们进行的圆桌交流，对世界上最杰出的经济学家进行的采访。盖洛普得出的结论是，全球最严重的短期（5—10年）问题是经济活力下降和生产率下降。各行各业的早期发展大多源自供不应求的市场需求驱动，后来出现供过于求，尤其是最近几年，《财富》1000强公司的绝大多数都是靠收购竞争对手来实现增长。在过去20年里，在美国交易所上市的公司数量几乎减少了一半，从大约7300家减少到3700家。依靠兼并收购实现持续增长的外部规模驱动战略已经走到了尽头。

全球职场的总体现状是，只有15%的员工在工作中是敬业的，也就是说，他们在从事伟大的工作（great jobs），受到富有意义的组织使命和目标的激发。剩下的85%的职场人士告诉盖洛普，他们要么对工作不投入，只是敷衍了事，要么更糟，他们讨厌自己的工作、经理和公司。在许多方面，他们报告说没有感受到工作的意义。

近20年，我每年要和近百家企业打交道，给数十家领先企业做领导力培训和咨询，上述这些问题都普遍存在于这些企业之中，尽管这些企业大多是业绩优秀的上市公司。例如，有一家知名的互联网公司，有一年招聘2万多人，离职1万多人。有一家知名的汽车公司，收入、利润名列前茅、持续增长，但员工满意度却不断下降。不少知名的金融机构，业绩蒸蒸日上，但员工满意度却在降低。你可以停下来想一想，在你的工作中、企业中和地区中存在这些问题吗？你有怎样的感受和期望？

时代剧变，创新和全球化引领人类指数级的变化，人们期待未来的职场是怎样的呢？盖洛普的最新调研发现，大多数千禧一代（1980—1996年出生的人）和Z世代（1997年或以后出生的人）都怀着极大的热情投入职场。但旧式的管理模式——各种表单、等级、个性化很低的人际关系和年度评估——会榨干他们的生命力。盖洛普发现职场正在出现六大变化，千禧一代和Z世代的职业愿望是：

1.不仅仅是为了薪水而工作——他们想要工作的目的和意义；

2.不再追求工作的满意度——他们追求的是个人发展；

3.不想要上司——他们想要教练；

4.不想要年度评估——他们想要经常性和持续性的对话；

5.不想要一个关注他们劣势的经理人——他们想要能拓展自己优势的教练型领导；

6.这不是一份工作——工作不再只是工作，而是他们的生活。

这是盖洛普有史以来最大、最令人惊讶的发现之一。越来越多的人的愿望是拥有一份“伟大的工作”，它具备好工作的所有特征，但有一个很大的变化：员工希望从事的是有意义和令人满意的工作，并在工作中体验到真正的个人成长和发展。而盖洛普的这个发现与美国积极心理学（幸福学）创始人塞利格曼教授发现的“幸福密码”惊人的一致——PERMA模型（积极的情绪、工作敬业、良好的人际关系、意义感、成就感）。

企业最大的问题不是产品没有市场或是员工不加班，最大的问题是人的积极性和潜能远远没有释放出来，人员成本越来越高而有效产出却越来越低！员工最大的失望不是没有升职加薪和经常“996”，而是缺少伯乐、缺少舞台，缺乏工作的热情与动力，自己的潜能远远没有释放出来！

如何破解这个困扰全球企业和员工的难题？在创始人乔治·盖洛普的卓越领导下，盖洛普通过多年的深入研究，破解这个难题的全部密码，其中最深刻、最独特、最能说明问题的就是：管理者决定员工敬业度的70%！管理者是释放组织和个人潜能的杠杆！由此，联想到一句大家熟悉的话：加入公司，离开上司！这告诉我们，企业需要从"以人为本""以奋斗者为本"，迈向"以奋斗的管理者为杠杆"的超高效组织！

盖洛普调研还发现，美国企业经理人的平均状况是，大约30%是优秀的，20%是糟糕的，还有50%刚好在中间。如果能够将优秀经理的比例从30%提高到60%，也就是提高一倍，将20%的糟糕经理人员比例降至个位数，那么，组织的活力、敬业度、创造力和员工的幸福感将得到极大的提升，企业的市值将有机会实现数倍的增长。

要释放组织和员工的潜能，首要和关键是要释放各级经理的潜能！如何有效释放各级经理的潜能，提升他们的胜任力呢？吉姆·克利夫顿在本书中提出了52个突破性的知识点，分为五大部分：战略、文化、雇主品牌、教练型领导和职场的未来，附录1：克利夫顿34个优势主题指南，附录2：伟大管理的12要素，附录3：工作敬业度与组织成果之间的关系，附录4：基于优势的员工发展与组织成果之间的关系，附录5：经理人员招聘和发展状况的盖洛普元分析研究。这是一个非常丰富、完整的知识系统，还包括著名的Q12测评解读，34种优势主题的测评解读等，可以说是盖洛普关于释放人的潜能的集大成，是盖洛普研究的精华集锦。正如作者在本书开篇提出的：如果你认为企业的首要使命是最大限度开发人的潜能，那么这本书献给你！因此，这本书值得每一位经理人作为枕边书，常看常新。

十年树木，百年树人。吉姆·柯林斯在《从优秀到卓越》和《基业长青》中总结出打造卓越企业的核心是：训练有素的人、训练有素的思想、训练有素的行动，以及飞轮效应。苹果、微软、亚马逊、华为、腾讯、阿里巴巴、美团等都堪称是践行这个模型的典范。但在具体实践中效果并不理想，虽然中国很多的央企、高科技企业、互联网公司、创业公司等都越来越重视领导梯队建设和组织能力建设，但还普遍存在几类严重的问题：短期主义、功利主义、经验主义、绩效导向、重事轻人、拔苗助长、缺乏耐心、无从下手、头痛医头、缺乏系统。希望本书和盖洛普的相关研究对中国企业家和经理人带来更多的前瞻性、科学性、系统性、实践性，增强识人用人育人的决心、信心、耐心、慧心、恒心！

翻译本书是一个难得的学习机会，首先，特别感谢宁向东教授的引荐、推荐和精心做序，宁老师是管理学大家，是清华MBA、EMBA和高管教育课堂最受欢迎的老师之一，他在得到平台开设的“宁向东的管理学课”有数十万的忠实粉丝，他给予我们翻译团队的信任和鼓励是我们克服疫情困扰等挑战的重要动力！

其次，感谢与我一起翻译本书的刘铮老师和张洁老师，她们作为长期从事领导力培训的业界专家，在工作之余以饱满的激情投入翻译工作之中，为本书翻译质量增色不少。徐中翻译了本书的导言、第1—31章，刘铮翻译第32—52章和附录1的部分内容，张洁翻译附录1的剩余部分和附录2—5等。翻译是一门充满遗憾的工作，如有任何错漏，敬请批评指正！

**徐中　博士**

领导力学者，高管教练

北京智学明德国际领导力中心创始人

2022.5.1于北京清华科技园

# 导 言

## 全球企业员工的新愿望

当全球的职场正在经历非凡的历史性巨变时，管理实践却已经停滞了30多年。

管理实践已经远远落后于人们的现实工作、现实生活和对生活的期待。我们必须迅速做出改变。

为了更好地了解这种变化，盖洛普的分析师们回顾了几乎所有领先机构和管理文献中能找到的全部内容，以及我们30多年来在美国和全球范围内追踪的职场数据。我们的工作内容包括对160多个国家或地区的员工和经理人进行数以千万次的深入访谈。

我们与全球最大的300家大型组织的首席人力资源官（CHRO）进行了正式或非正式的交流。

我们采访了几位世界上最杰出的经济学家。

由此，盖洛普得出结论，全球最严重的短期问题（5—10年）是经济活力下降和生产力（人均GDP）下降。我们还得出结论，这些问题是可以解决的，就像精益管理和六西格玛提高了美国和全球的生产质量一样。

这一次需要解决的问题不是流程管理中的失败，而是人的潜能最大化开发的失败。

政治家和政策无法解决经济活力下降和生产率下降的问题，但CEO和CHRO可以做到。那些领导全球1万个最大组织（包括政府组织和非政府组织）的领导者能够成功解决这个世界上最大的难题。

美国公司应该发挥重要的作用。美国人口普查局的数据显示，美国大约有600万家公司，其中400万家只有4名甚至4名以下员工，这些都是所谓的“夫妻店”。因此，全国只剩下200多万家中小公司和大型公司。其中，100万家公司由5—9名员工组成、60万家公司由10—19名员工组成、50万家公司由20—99名员工组成，仅有9万家公司有100—499名员工，大约有18 000家公司的员工人数达到或超过500名。

这18 000家最大的公司可以通过把公司文化转变为高度重视发展员工的文化，从而显著改变美国的生产力和GDP的增长。

解决之道在于让管理实践与全球员工的新愿望相一致。伟大的美国梦已经改变，伟大的全球梦也是如此。世界人民的新愿望是想要一份好工作。

当企业纷纷响应这种愿望时，一切都会改变。

与精益管理和六西格玛一样，当管理实践转变时，人也会转变，企业也会节省大量的时间和金钱。一切都会变得更好。团队成员和团队会获得成长和发展，大家会更加成功，因为他们的工作与他们期待的好工作的愿望是一致的。

用六西格玛的术语来说，未能最大限度地发挥团队成员的潜能是一种缺陷。

一家大型全球职业服务公司估计，公司各级领导者每年浪费了价值10亿美元的时间在填写经理人评价表格上，而不是在培养员工和与他们进行持续的培训对话上。就像很多CEO和CHRO注意到的那样，在世界上任何地方、任何管理科学机构都没有证据表明，现有的大规模员工评价和排名是有效的。

CEO和CHRO问我们：他们如何确切地知道或能评估自己是否有一种高度重视人才发展的文化？衡量这一点的最佳指标是——“在工作中，有人鼓励我的发展”。

当你60%的员工对这一项表示强烈认同时，你已经改变了你的职场，也对世界贡献了一点（甚至更多）改变。

本书中的数据和分析揭示了一些重要的结论。过去30年，由于经理人未能在领导和发展员工与团队方面做出重大改变，全球经济的生产力已经放缓。

尽管盖洛普的分析对管理实践提出了批评，但也认为这个问题是可以得到解决的。我们将“可解决”定义为可以通过努力提高全球员工的敬业度。目前，世界上只有15%的员工在工作中是敬业的，这意味着他们在从事伟大的工作时受到富有意义的组织使命和目标的激发。如果这个数字上升到50%，世界各地的职场将会有显著改变，世界也将会有显著改变。

已有大量研究清晰阐明如何大幅提高员工的敬业度。关于这个主题的著作已经有很多，知识已经具足。问题是，虽然管理科学在过去三十年里有了显著的进步，但管理实践却没有。

公司的长期使命是创造股东回报。我们欢迎这个使命，但这对未来的职场来说还远远不够。

彼得·德鲁克写道：“公司的唯一使命是创造客户。”我们也喜欢这句话。但这对未来的职场来说还不够。

公司的新使命——以及职场的未来——必须包括最大限度地发挥人的潜能。

## 生产力是什么

最大限度地发挥人的潜能不仅对公司有积极的影响，而且对国家和世界的生产力也有积极的影响。

全球大多数机构的经济学家和学者衡量一个国家经济的核心指标是GDP，它是一个国家或地区全体人民的生产、购买和相互出售的所有东西的总和。

如果一个国家有“总销售额”，那就是它的GDP——国民和组织所有交易的总和。几乎所有国家的政府每个季度都会统计报告GDP。

GDP被默认为是衡量社会进步和国家健康的主要指标。例如，中国的人均GDP增长较高，而俄罗斯的相对较低。因此，一些重要的学者和思想领袖得出结论，认为中国的社会发展比俄罗斯的更好。实际上，并不是那么简单，但至少GDP是一个跨国家和社会的通用衡量标准，通常来说对评估社会发展很有帮助。

GDP增长除以总人口或“人均”就是经济学家所说的“生产力”。

举个例子，把美国想象成一个公司，你是CEO或CHRO。你们有大约1.25亿全职员工和2700万兼职员工，有大约20万亿美元的销售额（2018年美国国内生产总值）和近20万亿美元的债务。你们这个庞大的公司——美国公司——面临的最严重的问题是增长下滑和费用上涨。你的员工在抱怨，因为他们中有50%的人的薪酬比35年前减少了。总的来说，有些员工已经超过35年没有加薪了。他们在住房、医疗和教育方面的支出呈爆炸式增长，而薪酬水平则停滞不前或下降。CEO和CHRO比他们的国家政府更有能力改变他们国家和世界的经济活力。虽然良好的财政政策比糟糕的财政政策更好，但最大的杠杆掌握在CEO和CHRO手中，而不是国家立法者。

## 华尔街为何空空如也

当各级职员都没有得到发展时，他们的组织也没有得到发展。组织没有精神追求，没有创意想法，就没有有机的客户增长。所有这些加在一起，经济活力就会下降。除了大约20家公司外，美国的大型公司也是如此，它们主要通过收购实现增长。

当公司无法实现组织的有机增长时，CEO只好放弃努力，回到自己的办公室，开始收购竞争对手，进行价格竞争。

令人震惊的是，大多数上市公司的董事会都会鼓励这种做法。

图1揭示了一个经济活力下降的世界是什么样的。

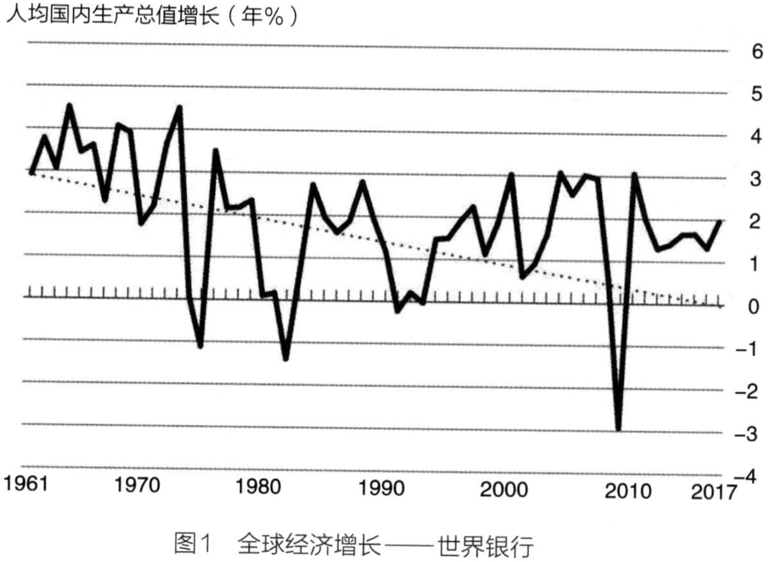


图1　全球经济增长——世界银行

收购竞争对手是目前几乎所有《财富》1000强公司的增长战略。因此，在过去20年里，在美国交易所上市的公司数量几乎减少了一半，从大约7300家减少到3700家。

可供收购的公司越来越少了。

在某种程度上，这种收购策略遇到了瓶颈。这让我们思考，纽约证券交易所和纳斯达克还将会存在多久。

盖洛普分析发现，只要向现有客户销售更多产品，多数公司的收入仍能翻一番。但不管出于什么原因，他们没有这样做。他们采取更容易的收购方式来获得客户，而不是通过努力激发自己的团队来获得客户。

**盖洛普给董事会的建议：**与其为收购支付难以收回的高价，不如立即实施一种真正的内生有机增长策略——一种建立在完全转变的职场文化之上的策略，即拥有优秀的经理人和高素质的员工。

把你的领导工作重点放在这里——激发团队的奋斗愿望，自然会带来客户的增加、收入的增加和高质量的回报。

获得激发的员工带来的业务增长是免费的，它也使企业中可以激发人的潜能的工作回到正轨，因为它实现了全球员工的愿望。

## 全球员工都想要什么

如前所述，全球员工的新愿望是有一份好工作。

几年前，盖洛普开发了一套全球评价方法，为98%的世界人口评估他们的生活状况。我们问他们："想象一个梯子，梯子从底部的0到顶部的10。假设我们说梯子的顶端代表你可能过上的最好的生活，梯子的底部代表你可能过的最糟糕的生活。你觉得自己现在站在梯子的哪一级？你是否认为站得越高意味着你对生活的感觉越好，站得越低意味着你对生活的感觉越差？哪一步最接近你的感受？”

我们接着问他们，是什么造就了美好的生活。

他们的回答让我们大吃一惊。虽然法律和秩序、食物和住所仍然是世界各地人们的基本需求，但我们发现，实现伟大的全球梦想的前提是人们拥有一份“好工作”（good job）。

同样，盖洛普根据80多年来的追踪发现，人们首先想要的是基本的法律和秩序（安全），然后是食物和住所，最后是一个家庭，拥有一个家，生活在和平的环境中。现在，在美国和世界各地，人们的伟大梦想是拥有一份好工作。这是盖洛普有史以来最大、最令人惊讶的发现之一。拥有家庭、孩子、住所和和平仍然很重要，但它们的优先级较低。

“你能想象到的最好的生活”——尤其是对年轻人和越来越多的女性来说——是有一份不错的工作，有一份能维持生活的薪酬，有一个能激励你发展的经理人或团队领导，否则就是白日梦。

一份糟糕的工作（a lousy job）、一份好工作（a good job）和一份伟大的工作（a great job）之间到底有什么区别？

“糟糕的工作”是指你没有充分就业，薪酬很低，想要全职工作却只找到一份一周工作时间不到30个小时的工作。

盖洛普对“好工作”的定义是为一家机构全职工作，每周工作30小时以上，薪水能维持基本的生计。

“伟大的工作”具备好工作的所有特征，但有一个很大的区别：员工从事的是有意义和令人满意的工作，并在工作中体验到真正的个人成长和发展。

拥有“伟大的工作”的人有着不同寻常的生活体验。除了实现业务蒸蒸日上之外，他们还能够激励团队，解决问题而不是制造问题，在公司社群中做志愿者，有更好的健康和幸福感，很少发生工作事故，几乎没有错误和缺陷。

但现实问题是，世界上只有15%的员工处在敬业状态中或者有“伟大的工作”。这少部分人驱动着世界经济发展，他们为组织和社会提供了非凡的价值。

剩下的85%的职场人士告诉盖洛普，他们要么对工作不投入，只是敷衍了事；要么更糟，他们讨厌自己的工作、经理和公司。在许多其他事项中，他们报告说没有感受到工作的意义，这对于千禧一代的员工来说，意味着他们的生活没有意义。

全球职场的改变需求比我们想象的要大得多。

例如，以日本为例，这个国家正努力把事情做对——现状是，94%的日本职员要么在工作中处于“从业”状态，要么在工作中处于“怠业”状态。这个问题如此严重，以至于政府出台了新的政策和法律来应对职场中的压力和职业倦怠，以及悲剧性的高自杀率。

当前的管理实践不仅破坏了日本职场的未来，也破坏了日本的文化。只有6%的员工表示自己在工作中是敬业的。

与大幅提高员工敬业度相比，世界领导人、CEO和CHRO已经解决了很多困难得多的问题。然而，他们却没有解决一个益处更多的问题——既有利于他们自己组织的发展，也有利于全球公司的发展和人的发展的下一个大飞跃。

## 是经理人

大多数CEO和CHRO可能会想："我同意这个观点，但我现在能做些什么来获得更好的结果呢？我该怎样做才能使公司的文化发生彻底的改变，从而与员工的新愿望和未来发展保持一致？"

盖洛普被期待破解困惑职场的全部密码，可以追溯到80年前我们的创始人乔治·盖洛普（George Gallup），其中最深刻、最独特、最能说明问题的可能是这点：**经理人决定团队成员敬业度的70%。**

这就是经理人的价值！

如果你有5万名员工，你就有大约5000名经理人或团队领导者——所有的差异都源自这里。精心设计的福利套餐、新的评价体系、免费的午餐和极好的运动设施，当然很好，但它们不会改变业务增长的结果。只有提高优秀经理人的比例才能带来业绩增长。

如果在你的5000名经理人中，有30%是优秀的，20%是糟糕的，还有50%刚好在中间——这大约是美国员工敬业度的全国平均水平，如果能够将优秀经理人的比例从30%提高到60%，也就是提高一倍，将20%的糟糕经理人员比例降至个位数，贵公司的股票价格就会大幅度上涨。实际上，CEO或CHRO所做的其他任何事情都不会真正地在结构上可持续地增加组织的价值。

提升绩效的杠杆是什么？通常，没有一个单一的杠杆来创造变化。在这种情况下，唯一的杠杆是经理人。

当你有了能最大限度发挥每个团队成员潜能的优秀经理人时，你就实现了新的全球愿望：一份伟大的工作，一个美好的生活。

这就是职场的未来。

## 第一部分

# 战略

鼓舞人心的信息很重要。但是，除非领导者能够建立起一个战略，把所有的团队凝聚起来，并做出正确的决策，否则他们不会创造卓越业绩。

# 第1章

## 首席执行官和首席人力资源官应该改变什么

大多数千禧一代（1980—1996年出生的人）和Z世代（1997年或以后出生的人）都怀着极大的热情来工作。但旧式管理模式——各种表单、组织等级、个性化很低的人际关系和年度评估——会榨干他们的生命力。目前全球范围内的管理实践很少带来人才发展。

这对你的组织的生产率意味着什么？这意味着，如果你还在实践旧式管理模式，那么你需要从根本上改变你的职场——改变组织的文化。

改变组织的文化始于改变CEO和CHRO们的信仰。然后改变组织中各级经理人的思想，进而改变这些经理人培养每一个团队成员的方法。盖洛普研究发现，尤其是千禧一代彻底改变了世界的运转方式——人们如何交流、阅读、写作和建立联系。现在，没有回头路可走。千禧一代和Z世代的思维和行为正在颠覆零售、酒店、房地产和住房、交通、娱乐和旅游，他们将很快从根本上改变高等教育。

千禧一代和Z世代正在改变这个世界的职场愿望，也在改变拥有一份好工作和美好生活的意义。

## 六个变化

盖洛普建议公司立即将其文化从旧的职场愿望转变为新的职场愿望。以下是我们发现的六大变化。

**1. 千禧一代和Z世代不仅是为了薪水而工作，他们更想要工作的目的和**

**意义**。对于这一代人来说，他们的工作必须有意义。他们希望为有使命和目标的组织工作。在过去，婴儿潮一代和其他几代人不一定需要工作的意义，他们只是想要薪酬。他们的使命和目标是他们的家庭和社区。对于千禧一代和Z世代来说，薪酬很重要，也必须公平，但这已经不再是他们工作的主要动力，他们的关注点已经从薪酬转向了工作目的和意义——你们公司的文化也应该随之转变。

**2. 千禧一代和Z世代不再追求工作的满意度——他们追求的是个人发展**。这一代的大多数人并不关心今天许多职场的"花哨"——乒乓球桌、高档拿铁咖啡机和公司提供的免费食品，这些都是为了创造工作满意度。分发玩具和津贴是一种错误的领导方式。更糟的是，这给人一种居高临下的感觉。

**3. 千禧一代和Z世代不想要上司——他们想要教练**。旧式上司的角色是命令和控制。但是千禧一代和Z世代关心的是有一个可以培训指导他们的团队领导，把他们作为个人和员工来重视，帮助他们理解和建立自己的优势。

**4. 千禧一代和Z世代不想要年度评估——他们想要经常性和持续性的对话**。他们是如何交流的呢——发短信、发推特、Skype，等等，都是直接而持续的。千禧一代和Z世代习惯于不断的沟通和反馈，这极大地改变了职场的沟通与合作。年度评估对他们来说不起作用。

**5. 千禧一代和Z世代不想要一个关注他们劣势的经理人——他们想要能拓展自己优势的教练型领导**。盖洛普的调查显示，劣势永远不会发展成优势，而优势可以无限地发展。你的组织不应该忽视劣势。同时，你应该了解劣势，但更需要最大限度地发挥优势。基于优势的文化也能帮助你吸引和留住明星团队成员。

**6. 这不是一份工作——这是我的生活**。如前所述，盖洛普的一项发现是，每个人都想要一份好工作，千禧一代和Z世代尤其如此。在公司文化的历史上，员工们比以往任何时候都更会问："公司重视我的优势和贡献吗？""公司是否给我机会让我每天做我最擅长的事？"对千禧一代和Z世代来说，工作不再只是工作，而是他们的生活。

表1-1　职场需求的变化

| 过去关注 | 未来关注 |
| --- | --- |
| 我的薪酬 | 我的工作目的和意义 |
| 我的工作满意度 | 我的个人发展 |
| 我的上司 | 我的教练型领导 |
| 我的年度评估 | 我的持续对话 |
| 我的劣势 | 我的优势 |
| 我的工作 | 我的生活 |

# 第2章

## 为什么组织变革如此困难

只有22%的员工强烈认为组织的领导者对组织有一个明确的方向。

如果没有组织高层领导的积极推动，将组织文化从员工旧的职场愿望转变为新的职场愿望，那么使管理适应这六种职场需求变化的组织变革将不会发生。问题是，只有22%的员工强烈认为他们组织的领导者对组织有一个明确的方向。

为什么组织变革如此困难？

一个答案是，数千年来人们主要以小群体或部落的形式存在。为了证明自己的价值，每个部落成员都有在部落内部建立联系的角色和动机。这个群体的生存取决于每个人的各尽其责。

此外，也存在不被信任的外来者可能试图夺走部落资源的动机。

“我们与他们”的区分在狩猎和采集时代是有价值的。部落主义是我们大脑思维的一部分。

更重要的是，社会学家发现，人们在一个群体中所能维持的盟友的数量是有限的。因此，对于一个大型组织的运作，你的忠诚的朋友需要有他们自己的忠诚的朋友，以此类推扩大人际网络。

只有通过二度和三度的人际网络联系，你的人际网络才会变得有影响力。作为一个领导者，你的成功取决于你的声誉超越了你最亲密的知己。

盖洛普职场调查支持这些社会学发现。在成功的组织中有一个连锁反应：领导者的敬业度影响经理人的敬业度，然后影响到一线员工的敬业度。如果领导者不积极主动地推动，员工的工作敬业度就不会被激发。

只有在人的进化中，大型社会——领导者管理许多团队和数千人的公司——才出现了。在这个过程中有无数大型组织获得成功或招致失败的例子。失败通常是由于联盟网络的失效造成的。部落主义重新出现，各自为政，团队之间对抗大于合作，从而与组织的大目标产生冲突。

事实上，对于大型组织的领导者来说，一个主要的挑战就是没有共同的文化，即使是在著名的公司里也是如此。一个违反直觉的发现出现在盖洛普的畅销书《首先，打破一切常规》中——在同一个大型组织中，团队敬业度差异很大，一些团队的敬业度水平排在样本数据库的顶部，另一些团队在样本数据库中垫底，其余团队则分散在两者之间。

另一方面，大型组织和社会的发展是有充分理由的。他们建构了超高的工作效率，使得人们的生活更轻松、寿命更长，每个人的痛苦和困难都大大减少。

当涉及构建流程效率系统、设计大型建筑和建设基础设施时，旧的管理模式中上司—雇员、命令—控制的领导方式似乎是很高效的。但是，过去自上而下的领导方式已经不能适应当今时代的需要了，如今的职场需要培训指导和团队协作才能进一步蓬勃发展。

# 第3章

## 领导者必备的两个特质

1. 凝聚多个团队。
2. 做出正确的决策。

有一种普遍的误解，认为领导者可以通过纯粹的灵感来获得成功。如果真是这样就好了！

大家想一想，为什么励志演说家经常找不到任何持久改变的证据？因为大多数善意的激励信息并不符合实际的日常经验。领导力也是如此。

起初，大多数员工愿意相信这些鼓舞人心的信息。但他们的日常经验让他们质疑领导者所说的真实性。他们被要求改变他们的工作以适应一个新的计划，但不知道为什么要这样做。他们拿到了年终评价报告，却不知道为什么没有得到预期的奖金或晋升机会。一些玩弄办公室政治的"懒虫"却得到了这些。福利被削减了。他们的经理人把责任归咎于上层经理人。员工现在对他们鼓舞人心的领导怎么看呢？

盖洛普对领导者进行了长达50年的研究——从高层领导到中层经理人、一线主管。是什么让伟大的领导者与众不同呢？

我们可以列出我们在成功领导者身上发现的20多个特征：创建愿景的能力、战略思考的能力、建立有影响力的内部和外部人际网络的能力、做出艰难决策的勇气，等等，成功的领导力当然是多维度的。

但是，成功领导者的大多数特征可以归结为两个要素。他们知道如何：

1. 凝聚多个团队。

2. 做出正确的决策。

这两个因素与组织是否敏捷有很大关系。

鼓舞人心的信息是重要的，但在领导者把团队凝聚在一起工作，并做出正确的决策之前，这种信息不会产生重大影响。

如果一个领导者想要成功，这两种需求缺一不可。

# 第4章

## 凝聚多个团队

当你的经理人在实现自我发展时，能更宏观地看到工作的全貌，他们就会更有可能与其他经理人一起高效地合作。

所有组织都有很多需要解决的问题。人们是通过相互摩擦来解决问题，还是通过互相指责来解决问题，在很大程度上取决于他们自己对领导的看法。

与员工一样，你的一线经理人和主管需要在工作中不断实现自己的成长。许多经理人试图保护他们的团队不受公司中各种问题的影响——有时他们自己承担责任，有些经理人会选择将他们的问题归咎于高层经理人员——“这不是我的错，是公司的问题。”

在公司中，我们对抗他们的思维占据了主导。部门“竖井”的各自为政现象得到了蔓延。

各级经理人——无论是团队领导者、高级经理，还是公司高管——都需要一个明确的、清晰的使命和目标，每个人都可以很容易地将其与他们每天所做的工作，即他们的贡献联系起来。他们需要清晰的期望，并随着不断变化的公司战略而不断被重新定义。他们需要持续的培训指导和问责，这样他们才能看到自己的进步和潜能。

在经理人能够将他们需要的东西交付给员工之前，他们必须首先得到他们作为下属需要的东西。他们所在的团队是由许多经理人组成的，这些经理人要么与他们意见一致，要么与他们意见相左。他们把其他经理人看成是盟友或敌人。你的经理人团队作为一个团队的联系程度将决定他们管理的团队是否支持其他团队。

当他们自己在实现工作敬业和个人成长时，经理人更有可能在员工中激发更大的、跨团队的合作。在本书接下来的章节中，尤其是在“教练型领导”这一部分，我们为如何培养你的经理人提供了一个路线图。

任何组织要想高效地改变，它的经理人必须能够一起协同工作。

# 第5章

## 做出正确的决策

组织是一个决策工厂。

盖洛普资深科学家、诺贝尔奖得主、心理学家、世界上最权威的决策专家丹尼尔·卡尼曼（Daniel Kahneman）曾告诉我们："组织是一个决策工厂。"

组织的成功或失败取决于领导者的决策——关于战略方向、兼并或收购、关键招聘、新技术、公司使命或严重的道德困境的决策。

如果决策不是"正确的"，那么，围绕这个决策的天赋和精力就都被浪费了。

做出正确的决策本身就是一门科学。有些正确的决策要归功于运气，除此之外，还有三个关键因素可以帮助你做出正确的决策。

**1. 知道你的极限**。领导者需要诚实地了解自己做决策时的优势和劣势。在什么情况下你最容易做出错误的决策？例如，一位领导者可能很自信，这使他容易做出不经过深思熟虑的决策；或者他可能具有很强的好胜心，带领团队把短期的胜利置于更长远的目标之上；或者没有专家的支持，他可能对某一主题了解不够。正确的决策者总是敏锐地意识到他们的局限性。

**2. 运用批判性思维**。这个决策有意义吗？逻辑是什么？为了做出好的决策，领导者必须与同事进行深入的批判性思考，以发现高风险盲点。几乎所有的领导者都会受到确认性偏见的影响，因为他们身边的人都和他们想的一样，而且都有意无意地想要认同他们。在很多情况下，作为一个领导者，你必须与“群体思维”作斗争，做出违背常理的决策。

在做重大决策之前，评估一下你的决策是否因优势或劣势而有所偏颇。确认性偏见测试：你周围都是“唯唯诺诺的人”吗？挑战你团队中的每一位成员，并让他们提出不同的意见。这个决策最可能的短期和长期后果是什么？

**3. 运用数据分析驱动的证据**。这些数字说明了什么？数字中是否存在支持或反对你的决策的模式？（参见第52章）亚马逊CEO杰夫·贝佐斯的名言之一是：“基于事实的决策的伟大之处在于它推翻了等级制度。”如果分析方法正确，就有可能推翻基于政治的看法和偏见。

当你拥有正确的决策与团队合作时，你的组织就将有最好的机会能够在未来的工作团队中构建真正的敏捷文化。

# 第二部分

# 文化

组织文化对绩效有直接的、可衡量的影响。

# 第6章

## 什么是组织文化

41%的员工强烈认为，他们知道自己的组织代表什么，以及组织与竞争对手的不同之处。

文化始于你的使命——你为什么要做这家公司。它每天通过经理人的言行存在或消失。

虽然大多数领导者能够清楚地表达组织的使命，但是大多数员工却不能。只有27%的员工强烈认同公司的价值观。这种差距对所有的工作都会带来负面的影响。

文化决定公司的品牌——员工和客户如何看待公司。

一流的公司文化能激发你最优秀的员工去创造卓越的客户体验。当一个组织做出了品牌承诺，但未能兑现时，它就会失去客户，尤其是员工的信任。

不幸的是，这种情况十分常见：只有26%的美国员工觉得他们的公司总是信守对客户的承诺。

当一个组织的员工了解是什么使其品牌与众不同时，组织的绩效就会提高。但是盖洛普分析显示，只有不到一半的美国员工（41%）强烈认为他们知道自己的组织代表什么，以及它与竞争对手的不同之处。

71%的千禧一代强烈认为，他们知道自己的公司代表着什么，以及它与竞争对手的不同之处。他们表示，他们计划至少在公司干一年。而对于那些强烈不赞成公司使命的千禧一代来说，这个数字降到了30%。简而言之，如果最好的员工不知道公司的使命，他们就会离开。

# 第7章

## 为什么文化很重要

文化对绩效有直接的影响。

问问自己以下这些关于公司文化的问题：

- 公司的使命、品牌和文化的一致性怎么样？
- 员工和客户对公司的使命有多清楚？
- 公司的员工是否忠于公司的文化？

最好的申请者加入一个组织是因为它的声誉。社交媒体极大地提高了公司文化的认知度——无论是好是坏。

盖洛普分析发现，与公司文化保持一致的员工和团队在内部关键绩效指标上的表现比那些不一致的员工和团队的表现更好。

文化对绩效有直接的、可衡量的影响。

全世界有三分之一的员工非常认同这样的说法：公司的使命或宗旨让我觉得我的工作很重要。通过将这一比例提高一倍，业务部门的缺勤率降低了34%，安全事故减少了42%，质量提高了19%。

## 公司文化出现问题的主要症状

有时，组织最初根本不把他们的文化问题视为“文化问题”。以下是一些公司文化可能已经出现问题的预警信号：

- 无法吸引到一流的人才
- 基于客户—员工互动的内部有机增长最大化存在困难

- 领导者的倡议常常无疾而终
- 缺乏对客户需求的敏捷响应
- 最好的员工跳槽到顶级品牌

## 为什么标准的调查对文化不起作用

文化对每个组织都是独一无二的。公司文化是人性化的。

许多文化调查工具试图根据预先确定的“好”文化或“坏”文化的观点，将组织归入特定的文化类型。他们将组织文化与外部基准进行比较，而不是与领导者的愿望进行比较。虽然这些基准测试可能揭示了组织与通用标准的比较结果，但是它们无法衡量公司的独特之处。

组织需要一种足够灵活的文化方式识别它们的独特性，并且要以严谨的科学为基础。

# 第8章

## 如何改变一种文化

文化融合是困难的，因为从本质上讲，人们总是想要保持他们的个性。

大多数CEO和CHRO都将“文化”建设列为其首要任务。他们知道需要改变。

他们想要的是一种敏捷的文化，能够适应世界各地发生的变化。他们特别需要一种高度协作的文化。在这种文化中，他们可以做出好的决策并迅速执行。他们想要一种能够吸引并留住“巨星”的文化。

随着创纪录的兼并和收购的不断发生，世界各地的许多组织都在努力进行文化和品牌的融合。文化融合很少奏效，因为从本质上讲，人们总是希望保持自己的个性。

怎样才能改变一种公司文化呢？

1. **确定公司的使命和品牌**。CEO、CHRO和执行委员会需要清楚地确定公司的使命——你为什么要做这家公司——你希望求职者、员工和客户如何看待你的品牌。公司使命和品牌为其他一切奠定了基础。员工体验始于应聘者对你的组织的第一印象，他们如何看待你的文化和品牌，以及员工从入职到成长，到最终离职的过程如何验证这些印象。高层经理人需要与公司的使命和品牌保持一致。这是将团队聚集在一起并进行高效决策的起点。

2. **对所有的项目和沟通进行审计**——包括人力资本实践、绩效管理、价值观和惯例，以及团队结构——以确保与组织的使命和品牌保持一致。盖洛普发现这是一个快速高效的过程，并建议每年进行一次审计。

**3. 把公司的经理人重新定位为教练型领导者**。只有最优秀的经理人才能实施你想要的文化。伟大的文化是一个组织买不到的少数东西之一。各级经理人能够成就或破坏公司的文化变革。传统的绩效管理体系难以激励和发展员工，这可能导致数十亿美元的生产力的损失（参见第20章）。

今天的员工想要的是教练，而不是上司。把你的经理人从上司转型为教练，不仅能提高员工的敬业度和绩效，而且对改变公司文化也至关重要。

我们将在下面的章节中讨论具体类型的文化变革——例如，为未来的工作建立基于优势的文化和创造高度重视员工发展的文化。在这些章节中——包括从吸引人才到离职、多元化和包容性，以及人工智能——我们将介绍决定你的文化和品牌的重要的现实问题。并且，我们将提供基于科学的洞见，告诉你如何改变你的文化，建立公司的使命和品牌。

第三部分

# 雇主品牌

借助社交媒体和即时通信，组织的声誉传播比过去快得多。

# 第9章

## 吸引新的员工

公司花费时间和金钱在营销活动上，以建立一个忠诚的客户基础。但他们往往忽视了需要发展一个同样强大的雇主品牌，以吸引最优秀的应聘者。

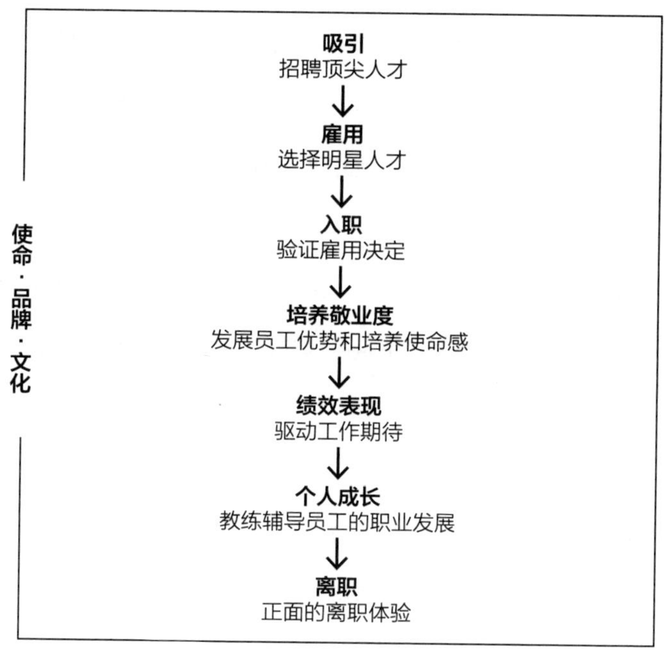


图9-1　员工经历的图形化描述

由于科技和社交媒体的普及，员工可以透露和分享他们对公司品牌的体验。现在每个人都能够知道组织内部到底发生了什么。包括从雇用、入职到职业发展和离职的整个员工经历。

千禧一代是高度网络化的一代人。在找工作的时候，他们会从潜在候选公司的现有员工那里寻求推荐，从家人和朋友那里寻求建议。这与在脸书（Facebook）或其他社交网络平台上找工作不同。他们有值得信任的关系。新员工对招聘会、职业招聘服务和其他类型的招聘活动不那么感兴趣。他们有更容易、更快，而且对他们来说更真实的应聘途径。

千禧一代更喜欢直接去他们感兴趣的公司。但他们在找工作时也会撒下一张大网，倾向于他所选择的职业领域的在线资源、专业网站、其他在线求职网站、员工排名网站和通用搜索引擎，这让他们可以探索多种选择。他们不太可能使用社交网站、大学就业中心或网站。尤其是与职场文化相关的工作，千禧一代正在寻找适合他们生活方式的工作。尽管对近一半的年轻员工来说，总体薪酬仍然很重要，但相比之下，学习和进步的机会、经理人的素质和有趣的工作更重要。

这对公司的招聘来说意味着什么？这意味着公司的职场现实比以往任何时候都更加透明。公司的实际文化——管理如何运作、员工如何进步、员工真正能得到什么样的工作灵活性、办公空间和办公地点——决定了你的雇主品牌。

你能做的最重要的事情是保持一个强大的雇主品牌和一个符合该品牌的职场文化。现在公司的名声比过去传播得快多了。

随着Z世代进入职场，组织的透明度将进一步提高。他们从出生起就只知道数字化沟通。

如果你的组织呈现给世界的方式和它实际的样子有差异，未来的员工将会从网上和他们的朋友那里了解它。这消息会传开。

# 第10章

## 雇用明星员工

偏见会导致经理人选择错误的候选人。

错误的雇用或者仅仅是糟糕的雇用都可能会付出巨大的代价。你不仅错过了雇用明星的机会，而且还得花更多的钱去培训一个替代者。

雇用明星员工会降低组织的成本，因为他们能提高客户的忠诚度、公司的收入和盈利能力。

正确的选人决定建立了一种高效的公司文化。它们还能确定员工融入公司文化的难易程度、发展速度、停留时间、如何代表公司，以及在困难时期是否能坚持下去。

本章将为你提供一些视角，通过用一个高效的评估系统来减少偏见可以使你的招聘成功率提高两倍。

## 偏见的类型

**临场表现偏见**。招聘经理特别看重应聘者面试中表现出来的特征，比如，应聘者的长相、着装和自我表现。

**经验偏见**。招聘经理曾经聘用的来自某公司的一位应聘者干得不错，所以，他认为来自这家公司的每个人都会干得不错。

**确认偏见**。招聘经理会根据应聘者就读的学校或参加的社团来形成对其独特的印象，他们只会听到能证实他们对应聘者看法的评论。

**过度自信偏见**。招聘经理认为，他们有一种特殊的能力，可以根据直觉来判断应聘者，而不会考虑其他信息。

**相似偏见**。招聘经理会挑选和自己相似的人。

**刻板印象偏见**。招聘经理对性别、民族、性取向、种族和年龄有一种无意识的刻板印象。

**优缺点偏见**。招聘经理依据他们对面试者的记忆，根据某些所谓表现好或表现差的点，而不是全面综合的判断来做出招聘决定。

**逐步增加的投入**。招聘经理感到有招聘压力，因为他们已经在这个过程中投入了太多的时间和精力。

在发表在《心理学公报》（*Psychological Bulletin*）上的一项研究分析中，研究人员纳里尼阿姆·巴蒂和罗伯特·罗森塔尔创造了行为的“片段”一词，后来马尔科姆·格拉德威尔在他的著作《眨眼之间：不假思索的决断力》（*Blink*：*the Power of Thinking Without Thinking*）中推广了这个词。这门科学是基于这样一个事实：人们常常根据与他人互动的很少的几个片段来做出判断，例如第一印象。

在某些情况下，这些行为片段提供了高效的洞见。例如，当医生或护士测量你的血压、脉搏或血液样本时，这是一个基于科学方面的“片段”来推断你的健康状况。而在其他情况下，行为片段可能会暴露出无意识的偏见，比如上面列出的那些，这些偏见可能会造成快速的判断、糟糕的决策，带来失败的结果。

由于这些偏见，经理人在做出招聘决定时，往往会在与工作人员相处一段时间后感到后悔。

在一些领域，大量的数据是现成的。例如，在大学生运动员招募时，专业人士会花几个小时研究应聘者的统计数据和观看他的比赛录像，然后再做决策。招聘机构使用五星级系统来评估每一个潜在的运动员。这套系统虽然不完善，但在预测哪些大学将拥有每年争夺冠军的球队方面做得非常好。

大多数组织都没有机会收集求职者的“比赛录像”。但幸运的是，就像医学的严谨性一样，组织心理学家花了一个世纪的时间发展心理测量学——测量心理特征的科学。现在有一些高效的措施和方法可以通过提供基于科学的片段来大幅减少招聘偏见，而且已经被证明可以预测招聘决定之后的表现。

# 第11章

## 衡量招聘成功的标准

成功招聘的四个标准：

1. 过往经验和成就
2. 天生的倾向性
3. 多轮面试
4. 在职观察

盖洛普的研究人员花了50年的时间，在2000多名客户的数百个工作职位中提出问题、研究反馈，并追踪个人表现。我们的科学家已经发现了可以预测不同工作类型表现的五种普遍的先天特征或倾向：

1. 工作动机——追求成就的动机
2. 工作风格——高效完成任务的组织性工作
3. 主动积极——采取行动，激励他人获得成功
4. 团队合作——建立高质量的伙伴关系
5. 思维过程——通过获取新信息来解决问题

这5个特征独特的子特征可用于提高对员工、经理人和高管的绩效预测。

盖洛普资深科学家、元分析方法先驱弗兰克·L. 施密特与同事吴恩苏和乔纳森·A. 谢弗回顾了组织心理学100年来的测试研究。他们研究了组织最常用的选人方法。

他们回顾了31种不同的测试措施和方法。有些方法，比如智力测试、性格测试和结构化面试，需要30分钟到一个小时才能完成。其他的方法，如评

鉴中心和工作试用，则更耗时，涉及更多的实质性的观察。施密特和他的同事们发现，由于多年来对这些高效方法进行了改进，耗时较少的测试结果与耗时较多的观察结果一样好，甚至更好。

考虑到盖洛普的调查，以及我们所看到的在组织中最实际高效的工作，我们建议使用以下标准来衡量招聘成功：

1. **过往经验和成就**。收集候选人的大量背景信息，包括与工作要求、教育经历和工作知识相关的主要经验。

2. **天生的倾向性**。评估候选人的五个特点——工作动机、工作风格、主动积极、团队合作和思维过程。对这五种先天倾向的筛选将包含你需要知道的关于这类候选人的大部分信息。你可以利用盖洛普的结构化面试和基于网络的评估获得时间和经济上都十分高效的方式来评估你的候选人。

3. **多轮面试**。在招聘过程的后期，让招聘经理和团队成员对候选人进行多轮面试。通过这些面试，你可以了解到应聘者是否适合他们的角色、经理、团队和组织。盖洛普已经开发出了教练式倾听技能来提高这些对话的质量。将几次面谈的评估结果结合起来，将大大减少单一面谈方法的潜在偏差。

4. **在职观察**。利用实习和其他基于工作项目的经历来收集每个候选人的个人成就、合作成效和客户价值的关键时刻行为表现。从他们的主管和同事那里收集相关评价。

使用这四个标准，你可以设计出一个招聘流程，这对应聘者是一个有吸引力的积极的经历，也科学地和高绩效联系了起来。人工智能的进步将使未来几年的招聘过程更加高效。

# 第12章

## 寻找未来之星的关键

不到三分之一的大学毕业生强烈认为，他们从事的项目需要一个学期或更长的时间才能完成，或者有一份实习或工作可以让他们在课堂上应用所学。

当你的未来之星还在上大学——甚至是在高中阶段时——你就应该开始吸引明星员工，建立你的雇主品牌。培养学生的最好方法之一就是有意义的实习和学徒经历。

这些学生将非常感谢这些实习机会。盖洛普调查发现，只有三分之一的大学生强烈认为，他们毕业之初就拥有在就业市场（34%）和职场（36%）取得成功所需的技能和知识。超过一半（53%）的人相信他们的专业会带来一份好工作。

这些是Strada-Gallup 2017年大学生调查的主要发现，该调查是一项全国范围内有代表性的学生调查，旨在调查学生对就业准备的看法，以及他们从学校获得的与职业相关的支持。

在进一步的研究中，盖洛普校友调查（前身为盖洛普—普渡指数）——旨在从大学毕业生的角度衡量大学经历的质量——发现有六种积极的大学经历与大学毕业后的成功有很强的联系：

1. 至少有一位能够激发他们学习兴趣的教授
2. 教授把他们当作一个完整的人来看待
3. 有一位导师鼓励他们追求自己的目标和梦想

4. 参加一个需要一个学期或更长时间的项目

5. 有一份实习或兼职工作可以让他们应用课堂所学

6. 在校期间积极参加各种社团活动

这六种经历与大学毕业后的幸福感、工作敬业度以及其他关键结果密切相关。但遗憾的是，只有3%的大学毕业生在大学里有以上六种经历。

盖洛普校友调查发现，对于公司来说这里有大量的机会。

具体来说，公司可以利用这六种大学经历中的三种扮演积极的角色：有一个导师，参加一个可以让他们应用课堂所学的项目以及工作实习。这为未来的招聘做好准备，可以考虑与高校合作，为学生创造高强度的整合性工作体验。

在教练辅导未来员工成长方面，有谁比目前从事这项工作的专业人士更有优势呢？实习机会、教练辅导和项目实践可以大大缩小招聘前最难达到的标准与个人实际工作表现之间的差距。

如果你的组织依赖高质量的毕业生，那就积极主动地为你未来的员工创造高中和大学期间的实习经历。提供实习机会是一个很好的启动方式。你也可以考虑如何将你的公司整合到大学的课程中——例如，为学生提供一个学期阶段的创意实践项目。

只有一半的大学毕业生强烈认为他们的教育是值得的。这种看法与领导者如何设计大学经历有关。它还基于公司如何有意识地与大学合作，为下一波招聘做好准备。

当然，并不是每个人都有机会上传统的四年制大学。许多学生高中一毕业就直接去工作，在未来几年，这种从学校到工作的模式将发生巨大的变化。

把雇主品牌提升到一个全新的水平，让学生对你的工作有一个现实的想法。这不仅对你的组织选拔未来之星大有裨益，而且这些经验也将为学生提供无限的价值。

# 第13章

## 关于入职的五个问题

1. 我们公司的人都相信什么?
2. 我的优势是什么?
3. 我的角色是什么?
4. 谁是我的合作伙伴?
5. 我在这里的未来是什么样子的?

一个刚刚被录用的新员工，如何成为我们中的一员呢?

你可以根据组织文化采取不同的方法来帮助新员工入职。一些公司重点培养员工建立社会关系，而另一些公司则重点让新员工学会自己解决问题。有些人会遵循公司安排的既定入职流程成长，另一些人则相信“成败在我”的自主成长思维。

入职培训的目标应该是向员工介绍那些在他们整个职业生涯中都可以应用的基本要素——那些影响他们几十年而不是几个季度业绩的关键要素。

第一印象很重要。它为员工的职业生涯奠定了基调，当新员工是一张白纸，渴望学习和改变时，影响他们的行为是最容易的。

然而，尽管组织非常重视改善入职流程，但只有大约十分之一的员工、经理人和领导者强烈认为，他们的组织在入职方面做得很好。**大约每10名员工中就有4名在入职后的前6个月中高度敬业——而这段时间通常是员工敬业度最高的时期**。

为什么早期的关注在员工后来的工作中无法产生持久的影响?你和你的

新员工对公司的使命、理想的品牌和理想的文化有清晰的认识吗?

这里有五个问题，你必须向每一位新员工回答，它涉及一个成功的入职计划。

## 我们相信什么

新员工需要知道的第一件事是公司的使命陈述——你们共同的信念。然后，你可以将其他所有内容作为组织的主张和想要实现的目标的表达。

当然，在入职期间，你必须告知大量的“具体细节信息”——组织中关于员工的基本利益、规则和政策。这些看起来很实际的事情其实是组织文化的表现。

领导者如何实践和强化安全、探亲假和违反道德规范等细节，很大程度上反映了你们的整体文化。例如，如果你有一个明确的弹性工作时间政策，并向员工传达你重视员工福利的信息，那么员工真的能离开自己的办公桌去健身房或提早离开办公室去参加孩子的活动吗?你的利益分配、制度规则、道德边界和文化是否与你的组织的使命和品牌陈述相一致?

## 我的优势是什么

要想成为“我们中的一员”并提高工作效率，员工必须了解自己。但是组织几乎总是忽略了这个关键的早期步骤。

确保所有的新员工都能发挥他们的自身优势，符合公司的既定利益。当员工了解自己的优势时，他们可以与经理人进行更深层次的对话。当团队成员了解彼此的优势时，新成员可以很快融入团队，每个人都可以更好地协作完成工作。

高效的培训需要为员工提供这样的机会，让他们探索如何利用自己的个人优势来取得成果。新员工也需要知道他们哪些方面做得不好，这样他们就知道什么时候需要依靠别人，什么时候需要团队的帮助。

但是，优势培训不仅仅关于业绩表现。这是对员工个人发展在时间和金钱方面的前期投资。提供优势培训表明你关心员工的发展，表明你对他们的长期发展感兴趣。我们将在下一章讨论关于优势的科学。

## 我的角色是什么

盖洛普全球职场调查显示，只有大约50%的员工知道自己在工作中应该做什么。在招聘过程中，大多数员工都会对未来的工作有所了解。但现实往往与招聘宣传的不符。明确和准确地了解工作职责，以及如何评估绩效似乎是最基本的，但这一步往往被忽视。

下一步是弄清楚新员工如何利用他们的优势为自己和你的组织实现伟大的成果，以及他们的工作如何与公司的使命或目标相联系。强有力的角色匹配可以预测员工的业绩和在公司工作时间的长短。

对于新员工来说，迅速获得胜任自己角色的自信至关重要。新员工应该能够回顾他们工作的前六个月状况，并说出自己的成功之处。

## 谁是我的合作伙伴

新员工需要有归属感。他们需要知道他们的上司和同事接受他们。他们还需要知道在他们尝试和学习胜任新的角色时，他们可以依靠谁来支持他们。

每个新员工都应该制定一个在组织中建立伙伴关系的策略——“关系地

图”。学术文献中的社会网络分析说明了一个人在组织中的影响力是如何根据他们的第一、第二和第三级的联系来确定的。

第一级联系是你认识并信任的人——你的朋友们。第二级联系是你朋友的朋友，等等。第二和第三级的联系会对员工的声誉和影响力产生很大的影响，因为第二和第三级的联系会使他们对他人的影响力成倍增加。

简而言之，你在工作中的人际关系决定了你能完成多少工作，并强化了你在公司的归属感。

## 我在这里的未来是什么样子的

所有人都需要学习和成长。年轻员工尤其把新工作视为学习和成长的机会。然而，不管年龄如何，所有员工都需要能够在组织中看到他们的职业发展路径。

近90%的人表示，他们上一次换工作实际上是在换公司。这意味着几乎所有的组织都投资于雇用和培训他们的员工，然后不能提供一个合理的职业发展路径。相比之下，有机会在工作中学习和成长的员工表示将在公司度过职业生涯的可能性是那些没有机会的员工的两倍。

注意，员工的入职体验必须与公司的真正文化相一致。在一个岗位上工作6个月后，蜜月期开始消退，你的新理想主义员工可能已经遇到了一些经验丰富的人，他们很快就会分享公司到底是怎么回事。如果你第一天宣扬的价值观与你的利益分配、福利、认可和领导者所展示的真正价值观不匹配，新员工将会遭受长期的心理冲击，因为他们会认识到，他们签署劳动合同时的期待与公司现实大相径庭。

# 第14章

## 员工发展的捷径——建立基于优势的对话

如果你是一名经理人，请问自己："我是发现团队成员劣势方面的专家还是优势方面的专家？"

我们的大脑天生就喜欢批评别人。当同事请求我们对他们的陈述给予反馈时，我们的第一反应就是寻找错误和"需要改进的地方"。当我们被派去培训新员工时，我们关注的是他们做事的流程错误或他们的信息错误。

传统的绩效管理反映了经理人的这些本能。它的目的是对员工进行排名和评级，并"纠正"他们的劣势。但是，这种方法通常不能真正带来改善。只有21%的员工强烈地认为，公司的绩效管理方式能够激励他们做出出色的工作。

我们可能会很自然地给予他人批评，但我们肯定不会很自然地接受批评。只要有可能，我们还是渴望得到表扬。

那么，经理人如何在表扬和批评之间找到平衡呢？

认真地审视一个人的优势和劣势，对他的职业发展至关重要。批判性的反馈有时是必要的，每个人都需要意识到自己的劣势并对其负责。但为了激发出色的表现，经理人必须根据每个人天生最擅长的事情，提供有意义的反馈，并不断重新审视反馈。这是建立相互信任的起点，它提高了批判性反馈带给员工成长和发展的可能性。

当组织要求经理人更频繁地与员工互动时，经理人必须注意不要把日常持续进行的对话变成经常性的批评。持续的批评会让经理人和员工几乎不可能建立起信任的关系，这让员工很难以开放的心态接受任何批评。这也使得员工很难在工作中提高敬业度。

每一天，敬业的员工与不敬业的员工的表现有很大的不同。其中一个根本原因是敬业的员工拥有丰富且积极的工作经历。

敬业的员工也会受到消极的工作经历和工作压力的影响。盖洛普调查显示，无论员工是否敬业，他们在工作期间感受到的压力都比周末休息日期间要大。这并不奇怪。大多数员工需要在办公室处理意料之外的工作要求和职场的“内耗”。但是，敬业员工的一天的工作内容，以及他们与经理和同事之间的互动，让他们有更多的时间做自己最擅长的事情。

那么，经理人应该如何为员工设计理想的一天工作内容，以鼓励员工提高敬业度和绩效呢？

在一项针对8115名员工的调查中，盖洛普要求受访者回忆自己最近一天的工作（如果是前一天的话），并报告他们从事各种活动的时间。敬业员工和怠业员工的最大区别在于，前者主要把时间花在自己擅长的工作上——他们感觉自己全身心地投入到工作中，时间过得很快——极少花时间在自己不擅长的工作上。**敬业员工每天花在自己擅长的工作上的时间是花在从事自己不擅长的工作时间的四倍**。而那些怠业员工每天花在自己擅长的和不擅长的工作上的时间是一样的。

发挥优势提高绩效并不是掩盖劣势，或者确保员工只做他们喜欢的事情和项目。每个员工的工作都包括一些不那么有趣的职责。

有时候，经理人需要提供建设性的反馈来帮助员工改进他们的工作。但经理人不应该把反馈当成一种平衡行为。他们不应该把批评与赞扬等同起来。重点应该是发挥员工最擅长的方面。

盖洛普的研究数据显示，如今的员工希望经理人基于他们的优势进行培训指导，促进他们成长。高绩效的员工非常期待他们的团队领导者做到这一点，因为这样可以产生更好的结果。

# 第15章

## 克利夫顿优势的34个才干主题：人的潜能分类

克利夫顿优势的34个才干主题

| 成就（Achiever） | 行动（Activator） | 适应（Adaptability） | 分析（Analytical） | 统筹（Arranger） | 信仰（Belief） |
|---|---|---|---|---|---|
| 统率（Command） | 沟通（Communication） | 竞争（Competition） | 关联（Connectedness） | 公平（Consistency） | 回顾（Context） |
| 审慎（Deliberative） | 伯乐（Developer） | 纪律（Discipline） | 体谅（Empathy） | 专注（Focus） | 前瞻（Futuristic） |
| 和谐（Harmony） | 理念（Ideation） | 包容（Includer） | 个别（Individualization） | 搜集（Input） | 思维（Intellection） |
| 学习（Learner） | 完美（Maximizer） | 积极（Postivity） | 交往（Relator） | 责任（Responsibility） | 排难（Restorative） |
| 自信（Self-Assurance） | 追求（Significance） | 战略（Strategic） | 取悦（Woo） | | |

“如果我们研究人们做对了什么，而不是研究他们做错了什么，那会发生什么？”

唐·克利夫顿（Don Clifton）几十年前提出的这个看似简单的问题，引发了我们今天所知的全球优势运动。

这个问题对唐来说是个特别私人的问题。小时候，他因为严重的腿伤卧床数月。他没有沉迷于这个痛苦带来的障碍，而是如饥似渴地阅读，专注于开发自己的智力和数学天赋。这次经历教会了他关注一个人的优势而不是劣势。

二战期间，作为一名B-24s的陆军航空兵领航员和投弹手，唐将他的数学技能运用到测试中，他在25次成功的轰炸行动中因英勇行为获得了出色飞行十字勋章。当他在恶劣的天气下飞过亚速尔群岛时，他的飞机偏离了航线。他产生了一种如何纠正航线的直觉。但当他做了计算后，他意识到他的直觉是错误的。他学会了相信科学而不是个人的直觉。

当唐从二战战场回到家时，他已经看够了战争和破坏。他想用他的余生为人类做些好事。这使他对研究人的发展产生了浓厚的兴趣。

在20世纪40年代末和50年代，心理学领域主要集中于诊断和治疗心理问题。对唐来说，这似乎是完全落后的。

唐说："在我的心理学研究生学习中，我发现心理学家一直以来都在研究一个人什么地方做错了，而不是什么地方做对了。我当时意识到，人们常常被他们的问题和劣势所困扰，而不是他们的天赋和潜能。这使我认识到研究成功人士的必要性。要想辨别出一个职业中的差异，唯一的方法就是研究成功人士。"

1949年，唐和他的同事在内布拉斯加大学建立了内布拉斯加人力资源研究基金会。该基金会为学生提供社区服务，并为研究生提供实验室，让他们实践基于优势的心理学。

唐和他的学生以及同事们发现，那些坚持到毕业的成功学生与那些不太成功的学生有着明显不同的性格特征。他们还注意到，成功的学生拥有同样类型的辅导员。

这些关于成功人士的早期发现激起了其他的假设。唐和他的同事们开始研究最成功的学生辅导员、教师、销售人员和经理。唐发现成功人士在工作中有一些共同的特点。他将这些人的倾向定义为“可以高效应用的自然重复的思维、感受或行为的模式”。

值得注意的是，唐对创建一个性格测试不感兴趣，尽管他因为创建了cliftonstrength assessment（即克利夫顿优势识别器）而闻名于世，该测试以识别一个人的天赋为主题。在撰写本书时，全世界有2000多万人接受了这项评估。相反，唐想找出那些普遍且具有实践性的特征，这些特征可以预测真正的高绩效结果。他想要确定每个人都有自己独特的倾向，通过实践可以发展成真正的优势。唐的工作目的是希望大家将注意力集中在这样的对话方面——让人们不仅能更好地了解他们是谁，还能更好地了解他们有能力实现什么。

在50年的职业生涯快结束时，他因“优势心理学之父”被美国心理协会授予最高表彰，他和他的团队继续研究数百个跨文化、行业、角色等中最成功的人士，收集了大量数据。到20世纪90年代中期，他对所有这些研究的元分析合并成34个不同的天赋“主题”，这些主题是非常成功的人发展成的优势。（参见附录1克利夫顿34个优势主题指南中的定义。）

这些主题概括了人的潜能的主要方面。每个人都有一个独特的天赋组合。这些天赋主题，开始是作为天生的潜能，但可以通过实践和有意的发展来释放。

**要发现自己的优势，请使用本书中包含的访问代码进行克利夫顿优势评估。请参阅本书最后有关访问代码的重要信息。**

# 第16章

## 建设基于优势的组织文化的五个步骤

1. 从CEO开始，否则行不通。
2. 要求每个员工发现自己的优势。
3. 建立一个内部的优势教练网络。
4. 将优势整合到绩效管理中。
5. 改变组织的学习发展项目。

世界上很少有组织能坦诚地说他们的文化是“基于优势的”，这将错失一个巨大的机会。拥有基于优势的文化的组织和团队总会比他们的竞争对手表现得更好。

建设基于优势的文化是一项艰巨的工作。仅仅了解每个人的优势并不足以带来改变。成功地将优势整合到组织的日常事务中需要持续的对话、反思和实践。要做到这一点，最高效的方法是与盖洛普认证的优势教练合作。

真正基于优势的组织拥有强大的领导集体和优秀的经理人，他们通过选拔和发展项目来培养这些人。这些领导者对组织的绩效有非常积极的影响，因为他们对人的潜能开发的商业价值深信不疑。

基于优势的组织将基于优势的团队作为他们文化的标杆——他们如何完成任务的标准。基于优势的团队拥有更高的员工敬业度、更好的优秀员工保留率、更好的客户服务和更高的利润率。

考虑到拥有一种基于优势的企业文化可获得的真实的、可衡量的益处，你的组织要如何才能灌输给员工这样一种尊重组织基础的基于优势的企业文化呢?

1. **从CEO开始，否则行不通**。如果你想要建立一种基于优势的文化，公司高管需要解释如何利用组织中每个人的优势来授权公司实现其目的和商业目标。高管应该分享他们的优势，并说明如何运用这些优势。在《现在，发现你的领导力优势》（*Strength Based Leadership*）一书中，盖洛普概述了具有不同天赋和优势的领导者是如何以自己的方式实现卓越绩效的。

2. **要求每个员工发现自己的优势**。优势测评为团队提供了一种共同的语言来讨论他们如何协作和高效执行。意识改变只是一个开始。基于优势的测试方法主要是为了改善建设性的沟通和人才发展。

3. **建立一个内部的优势教练网络**。内部优势教练给经理人提供实用的优势洞察技巧和工具。他们作为内部顾问，可以为你的经理人提供建议并提供持续的支持。

4. **将优势整合到绩效管理中**。你的经理人需要成为团队的基于优势的绩效教练。这意味着他们必须首先了解自己的优势以及如何利用它们。然后，他们需要了解员工的优势，这样他们就可以进行持续高效的对话，从而提高员工的绩效和优势。当员工学会如何在他们独特的角色中应用他们的优势时，优势将成为公司持续进行的业务运营的一个重要部分，而不是一个临时的辅助项目。

5. **改变组织的学习发展项目**。对你现有的项目和实践进行全面的审计——招聘、录用、入职和整个员工生命周期管理。识别出所有因相互矛盾带来员工精力内耗的项目、实践或政策，然后改变它们。识别劣势也很重要，组织中的每个人都有与自己的优势不完全一致的任务和职责。要高效地发展人的优势，首先要了解他是谁，他的自然倾向是什么，然后让他最大限度地利用自己的优势来提高能力。

# 第17章

## 正确的期望——胜任力2.0

**在任何岗位获得成功的7个必备条件：**

**建立关系**。建立伙伴关系，相互信任，分享想法，完成工作。

**发展员工**。通过优势、期望和教练来帮助他人高效工作。

**领导变革**。拥抱变化，设定与既定愿景一致的目标。

**激发他人**。通过提高积极性、愿景、信任、挑战和认可来鼓励员工。

**批判性思维**。收集并评估能够做出明智决策的信息。

**清晰的沟通**。定期进行简练的信息分享。

**建立问责制**。让自己和团队成员对业绩负责。

为了使基于优势的方法获得成功，每个人都需要将他们的优势聚焦于对他们和组织重要的事情上。你期待每个员工展现什么样的行为呢？

如果你能对这个问题有一个简短的回答，说明你已经明确了你想要的文化要素。但如果这个回答太长，让人记不住，或者其中的描述和标签与大多数人都没有共鸣，那么你的文化就不符合你的愿望。

大型组织培养了他们希望员工掌握的能力。能力标签的范围涵盖从“提供建设性的反馈”到“果断行动”的各种能力。其中有些标签是模糊的或令人困惑的，例如，像“有目的”或“阻止消极的行动”这样的表达。

胜任力素质模型的实践已经变得越来越流行，尽管没有一个普遍接受的定义或方法，也没有与组织高效运营的明确联系。

胜任力素质模型通常包括各种各样的特征、技能、能力、知识、行为和责任。这种大杂烩造成了关于能力代表什么以及如何使用的困惑。

直到最近，还没有人尝试定义一套适用于所有工作和组织的通用能力。

为了做到这一点，盖洛普的一个团队回顾了过去30年的研究，并对18个行业的559个工作岗位的360种独特的工作行为需要进行了内容分析。这些数据来自盖洛普专家最初进行的工作分析研究——研究各种岗位的顶尖绩效人员——独立创建各种能力模型，形成了数以百计的能力陈述。我们试着把它们都收集起来。

盖洛普的科学家把从研究的所有角色中收集到的独特需要和能力描述集中起来，发现了相当多的重复。许多不同的标签被用来描述相同的能力。当我们的团队对此进行详尽编码时，发现了七个高阶类别，它们描述了任何角色成功所必须达到的期望。

上面列出的这七个类别并不包含所有已经被概念化的能力。但有可能的是，你在组织中发现的大部分或所有能力——如果它们可以预测高绩效的话——将符合上述七个普遍类别中的一个。

这份清单是盖洛普对各种组织中所有员工实现卓越所需要的工作要求的最简单、最全面的解释。

## 这些能力真的适用于每个人吗

你可能会问自己，从一线员工到公司高管，这七种能力是如何成为每个职位达成目标的期望的。一个制造业员工或公共汽车司机需要发展他人、领导变革和激发他人吗？在一个最佳运行的组织中是这样的。每个人都应该通过提供有意义的反馈和培训指导来帮助同事发展。领导者需要成为这些需求的第一个榜样，因为他们的行为决定了员工如何理解真正的期望。

但是，一个在发展他人或个性化方面没有自然倾向的人如何才能发展他人呢？一个不具备分析能力或战略思维的人怎么能进行批判性思考呢？或者一个不善于沟通的人怎么能清楚地沟通呢？（参见附录1克利夫顿34个优势主题指南）。

并非每个人都能以同样的方式满足这些期望。基于他们的优势，人们会发现一些能力比其他的更容易实现。但每个人都可以利用自己独特的优势来满足这些需求。

例如，一个竞争性强的人可以通过制定明确的进步标准来发展自己，这样就可以定义“成功”。或者一个关注和谐的人可以通过发现和强调人们的共同点并解决冲突来进行批判性思考。

这七类能力中的每一个都与高效的绩效管理行为相一致，这些行为可以提高敬业度并产生高绩效。你如何知道自己在满足这些要求方面做得如何？问问那些给予你支持的人——你的同事、直接下属、经理和其他合作伙伴。这七类能力为360度测评后的人员发展带来了聚焦的机会。

在未来的职场中，人们将越来越需要在这七类能力中的每一个方面进行改进。每个人在建立关系、发展他人、领导变革、激发他人、批判性思考、清晰沟通和相互问责等七个方面，都将会做得更好。

每个人都应该思考如何利用自己的优势来满足这七个期望。

# 第18章

## 做好继任计划

1. 从客观的绩效评估开始。
2. 分析创造成功的关键经验。
3. 挖掘内在的倾向。
4. 设计高度个性化的领导力开发方案。

有效的继任计划不仅在高管层非常重要，而且对于组织在各个层级留住一流的人才至关重要。

大多数公司面临的问题是，他们的继任计划基本上是一个主观过程。这就容易产生偏见，做出谁应该在组织中得到晋升的糟糕决策。糟糕的继任决策会破坏整个组织，因为这些人被提拔到了不能胜任的职位上。

许多公司根本没有继任计划，而是根据需要来做出这些重要决定。缺乏组织性的系统最终导致外部招聘的成本异常高昂。

如果处理得当，从组织内部进行晋升的决策会带来更高的成功率。这是因为决策者可以密切观察并根据在职表现做出更好的决策。但是，有一个合适的组织系统只是其中的一步。你还需要一个能显著减少偏见的系统。

为了说明偏见是如何影响管理决策的，盖洛普询问了645位领导者，如果他们有两个管理职位可供选择，他们会将最优秀的经理人派到哪一个职位？一个是在亏损的业务板块，另一个在盈利的业务板块。三分之二的高管表示，他们将把最优秀的经理人派往亏损板块，以挽回损失。这种决策反映了一种避免损失的倾向。但高绩效的领导者更有可能把表现最好的经理人派往实现盈利的业务。他们知道，如果他们将一个比较成功的业务与一个优秀的经理人结合起来，他们的投资就能立即获得更大的回报，大量研究支持了他们的决定。高绩效的领导者选择了一个数据驱动的决策，纠正了厌恶损失的偏见。

确认性偏见也会影响继任计划的决策：领导者会选择与自己相似，或符合自己期待或直觉的新领导人。或者他们提拔一位最近多次获得成功的领导者，却不考虑更长时期的业绩记录。这就是近因效应。

以下是让你的继任计划更科学的四个实用步骤。

**1. 从客观的绩效评估开始**。如果继任范围是从经理到公司高管（管理经理人的高层经理），就要观察候选人在相当长的一段时间内（如果可能的话）的客观绩效指标——可以长达数年。审核潜在的继任候选人领导的团队是否如预期的成功——销售收入、利润、员工流失率、客户服务评分、员工缺勤、生产安全和员工敬业度。

**2. 分析创造成功的关键经验**。评估对新角色的期望。它是如何演变的？研究一下顶尖员工已经获得的关键经验，以及随着工作的变化这个职位需要的经验。关键的经验可能包括接受超出个人目前专长的挑战，领导团队度过逆境，建立跨业务部门的高质量合作伙伴关系，获得国际化的工作经验，深入研究客户。通过使用量化这些经验的方法，使晋升决策具有客观性。

**3. 挖掘内在的倾向**。正如我们在招聘章节中所讨论的，高效的评估可以为个人的自然倾向提供有价值的培训指导，以及如何工作和与他人合作的方法。例如，拥有工作动机、工作风格、主动积极、团队合作和思维过程这五种内在倾向的人——根据他们所处职位进行调整——成功的可能性更大。在理想情况下，你的组织应该在潜在员工被聘用之前就有了这些衡量标准，这样你就可以做出明智的继任决策，只要他们留在公司并在公司里晋升。当然，不要用这个标准来代替上面的两个在职标准（工作表现和关键经验）。

**4. 设计高度个性化的领导力开发方案**。领导力发展项目应以培养高度自我意识为最终目标，并针对该职位的具体期望进行强化。培养成功的领导者，无论是经理人、高管，还是高价值的个人贡献者，都是一个持续的过程。

# 第19章

## 离职

如今，35%的员工表示在过去三年中换了工作。略多于一半的员工表示，他们正在积极寻找新工作或空缺的职位。

在本书中，我们概述了如何大大减少你的明星员工流失的方法。但不可避免的是，每个人最终都会离开。离职是员工生命周期中最关键的时刻之一。

每个公司都会经历收入增长的黄金时期和收入下滑的困难时期。例如，良好的离职率是指员工在对公司做出了有意义的长期贡献后退休，或者为了追求新的职业机会而跳槽。在理想情况下，离职对员工和公司来说都是一种积极的体验——员工离职时彼此关系良好，对公司也有积极的评价。但现实情况是说起来容易做起来难。

在天平的另一端，最令人遗憾的离职是，离职的员工在每一个方面都感到不受尊重，这一点我们将在以后的章节中讨论。

糟糕的离职还包括明星员工因为无法在你的公司取得成就或发展而离职。他们加入了竞争对手，破坏了你的组织，损害了你的声誉，让你更难吸引到明星员工。

我们的文献研究估计，根据工作的复杂程度，员工的离职成本是员工年薪的一半到两倍甚至更多，这取决于工作的复杂程度。成本包括雇用替代人员、培训和损失的生产率，但不包括诉讼费用的飙升。即使是在留职率上的微小提升也可以节省数千万美元。

但是，如果不能有效地处理离职问题，可能会对组织声誉造成更大的长期损失。在员工离职过程中进行有目的的处理，可以让你得到正确的分析成果，帮助公司对文化的未来改善做出积极的决策，并培养一批可以提升雇主品牌的离职大使。

那么，成功的离职是什么样的呢？

**1. 员工感到被倾听**。离职面谈带给你的信息可能并不完善，但是这些信息可以引导你去思考组织问题，避免再次犯同样的错误。你也可以了解竞争对手提供什么。最重要的是，离职面谈是员工表达意见的一种方式——说明他们离职的理由。现在在互联网上有无数的公共论坛，前任或现任员工可以在那里表达他们的不满。盖洛普建议先让你的员工在你面前发泄。我们有大量的离职面谈问题可以提供给你的组织使用。盖洛普还建议，在明星员工还在公司的时候，就对他们进行面谈，这样你就可以对他们的留任情况进行预测分析。

**2. 员工离职时为自己的贡献感到自豪**。几乎你雇用的每个人都会对公司做出某种对他们和其他人都有意义的贡献。除了因为不道德的行为而被解雇的情况外，要确保每个离开组织的人都知道他们做出了什么贡献，并且你对此表示感谢。

**3. 创造一个品牌大使**。当然，人们离开一个组织往往是由于一个糟糕的经理人或其他一些消极的情况。没有一家公司能使每一位不满的员工都得到帮助。让人们有发言权，并盘点他们的贡献，这将增加每个离职者成为公司品牌大使的机会。一个忠诚的员工网络是建立组织声誉的最佳途径。与员工保持联系，让他们了解组织发展和他们继续在组织外工作的机会。

员工在公司的经历和互动将决定公司能否留住明星员工，并最终决定你的雇主品牌。所有这些都取决于你的经理人对雇用的每一个人的培训指导程度。

第四部分

# 教练型领导

对你的企业和员工来说，高度重视员工发展的文化是最有生产力的环境。

# 第20章

## 教练的三个要求

1. 设定期望
2. 持续培训
3. 创建问责

对员工管理方式的颠覆性需求已经迫在眉睫。盖洛普估计，在美国，“怠业”或主动离职的员工每年所造成的管理不善和生产力下降的成本是9600亿到1.2万亿美元。从全球来看，这一成本接近7万亿美元，占GDP的9%—10%。

让我们来看看绩效管理最近这些年的演变。你的组织可能会经历以下一种或两种变化：

1. **组织发现它们的绩效管理系统没有产生它们想要的结果**。只有五分之一的员工强烈认为公司的绩效管理体系激励了他们。大型组织在绩效管理方面花费数以万计的时间和数千万美元，不仅不起作用，而且还会把明星员工和经理人赶走。

2. **技术的巨大变化、全球化和势不可当的信息流正在塑造着未来的工作**。如今的员工，尤其是千禧一代，他们要求的是不同的东西。他们想要的是教练型领导，而不是上司。他们需要明确的期望、责任、丰富的目的——他们尤其需要持续的反馈和培训指导。

为了帮助世界各地的组织解决管理不善的问题，盖洛普开始尽可能地了解目前的绩效管理状况。我们回顾和评估了我们拥有的6000多万员工的客户数据库。我们深入研究了其他研究人员的大规模分析，包括数百项关于目标设定、反馈、敬业度、个体差异和能力的研究。我们采访了顶尖的科学家、领导者、经理人和员工。

我们想知道最好的科学研究结论是什么，哪些见解最有用、最具可行性——从公司高管到一线员工。

从积极的方面来看，研究表明，有更好、更新的方法可以显著提高管理和生产力——如何将传统的绩效管理转变为绩效开发。然而，盖洛普也发现，一些组织忽视或绕过了既定的科学发现。多年来，它们似乎已经被绩效管理的潮流所席卷。

具体来说，使用传统绩效管理系统的组织很难激励和发展员工，因为它们的方法导致了不清晰和不一致的期望，无效和偶尔才有的反馈，以及不公平或错误的评估行为。

当组织系统和流程使人们难以完成工作时，领导力就失去了可信性。当员工能够实现你要求他们实现的目标时，你就会开始看到你想要的文化。要让你的员工和文化走向成功，你需要把你的经理人变成教练，教他们满足以下这三个要求：

1. 设定期望

2. 持续培训

3. 创建问责

为什么呢？盖洛普的研究揭示了以下关于绩效发展的洞见。

**1. 能够自己参与自己工作目标设定的员工的敬业度大约是其他员工敬业度的4倍**。然而，只有30%的员工有这样的经历。

**2. 每天从经理人那里得到反馈的员工，其敬业度是那些一年获得一次**

**或更少反馈的员工的3倍**。但反馈必须是有意义的。它必须基于对个人优势的理解。一般来说，经理应该每周至少给员工一次有意义的反馈。这些培训指导对话可以从每日的快速对接到重复的签到，再到发展性的辅导，不一而足。（参见第21章）

**3. 虽然许多组织正在改变它们的年度业绩评价制度，但问责仍然很重要**。经理人应该每年至少进行两次业绩进度评估，重点关注员工的目的、目标、指标、发展、战略、团队贡献和个人生活。这些回顾应该以成果为导向，公平和准确，并以个人发展为中心。

**4. 绩效评估需要与员工的个性化发展相结合**。如果经理人不将员工个人发展与绩效考核相结合，员工就会将绩效考核视为对他们个人发展的一种威胁，认为他们的个人发展与业务目标脱节。

# 第21章

## 五种教练对话

近一半（47%）的员工表示，他们在过去一年中收到经理人的反馈只有“几次或更少”。更重要的是，只有26%的员工强烈认为他们收到的反馈能帮助他们更好地工作。

许多针对绩效管理的批评都集中在年度评估上，这一点的理由很充分。经理人被要求将年度评估作为给员工反馈的主要方法。员工则需要每年从他们的经理人那里听到不止一次的反馈。

许多经理人希望定期与他们的团队进行沟通。然而，近一半（47%）的员工表示，他们在过去一年中收到经理人的反馈只有几次或更少。只有34%的员工认为他们的经理人知道他们在做什么项目或任务。更重要的是，只有26%的员工强烈认为他们收到的反馈有利于帮助他们更好地工作。

多项大规模的学术研究发现，持续的培训指导对员工绩效有很大的影响。邀请员工参与工作目标设定与反馈工作进度相结合，对员工绩效则有更强大的正向影响。

如果经理人和员工之间没有进行高效的对话，任何目标和绩效指标的成功完成都是碰运气。在大多数公司，目标随着全年业务需求的变化而变化，而变化常常会造成焦虑和困惑。但是，通过持续的教练辅导，员工更有可能形成与整个业务相一致的明确的期望，他们就可以更自信和更清晰地应对变化。

大多数公司都不要求经理人经常、持续地对下属进行绩效培训。相反，经理人的职责——包括财务预算、战略规划和行政职责——使联系员工难以成为经理人工作的优先级。

如果公司高层想要显著地改变他们的绩效管理方法，他们必须为经理人提供他们需要的资源和培训，以满足员工发展和绩效提升的新要求。

如果领导者要让一项行动变得优先，盖洛普建议他们首先让自己的经理人成为教练。

让经理人做好教练的准备远不止告诉他们去做教练，公司领导人需要：

1. 重新定义经理人的角色和期望。

2. 提供满足这些期望所需的工具、资源和培养。

3. 创建评估实践，以帮助经理人准确地衡量绩效，让员工负责，并为员工的未来发展进行教练辅导。

仅仅用更频繁的对话来代替或弥补年度工作回顾是不够的。培训指导对话需要实质内容和目的，而不是让员工感觉被事无巨细地管控着。

注意，不同的工作场景需要不同的方法。从事复杂工作的员工需要更多的培训指导，这些指导要更侧重于定义工作成功的总体结果，以及实现这些期望所需的大量自主权和支持。微观管理不适用于这类工作。相比之下，当员工在工作中有了具体的目标和明确的步骤时，处于简单角色的员工可以更高效地完成他们的工作。在这些类型的角色中，一些微观管理可能是可行的。

盖洛普发现了一个实用的框架，可以用来培训指导人们如何以及何时建立工作期望、持续进行培训指导，以及通过五种教练对话来建立责任担当。

## 驱动角色转变的五种对话

**1. 角色和关系导向对话**。教练指导从建立第一印象开始，最初对话的目的是了解一个人及其优势，并建立符合该员工个人优势和组织总体目标的期望。这种对话通常每年进行一次，每次持续1到3个小时，或者当一个人的角色发生变化时，经理人会重新定义一个人的角色成功是什么样的，以及他们的工作如何与同事的期望相联系。这种对话应该作为半年一次的工作进度回顾（第五种对话）的前奏，包括讨论员工的工作目的、目标、指标、个人发展、工作策略、团队工作和薪资福利等。

**2. 快速连接对话**。虽然对员工来说“拥有”对自己的工作内容和工作方式的自主权很重要，但是每天和每周的对话都有很多价值。首先，员工讨厌被忽视的感觉，这甚至比关注他们的劣势还要糟糕。不管是什么形式，有一些关注和反馈总比没有人关注要好，而且基于个人优势的对话是最吸引人的。另外，最好是讨论一些正在发生的业务问题，这样经理人就可以迅速做出决策，引导员工朝向正确的方向前进。为了让经理人成为高效的教练，他们需要养成快速沟通的习惯——通过电子邮件、电话、走廊对话，或其他简短的互动（1到10分钟），每周至少一次。当经理人掌握了快速沟通的艺术时，员工就能一直明确他们是否在正确的轨道上——可以心无旁骛地继续前进。此外，经理人可以对员工的成功给予及时的认可，讨论任何阻碍员工进步的事情，或者只是简单地情感连接一下。快速连接对话的节奏不应该是强迫的，而且需要根据员工的优势和工作职责而有所不同。

**3. 定期签到对话（Check-in）**。在定期签到对话中，经理人和员工会一起回顾员工的成功、工作障碍、协调和重置工作的优先级。经理人每个月应该和员工进行一到两次“签到对话”，根据员工的需要和工作职责，对话时间应该在10到30分钟。签到对话比快速连接对话更加有计划。在签到对话中，经理人和员工一起讨论他们的工作期望、工作量、工作目标和工作需要。

**4. 发展性教练对话，这是一门真正的艺术，可以说是最难掌握的对话类型**。一次发展性教练对话可能只有10—30分钟，但它可能对员工的整个职业生涯产生影响。

当经理人很好地了解员工、了解他们独特的个性时，发展性教练对话是最高效的。经理人应该基于项目安排和个人发展机会进行这些对话。这种对话的目的是让经理人在帮助员工寻求职业发展、追求抱负或个人发展机会时给予方向指导、支持和建议。

发展性教练对话可能带来有计划的技能培训或行动计划活动。经理人需要记住，在对话中要关注员工的优势和成就，而不是关注他们的劣势。

**5. 工作进展的回顾性对话**。年度绩效评估已经成为绩效管理失败的替罪羊，主要是因为大多数经理人没有使用其他四种对话来配合。年度绩效评估对话演变成威胁和可怕的业绩会议，对薪酬和晋升产生巨大影响。当然，高效的持续教练必须能够创造责任担当。经理人需要正式评估员工的绩效进展，并在绩效需求发生变化时重新设定绩效预期。当经理人和员工都专注于庆祝成功，为未来的成就做准备，为个人发展和成长机会做计划时，工作进展回顾对话是一个强大的培训指导工具。经理人应该每年至少进行两次正式的工作进度回顾对话，每次1到3小时。这些对话需要与经理人其他的每日、每周和每月的培训指导对话保持一致。

最好的工作进展回顾对话不仅仅是对绩效的回顾，盖洛普建议经理人使用以下话题来进行工作进展回顾的培训指导。

1. 工作目的。请员工描述一下他们为什么要做现在做的事情。

2. 工作目标。询问员工他们想要完成什么任务，与他们一起将个人目标与组织目标协调一致。

3. 工作指标。产生可量化和评估的分数，以衡量员工在个人成就、与团队成员的协作和客户价值方面的进展。

4. 个人发展。和员工谈论他们未来的成长和发展，以及他们希望未来是什么样子。

5. 实施策略。与员工一起批判性地思考他们的工作目的、工作目标、工作指标和个人发展，以及他们将如何利用自己的优势来制定行动计划。

6. 我的团队。明确员工的最佳合作伙伴。

7. 我的幸福。基于员工的喜好和舒适程度，敞开心扉讨论他们的整体生活，包括财务状况、社会网络、社会活动和身心健康等。

从表面上看，这五种对话似乎成为日程已经排得满满的经理人的又一个负担。谁有时间去做这些对话呢？但实际上，这五种对话让员工管理更高效。最终，它们将为经理人节省大量时间，因为通过成功的持续培训指导，员工将把更少的精力投入到错误的工作努力和无益的政治活动中，从而避免损害公司业务。

成为一名高效的教练是任何经理人都能培养的最重要的技能。员工如何理解他们对组织的价值和他们的薪酬，将直接反映出他们接受培训的水平。

通过掌握这五种教练对话，经理人可以将更多的时间和精力放在最重要的教练时段上。

# 第22章

## 薪酬和晋升

**获得恰当的薪酬和晋升，需要基于以下两点：**

1. 个人发展的规划

2. 公平的绩效评估

你可能已经注意到，前面五种对话并没有涉及房间里的“大象”：薪酬和晋升。因为这些事项是充满感情的工作状态和创造价值的指标，你需要像对待员工发展一样对待它们。

然而，薪酬和晋升也需要专门的对话。

当经理人试图解决员工的工作目的、工作目标、工作指标、个人发展、实施策略、团队合作、福利以及薪酬和晋升时，员工在年终绩效评估时最看重的是什么？

这个问题的答案不言自明。

当有关薪酬的讨论迫近时，其他看起来重要的问题就会被搁置一边。这就是为什么我们强烈建议你需要在一个完全不同的对话中讨论薪酬和晋升问题。

个人发展不应该让位于薪酬和晋升。相反，薪酬和晋升的讨论需要与个人发展和真正的职业发展保持一致。公司领导者和经理人需要明白，反映人性的原始心理特征，以及对公平、公正、贡献、社会比较、自主性和幸福感的需求，都源于对薪酬的认知。

员工对自己薪酬的看法已经深深根植于他们所有的工作经历中。在没有这五种培训指导对话的缺乏发展前景的工作环境中，薪酬和晋升没有明确的规则或职业背景。薪酬和晋升只是成为导致类似为了更高薪水和更高职位而进行政治操控的不良行为的诱因。

这种为争取更高的薪酬和职位而进行的政治活动和游说对组织征收了一种低效税。如果员工把时间花在玩公司政治上，他们的工作效率就会大大降低。当这些员工的时间和精力被大大浪费时，他们完成的工作量就少了很多，所以，组织不得不雇用更多的人来完成相同数量的工作。当你不得不雇用更多人时，每个人的薪酬都会下降。

在高度重视员工发展的环境中工作的员工比在不重视员工发展的环境中工作的员工对自己的薪酬更有好感。无论收入多少，情况都是如此。

高度重视员工发展的工作环境在薪酬方面具有优势的原因是，每个人都能看到自己进展的内在需求。有指引他们成长的经理人，员工更有可能看到自己进步。

另一方面，如果员工没有获得持续的个人发展的培训指导，并且感觉状况永远不会改变，他们就会转向最能量化他们的价值和进步的衡量指标——“薪酬”。

值得注意的是，如果一名员工工作敬业，那么竞争对手就需要多支付20%的薪酬才能让他们跳槽。如果一个员工不敬业，他们跳槽到新公司的薪水几乎不会增加。

有效的薪酬激励是对员工的主人翁精神和组织成果的认可。你可以根据以下的科学培训指导原则，决定最适合你的组织和员工的薪酬和晋升方式。

**1. 薪酬虽然是一个个人化的问题，但加薪和晋升的标准应该是透明的。**研究表明，个人薪酬与市场薪酬相等的员工中，有很大比例会认为自己的薪酬低于市场薪酬。要清楚地告诉员工，他们的薪酬与他们在其他地方能拿到的薪酬相比是如何的。如果你不进行这方面的引导对话，员工们就会用他们自己的、可能是负面的叙述来填补这个空间。在很多情况下，他们会通过不实事求是的故事或轶事来叙述。

要特别明确在一个特定的工作中获得加薪或者晋升的标准。把公司内部的机会与市场机会进行比较，告诉员工需要什么样的经验和成功才能获得特别的涨薪或晋升。

**2. 对于小的团队，不要用强制排名来决定薪酬或晋升**。作为决定薪酬和晋升的一种手段，强制排名是假定每个团队中都有高、中、低的绩效。但有些团队的所有成员都表现出色，在这种情况下，强制排名会惩罚一些员工。如果其他的团队都是由表现不佳的人组成的，在这种情况下，强制排名会奖励一些表现不佳的人。对公平和公正的渴望是人的基本需求。一个好的绩效系统应该对每个人的“优异”绩效有一个明确的定义，给出他们的工作类型和目标。做到这一点的最佳方法是将员工业绩的多个预期来源与他们个人的关键经验结合起来，使其与他们的职业目标相一致。还要准备好描述公司是如何衡量绩效的，以及在每个职位上，低于平均水平、位于平均水平、高于平均水平、出色、优异这五个等级是什么样的。

**3. 大多数员工想要获得某种形式的激励性薪酬**。人们通常希望在薪酬方面拥有自主权和影响力。三分之二的员工表示，他们希望至少有某种形式的激励或浮动薪酬。绩效高的员工可以通过做出对组织有利且能帮助他们脱颖而出的业绩获得公平的奖金。

但是，领导者需要注意的是，相对于基本薪酬而言的激励总额或可变薪酬是多少，以及可变薪酬会产生哪些负面行为。高的个人激励创造更多的个人主义行为。薪酬激励不应诱使员工损害客户或同事的利益。要保持员工激励与团队和组织目标一致，并将绩效建立在个人成就、团队合作和客户价值的基础上。

**4. 让财务健康成为组织的责任**。员工的幸福感越高，他们的表现就越好。建立为员工提供财务规划和投资建议的支持系统，这意味着有内部的财务专家在身边帮助员工做最符合他们自身利益的理财事务。财务专家的建议可以帮助员工减轻短期的财务压力，增加长期的安全感，并使财务资源最大化，帮助员工满足他们的基本需求，与朋友和家人一起建立令人满意的生活经历。包括竞争性福利在内的总薪酬也会对员工的幸福感产生积极的影响。

# 第23章

## 绩效排名：偏差

绩效排名反映了主管的判断，而非员工的真实情况。

你的组织应该给员工排名吗？或者干脆取消绩效排名？

许多公司选择了后者，理由很充分。对于有缺陷的绩效管理系统，废除绩效排名是合理的。通常情况下，绩效排名不涉及持续进行的对话机制，而且该排名会导致有关谁能得到奖金和晋升的耗时的年终辩论。这些制度会鼓励公司里的政治操控现象，以确保获得高的排名，而不是激励更好的表现。

真正的问题不在于排名本身。绩效排名和围绕绩效排名的体系是出于正确的目的而建立起来的，目的是建立问责制，并奖励表现优异的员工。问题是排名与组织系统中的偏差有关。

即使公司决定取消业绩排名，也并不意味着必须改变整个系统。绩效管理系统成功的三个要素是设定期望、持续的培训指导和保证问责，问责仍然需要绩效评估，采用或者不采用排名均可。

让我们来解决这个问题。你取消了年度绩效评估，取而代之的是一个包含更多持续进行的对话系统。那么，如何在晋升、继任和薪酬方面做出公平的决策呢？你仍然需要一个系统，它能准确地告诉员工他们做得怎么样，让每个人都可以衡量他们的贡献和进步。

在传统上，年度绩效回顾满足了这一需要。

年度绩效回顾是建立在良好的预期结果之上的。但就像管理个人发展项目一样，年度绩效回顾和由此产生的绩效评级都是在有缺陷的假设基础上进行的。

最错误的假设是，认为一个经理人仅凭观察就能可靠地评估员工的表现。最后，绩效排名更多地反映了主管的判断，而不是员工的真实情况。

无论如何调整你的排名量表和绩效问题，个人排名评定总是存有偏见。这些偏见压倒了你可能从一个新的绩效评估中获得的任何收益。当然，有些量表比其他的更高效，在下一章我们将向你展示我们发现的最高效的评估量表。但你需要一个系统来纠正个人评级者的特殊偏见。

## 绩效排名偏差的类型

**1. 个人的或特殊的偏见**。经理人更容易看到他们喜欢的员工，以及那些做事的方式和经理人如出一辙的员工身上的优点。

**2. 光环效应**。当员工经常在经理人看重的一个领域表现良好时，经理人可能也会对他们表现不达标的方面给予好评。

**3. 中立的态度**。经理人很自然地倾向于给大多数人“满意”的评价，因为他们很难区分员工的工作表现。他们需要更多的证据来证明为什么有人比其他员工表现得更好或更差。

**4. 宽容和严格的偏见**。虽然大多数经理人倾向于认为大多数员工至少是令人满意的，但也有一些经理人会走极端。虽然员工有明显需要改进的地方，但持有宽容偏见的经理人仍会给员工好的评价。严格性偏见是指经理人总是认为“没有人是完美的”，并对大多数员工给出过于苛刻的评级。

**5. 溢出效应**。就像光环效应一样，经理人更有可能对过去表现出色的员工在未来给予好评。一旦经理人为员工设定了标准并做出了决策，他们就需要一个令人信服的理由来改变他们之前的判断。

历史上，领导者曾试图通过强制排名来纠正这些偏见。但强制排名扭曲了数据事实，因为它们假定每个团队都有高、中、低的绩效。但事实并非如此（参见第22章）。

有些团队的所有成员都表现出色，而另一些团队的成员大多表现不佳。例如，高绩效团队中绩效最低的成员可能比绩效最低的团队中绩效最高的成员创造的价值更大。谁会想要惩罚一个高绩效员工，或者给一个懒鬼太多的信任呢?

这里有两种方法来提高绩效衡量的可靠性。

1. 包括来自多个来源的信息，如同事、客户和尽可能多获得的绩效数据。

2. 与员工进行更频繁的讨论。

没有持续的对话，经理人就不可能知道员工每天的全部工作。狭隘的衡量标准，特别是在没有持续对话的情况下，会导致狭隘的行为并迫使人们做任何必要的事情来满足衡量标准，而不是为组织的整体目标做出贡献。

# 第24章

## 绩效排名：修正

**定义绩效的三个维度：**

1. 我的工作 = 个人成就

2. 我的团队 = 与团队成员的协作

3. 我的客户 = 客户价值

盖洛普的科学家研究了500多个不同岗位的工作行为需求，以确定在所有类型的个人贡献工作中最重要的责任。我们评估了许多不同的量表和200多个绩效项目。

我们的分析揭示了3个绩效维度，它们提供了最简单、最全面的绩效定义，最能从统计学上预测一个角色的整体性成功。

**1. 个人成就：**员工必须独立承担的责任。

**2. 与团队成员的协作：**员工如何高效地与队友一起工作并获得成功。

**3. 客户价值：**员工工作对客户产生的影响。在这里，盖洛普认为客户包括组织外部或内部的客户。

我们都能说出这样的员工是出色的个人贡献者，但却贬低了其他团队成员，或者不考虑他们的工作对客户创造的价值。但对于一个提倡敬业、高产出的公司，领导者和经理人应该优先发展员工，以实现所有3个方面的卓越表现。

在将3475名经理人和2813名员工作为一个样本，测试了各种各样的问题和量表之后，盖洛普结合3个工作需求（个人成就、与团队成员的协作和客户价值）的五类量表，为回答这个问题提供了最可靠和有效的绩效指标。

“请根据以下主要工作职责，对此人在过去6个月内的表现进行评分。”

评分标准为：低于平均水平——位于平均水平——高于平均水平——出色——优异。

你会注意到，最有效的量表是不平衡的，没有用“平均水平”作为中间值。盖洛普分析发现，不平衡的量表会产生更多的优异表现，减少光环效应和宽容偏见（参见第23章）。随着时间的推移，这个量表有更多特定的等级，以激发卓越的表现。

重要的是，经理人需要考虑将“优异”与“出色”和“高于平均水平”的业绩区分开来的衡量标准和观察结果。仅这一项工作对经理人的成长就非常有价值。一般而言，盖洛普建议将“出色”员工定义为1/10，将“优异”员工定义为员工团队中的1%。其目标是根据客观标准逐步增加出色和优异的员工数量。

不管你是如何沟通绩效等级的，也不管你是否在绩效评估中明确使用一个量表，盖洛普建议，你都应该对组织中每类角色的“优异”员工的个人成就与团队成员的合作、客户价值进行整体评估。在半年一次的工作回顾和持续进行的辅导对话中，与每一位员工一起确定他的个人发展经历，使他们在每个方面都表现“出色”，最终达到“优异”。

为了大幅减少基于特质的偏见，盖洛普建议使用以下三种类型的数据建立绩效评估。

1. **在员工控制范围内的绩效指标**，反映其关键结果，如生产力、利润率、准确性、安全性或效率。这些指标应该包括同事和客户的反馈系统。

2. **主观观察**：允许经理人在角色期望的背景下定性地评估员工绩效。

**3. 个性化的目标**，考虑到每个团队成员的专长、经验和独特的工作职责与工作的总体职责。

为了全面地看待绩效，经理人应该综合使用他们的定性观察和绩效指标的定量指标。当经理人考虑多种测量来源时，结果会更加可靠和准确。如果一名员工从经理人那里得到了良好的主观评价，并在关键指标上表现出色，那么他们很可能表现良好。然而，当主观评价和绩效指标不一致时，经理人将不得不进一步评估员工的绩效。

为了使总体的绩效测量与每个员工相关，经理人应该实行个性化的期望和个人发展。个性化的目标包括每个团队成员独特的能力、责任、专长、经验和愿望。

如果人们认为不公平，即使是技术最先进、出发点最好的系统也会失败。要使问责制被认为是公平的，它必须是成就导向的、准确的且有发展潜力的。它应该有助于激发长期的思考和行为，有助于公司的共同利益，并符合其战略目标和目的。

最终，衡量和管理绩效需要实践。经理人需要与其他经理人交换意见，对他们认为优异的、出色的、高于平均水平的、位于平均水平的和低于平均水平的业绩相互负责。经理人在定义什么是“优异的绩效”时，应该将表现最好的员工涵盖进去。在大多数情况下，他们会将“优异的绩效”的定义提升到比经理人的业绩更高的层次。

# 第25章

## 让“我的发展”成为员工留下来的理由

职业发展的三个要素：

1. 有所作为的机会
2. 成功
3. 符合职业理想

盖洛普发现，如今人们跳槽的首要原因是“职业发展机会”。这个理由正在上升。

我们发现，59%的千禧一代认为，当他们申请工作时，学习和成长的机会对他们来说极其重要。相比之下，44%的X世代和41%的婴儿潮一代持相同观点。87%的千禧一代认为“职业或职业成长和发展机会”对他们的工作很重要——远远超过69%持有同样看法的非千禧一代的人。

当盖洛普询问这几代人“为何离开上一份工作”时，他们最常用的词是“成长”和“机会”。91%的美国打工者表示，他们上一次换工作是为了离开公司。

## 从公司阶梯到公司矩阵

传统的职业发展模式是“爬公司的梯子”——通过管理层级的晋升，拥有越来越高的头衔和薪酬，能够管理更多的人。

但这种模式正在发生根本性的变化，因为组织越来越矩阵化。由于矩阵型组织的发展，员工有许多职业发展的通道和更换团队、项目或经理人的选择。

如今的员工都在寻找一份根据个人生活情况量身定制的工作，这是一个极具吸引力的选择，通常不符合公司传统的阶梯上升模式。

作为回应，组织领导者需要拓宽“职业发展机会”对员工意味着什么的想法。盖洛普关于这个话题的研究和文献综述表明，这三个要素与员工的预期成长有关：有所作为的机会、成功和符合职业理想。

你的经理人可以利用这三个要素作为一种引导，与员工就他们的进步和潜能进行有意义的对话。这里有8个问题可以帮助经理人开启对话：

1. 你最近获得的成功是什么？
2. 你最感到自豪的是什么？
3. 什么奖励和认可对你最重要？
4. 你的角色是如何带来不同的？
5. 你想要如何起到更大的作用？
6. 你如何在目前的岗位上发挥你的优势？
7. 你未来想要如何运用你的优势？
8. 要进入职业生涯的下一个阶段，你需要提升哪些知识和技能？

员工通过他们在工作中的发现以及所接受的培训指导而成长。经理人应该问自己：我怎样才能鼓励员工更多地发现自我呢？

记住，不同的员工对成长和发展有不同的看法。一个人可能认为获得内部奖励是最重要的职业成长，而另一个人可能认为获得更高的职位更有价值。一名员工可能把旅行和为大客户展示产品看成是一种进步，而另一名员工可能想成为一名员工导师。

不幸的是，许多组织仍然只提供“一种上升渠道”——成为一名经理人，即使你的优势不在管理方面。有些人可能业务做得还行，但天生就不是当经理人的料，但他们可能永远也没有意识到自己不适合做管理。这影响了他们的幸福，以及他们管理的员工的幸福。

盖洛普建议，在职业发展中，除了成为一名经理人之外，还应该为有抱负、工作效率高的员工提供以下的晋升新途径。

1. **个人成就**。有天赋的人应该能够在组织中晋升，无论是作为经理人，还是作为一个高绩效的个人贡献者。我们建议把个人贡献者和经理人的头衔同薪酬支付方式区别开来。

2. **个性化的发展**。经理人应该了解员工的愿望。职业发展对话应该是定期的、非正式的，而不仅仅是员工绩效评估时讨论的一个议程项目。职业道路应该与一个人的优势相匹配，并以他们的经验和成功为基础。

3. **灵活的职业道路**。让明星员工一起参与设计他们的职业发展规划。这意味着他可以根据不同的人生阶段、不同的工作环境、不同的兴趣和性格做出不同的选择。例如，在你的组织中，职业通道是以一种固定的速度晋升的，还是允许员工随着生活的改变而放慢或加快速度？生孩子、照顾孩子、完成学位以及其他生活事件会改变员工在职业道路上投入的时间和精力。正确的职业道路应该满足组织的目标，同时要足够灵活，以适应员工的个人优势和生活环境的变化。

# 第26章

## 职场中的“点球成金”

**团队成功的12个要素：**

Q01. 我知道对我的工作要求。

Q02. 我有做好我的工作所需要的材料和设备。

Q03. 在工作中，我每天都有机会做我最擅长做的事。

Q04. 在过去的七天里，我因工作出色而受到表扬。

Q05. 我觉得我的主管或同事关心我的个人情况。

Q06. 工作单位有人鼓励我的发展。

Q07. 在工作中，我觉得我的意见受到重视。

Q08. 公司的使命/目标使我觉得我的工作重要。

Q09. 我的同事们致力于高质量的工作。

Q10. 我在工作单位有一个最要好的朋友。

Q11. 在过去的六个月内，工作单位有人和我谈及我的进步。

Q12. 过去一年里，我在工作中有机会学习和成长。

无论你是在打棒球还是做生意，关于人员的决定都很难做出。

这就是为什么棒球教练要花费他们的一生来收集球员的数据。他们的目标是做出关于谁将在比赛中成功地“点球成金”的决策。他们通过收集过去表现的详细统计数据来做到这一点，从击球率、击球位置到守备的百分比。然后他们结合这些数据来预测个人和团队的成功。

有些球队能够高效地教会他们的教练和球员如何使用点球成金数据库来

做出更好的决策。2017年世界职业棒球大赛（World Series）冠军休斯敦太空人队（Houston Astros）、2016年冠军芝加哥小熊队（Chicago Cubs）、波士顿红袜队（Boston Red Sox）和薪资较低的奥克兰运动家队（Oakland Athletics）在球员培养、招募、交易和比赛策略方面尤其成功地运用了严格的点球成金方法。

公司在试图预测不同团队和业务单位的业绩或利润时也面临类似的挑战。许多组织已经开发出系统来减少团队特征的可变性，以实现利润最大化。他们充分利用业务单元的规模、地理位置、营销效能和产品的可用性，同时提供广泛的员工培训，以确保高质量。

公司能从像休斯敦、芝加哥、波士顿和奥克兰在棒球比赛中采用的“点球成金”方式中受益吗?

是的，根据盖洛普的调查，50年来，我们一直在收集世界各地公司团队的数据，包括衡量员工对职场文化关键要素的看法，盖洛普称之为员工敬业度（employee engagement）。员工敬业度是由以下因素决定的：**角色明确、有机会做最擅长的事、有机会发展自己、有强大的同事关系、有共同的使命或目标。重要的是，这些都是经理人可以直接影响的因素。**

盖洛普还收集了这些团队的绩效指标，从缺勤率、离职率、客户对服务的看法到生产力和利润指标。问题是每个公司都有一组有限的团队或业务单元，研究人员可以在任何给定的时间进行研究。任何一项研究都可能包括不完善的测量和有限的样本量，这增加了预测结果出错的概率。将许多组织中团队的员工敬业度和绩效数据结合起来进行分析研究，这种方法比任何一项研究都能更精确地估计团队敬业度对绩效的影响。

盖洛普对过去20年团队敬业度与绩效之间的关系进行了9次元分析。最新的研究包括来自230个组织的82 000多个团队（以及这些团队中的180万名员工），它们来自49个行业和73个不同国家或地区。（参见附录3）

盖洛普使用本章开头所列的12个陈述来评估团队敬业度。这12个陈述衡量了关键的职场要素，并证明了它们与绩效结果之间的联系。团队通常在敬业度方面差异很大，即使是同一个组织中的团队，他们在敬业度方面的差异就像他们在绩效方面的差异一样大。

这项分析研究的关键发现之一是，团队敬业度和绩效之间的关系在不同时间和不同组织之间是一致的。这是事实，尽管是不同的行业和国家在不同的经济时期，在我们进行研究的几十年中，技术发生了巨大的变化。

当盖洛普的研究人员在衡量敬业度时，将公司排名前四分之一的团队与排名后四分之一的团队进行比较，我们发现了绩效的中位数差异（参见表26-1）。

表26-1　敬业度对关键业务结果的影响

| | |
|---|---|
| 缺勤率降低41% | 病人安全事故减少58% |
| 员工流动率降低（在员工流动率高的企业）24% | 质量缺陷率降低40% |
| 员工流动率降低（在员工流动率低的企业）59% | 客户评级高出10% |
| 损耗降低28% | 生产率高出17% |
| 安全事故率降低70% | 销售额高出20% |
| | 盈利能力高出21% |

当盖洛普分析了敬业的和怠业的业务单位之间的绩效差异时，员工敬业度得分最高的单位在这些关键绩效结果上明显优于得分最低的单位。

将这些绩效指标组合成一个整体的综合绩效指标，我们发现排名在公司第99百分位的团队成功的概率（或高于平均水平的绩效）是排名在第1百分位的团队的四倍。

当然，团队的表现永远不是完全可以预测的。但是这些结果为衡量一个团队的文化要素，从而预测该团队的表现，提供了强有力的证据。就像棒球队利用点球成金数据库来做出更好的决策一样，衡量和管理这12个敬业度要素的公司可以提高绩效，并提高团队成功的概率。

# 第27章

## 团队领导者的突破

盖洛普最大的发现之一：经理人或团队领导者对团队敬业度的影响达到70%。

建立一个成功团队最重要的因素是经理人的素质。经理人——通过他们的优势、他们的工作敬业度以及他们每天如何与团队合作——对团队敬业度的影响达到70%。

优秀的经理人会了解团队中每个成员的优势，对他们进行有针对性的培养和定位，并随着团队的发展和壮大，做出艰难的决定，让每个人找到最适合自己的角色，展现最佳的表现。经理人通过自己的声誉，更有可能吸引到表现最好的员工，并让他们的工作年限更长。他们通过自己的人际网络和团队中关键影响者的人际网络与组织的其他成员建立联系。

最好的经理人和团队领导者利用团队成功的12个要素来塑造团队绩效（参见第26章）。团队的绩效还受到团队成员与组织部门的联系程度、团队优势的构成、共同工作的经历和团队规模的影响。

## 与组织其他部门的联系

我们知道团队中的社会关系很重要。团队成员之间相互尊重，友谊深厚，这样的团队更有敬业度，业绩表现也更好。他们能更高效地为客户服务，因为团队成员之间的“交接”是无缝衔接的。

同样，在多项研究中，盖洛普发现，与公司其他部门有着高度社会联系的团队也更敬业，表现更好。团队中的影响者不仅是拥有更多个人联系的团队成员，他们也与组织中其他有影响力的人保持密切联系。通过这些联系，团队可以依靠组织中的其他人来支持和弥补他们的工作。这是一种让整个团队更加卓有成效的声誉资源。

但并不是每个团队成员都需要有高度的人际联系。在一项研究中，我们发现，客户服务团队中至少有一名成员需要与组织其他部门的成员保持高度联系，这样团队才能成功地为客户服务。

## 团队优势的构成

盖洛普发现，克利夫顿的34个优势主题适用于人的四个行为领域——**执行、影响力、关系建立和战略思考**。盖洛普最近对6个行业的11 441个团队进行了一项研究，以了解团队的特定优势构成，即在4个主题保持平衡或不平衡下是否能够预测团队的成功。

虽然很少发现团队的集体优势极度不平衡，但盖洛普发现，对团队成员优势的了解远比团队优势的构成更能预测团队的敬业度和绩效。团队的成员知道他们自己和队友的优势，就可以更快更高效地做他们最擅长的事情。他们可以更好地理解并欣赏队友的特质。

## 在一起工作的经历

学术文献中的研究表明，集体的团队智慧比单个团队成员能力的总和更重要。

工作年限更长的员工更有可能做他们最擅长的事情。简而言之，经验很重要。在团队中工作时间较长的员工有更大的机会去适应他们的工作角色，去预期哪位团队成员将会对他们所做的工作进行有效配合，并找到更加高效的工作方法。

团队成员需要的协作经验取决于工作的复杂性和团队成员之间的相互依赖性。一般来说，盖洛普发现，越来越多的员工表示，他们知道别人对自己的期望是什么，而且能够在工作3年的时候做自己最擅长的事情。对于那些在公司工作了10年或更长时间的人来说，他们的角色更加清晰。

这是否意味着团队需要3到10年的时间来磨合，以使团队成员认清和完善他们在团队中的角色？不，卓越的经理人可以通过非常个性化的培养来加速协作学习曲线，他们需要在今天跳槽频发的环境中加速协作学习曲线。

虽然团队稳定性很重要，但是通过不断地引进新成员来避免群体思维也很重要。我们在一项针对100多个B2B客户服务团队的盖洛普调查中发现，100%成功保留团队成员的团队，其绩效水平低于保留75%至99%成员的团队。团队可以从与新成员的积极摩擦中受益。

## 团队规模

盖洛普调查了300万个团队的敬业度，这些团队中的员工数量差异很大。调查发现，少于10名成员的团队中拥有最高和最低的敬业度。从本质上说，团队成员越少，就越容易形成一致。经理人似乎有更多的机会影响这些小团队，无论是好的影响，还是坏的影响。

虽然随着团队规模的扩大，12个敬业度要素中的大多数会变得更弱，但是有三个要素例外。在更大的团队中，知道他人的期望是什么，并有机会做自己最擅长的工作，这两个要素变得更加重要，而在所有不同规模的团队中，“工作中有好朋友”这一项都很重要，尽管这些趋势因行业而异。越大的团队能提供越多的机会来明确员工角色，专业分工和结识更多的同事。

虽然团队规模——以及其他的团队动态因素——会影响团队敬业度，但最重要的因素是经理人或团队领导者的素质。

# 第28章

## 员工敬业度项目为什么没有奏效

在全球范围内，85%的员工在工作中要么“怠业”，要么“主动离职”。

世界各地的公司和领导者都认识到敬业员工的优势，而且大多数公司都定期进行员工敬业度的调查。然而，员工敬业度在过去20年几乎没有变化。

盖洛普自2000年以来一直在跟踪美国员工的敬业度情况。虽然有一些微小的变化，但三分之二的员工在这段时间要么工作中处于“怠业”，要么“主动离职”。

截至2018年，盖洛普调查发现，美国有34%的员工处于“敬业”状

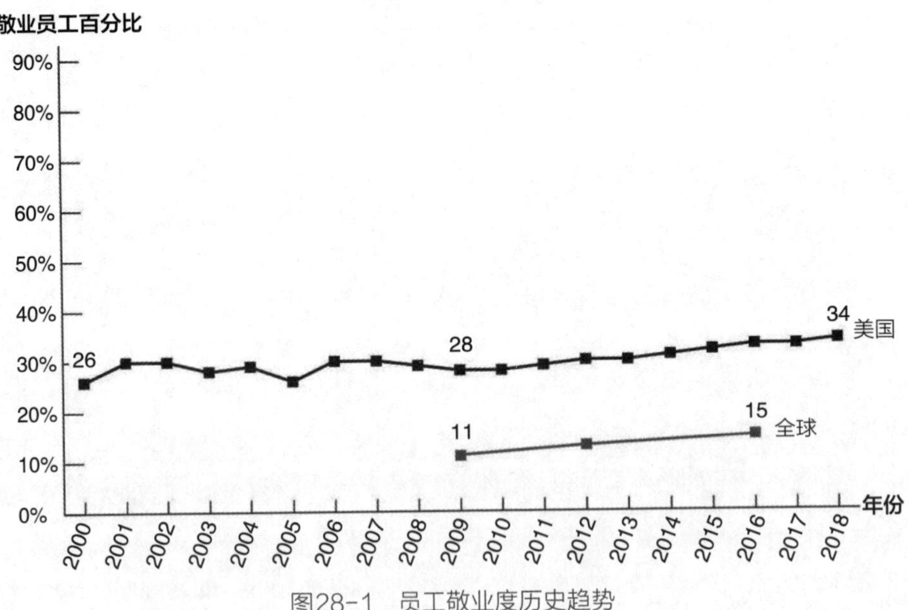


图28-1 员工敬业度历史趋势

态——也就是说，他们工作高度投入、对工作充满热情、忠于自己的团队和组织。在全球范围内，只有15%的全职员工处于“敬业”状态。

从积极的方面来看，美国和全球的员工敬业度数据在21世纪初（2010年）美国的28%和全球的11%的基础上都有所上升。如果这个数字翻一番，世界将会有重大的改变。

## 为什么敬业度没有更快地提高

既然有这么多的组织致力于让员工敬业度提升，为什么世界各地的员工敬业度并没有更快地提高呢?

许多因素导致了敬业度比例的停滞。原因之一是组织如何衡量和报告员工敬业度数据。

一个组织的报告说60%到80%的员工都很敬业，但他们的业绩在几年内没有变化，这种情况并不少见。当我们深入研究这些结果时，我们发现这些公司使用的“敬业度”根本不是一个高标准的指标。他们只是采用员工自我声明的敬业或留在公司的愿望来衡量员工对组织的投入度，再把评价为4分和5分的加在一起（以5分制衡量）。

盖洛普调查显示，在行为评分上给4分的人与给5分或“非常同意”的人很不一样。你是否想要宣传这样一个事实，即你的员工中有很大比例的人未来打算和你在一起，或者愿意忠于组织?

因此，虽然该公司鼓吹大部分员工是“敬业”的，但公司中很少有人真正有这种感觉。相反，他们仅仅是感到满意或满足而已，当更好的情况出现时，他们会抓住机会到其他公司工作。许多员工正在努力地寻找另一份新工作。

盖洛普认为，在敬业度调查领域中出现了分歧明显的两端。一端是科学的和经验验证的方法，带来公司业绩的改变。这些方法由塑造文化的个人发展战略和战术以及绩效考核干预来支持。虽然这些方法需要更多的投资，但使用它们的公司更有可能提高员工的敬业度和工作绩效。

另一端是没有聚焦的年度评估回顾和指标衡量。与传统的员工满意度调查非常相似，这类调查通常衡量一系列的工作维度，这些维度与业务目标没有太大关系，而且很难实施。这些调查的目的是找出影响敬业度的“独一无二的内驱力”。但这种方法忽略了一个科学事实，即最基本的敬业度要素——包括明确的期望、做最擅长的事、对工作的认可和个人发展——在每个组织和工作中始终都是重要的（参见第26章）。

今天的技术很容易就能创建一个员工调查，并称之为“敬业度调查项目”。不幸的是，这种办法进行的调查只是让员工在方框里打钩而已。

公司还可以使用“倾向调查”来持续调查员工敬业度。但是，如果没有一个明确的战略，也没有根据他们收集的数据采取相应的行动，“倾向调查”可能弊大于利。当员工强烈认为我的组织根据我完成的调查结果采取行动时，员工的敬业度会提高近3倍。

一个高度重视员工发展的公司需要的不仅仅是管理调查。衡量本身并不能激发变化或提高绩效。组织花费了大量的精力来测量员工的认知和提供测量标准，但实际上并没有改善他们的职场或业务结果。

这些方法失败的主要原因是：

1. 更多地关注调查数据或报告，而没有注重经理人和员工的发展。

2. 将敬业度仅仅看作是一个例行的调查工作，而不是一个持续的、有步骤的、能实现高绩效的系统。

3. 将敬业的员工定义为仅仅对雇主感到满意，而不是在工作中受到强烈的启发和为公司尽心尽力的人。

4. 测量员工的满意度或满足感，然后满足他们的需求——游戏室、高档咖啡机、带宠物上班、保龄球派对——而不是把员工当作公司未来有价值的利益相关者。

这些有缺陷的测量方法为改善员工发展和实现文化变革制造了障碍。其结果是，公司向员工做出虚假承诺——通过经常性的沟通来做出改变，但实际上几乎没有采取任何切实的后续行动。

# 第29章

## 创造高度重视员工发展的文化

**高度重视员工发展的文化：**

1. 是CEO和董事会主动发起的
2. 培训经理人新的管理方法
3. 进行全公司范围的沟通
4. 要求经理人自主负责

盖洛普研究了把好的工作场所和糟糕的工作场所区分开来的因素。对你的公司和员工来说，高度重视员工发展的文化是最有生产力的环境。

你的组织如何创建一种文化，使持续地高度重视员工发展成为常态而不是例外？需要注意的是，公司文化不是你可以随意开启或关闭的东西。

首先，创建一种高度重视员工发展的文化，需要的不仅仅是完成一份年度员工敬业度调查，然后让经理人自己去做——希望他们能从调查结果中学到一些东西，从而改变他们的管理方式，你还需要仔细查看关键的敬业度要素如何与你的绩效管理和人力资本战略相匹配。

好消息是许多组织已经成功地改变了他们的文化。盖洛普已经与世界上39个最成功的组织进行了合作。这些组织的敬业员工比例几乎翻了一番，敬业员工与怠业员工的比例达到了14 ： 1。这塑造了极富韧性的员工队伍，公司经受住了极端竞争、市场变化、不利的监管条件、经济衰退和其他外部威胁。

高度重视员工发展的公司在其雇用员工的战略背后有一个明确的目标。

他们知道自己想要实现的具体行为，以及这些行为对成功的重要性。

以下是我们在成功建立高度重视员工发展文化的组织中看到的四种主要模式。

## 高度重视员工发展的文化是CEO和董事会主动发起的

“战略协同”听起来对每个人都有好处。但是这个术语已经被淡化为咨询顾问的说法。这到底意味着什么？战略协同是指经理人和员工能够看到他们被要求做的事情和组织所主张的事情，以及正在努力完成的事情之间的无缝连接。

任何称之为“员工敬业度”的东西都没有价值，除非它符合这些标准。以下是最好的方法。

1. 组织有一个明确的使命和品牌——它为什么存在，它想要如何被了解。组织中的每个人都明白，员工敬业度是一个实现使命和品牌统一的系统。领导者明确地将敬业度要素与他们的业务问题联系起来，这意味着让敬业度与日常工作关联起来，而不是仅作为一个抽象的概念而存在。

2. 高层领导主动发起这项工作。他们知道自己的态度、信念和行为对组织文化有强大的连锁效应。“伟大公司”的领导者不应只是谈论他们希望在管理层看到——他们应该每天都这么做。

3. 领导们制定了一个敬业度改进的计划。他们确定了公司的敬业度现状和未来的发展方向。

## 高度重视员工发展的文化培养经理人新的管理方式

1. 最好的组织有鼓励团队自主解决问题的领导，而不是采用自上而下的指挥。他们把培训和发展计划的重点放在培养经理人和团队的能力上，以便经理人和团队能够独立解决问题。

2. 敬业度、绩效和培训都是协同一致的。培训以员工优势和敬业度的12个要素为基础。经理人学习如何识别团队成员的优势，以及如何利用和建立优势来实现结果。

3. 培训是根据每个经理人的优势来量身定制的。绩效高、团队敬业度高的经理人能比绩效低、团队敬业度低的经理人得到更高级的培训课程。

## 高度重视员工发展的文化需要全公司范围内的沟通

1. 最好的组织都有优异的CHRO，他们建立了一套系统，教经理人如何根据他们的内在倾向来培养员工。

2. 这些组织有一个指定的“冠军网络”，用于交流、收集最有效的实践并回答问题。

3. 正在收集的最有效的实践示例生动地展示了高度敬业的团队是什么样的。

## 高度重视员工发展的文化要求经理人负责

1. 在我们的研究中，员工敬业度最高的公司将认可员工视为一种手段，以发展和提升员工到一个新的成功水平。对优秀团队领导者的认可传达了关于公司价值观的强烈信号。

2. 容忍平庸是最佳组织的大敌。人们根据生产力、保留率、客户服务和员工敬业度等指标的组合来定义高绩效团队。经理人很清楚，他们的工作是调动团队的积极性。最佳组织会对持续“怠业”的团队采取措施——最关键的是，撤换经理人。

3. 最佳组织相信不是每个人都应该成为经理人，他们为每位个人贡献者创造了能够实现高价值的职业道路。没有人必须认为自己的进步在于晋升为经理。

4. 最佳组织知道，如果没有明确的期望、持续的对话和问责，就不会有有意义的使命和目的。

# 第30章

## 卓越经理人的五大特质

1. 工作动机——激励团队做出优异的表现
2. 工作风格——为团队设定目标并安排资源，使其表现出色
3. 主动积极——通过自身影响让他人采取行动，克服逆境和阻力
4. 团队合作——用深厚的感情建立忠诚的团队
5. 思维过程——对战略和决策进行深入的分析

回想一下你遇到过的不同的经理人。

很有可能在你的职业生涯中，你每遇到10个主管，就会想再次为其中的2到3位经理人工作。如果幸运的话，你可能已经找到了一个愿意再次为其工作的经理人——或者一个也没有。

无论如何，大多数人都至少看见过或者亲历过，或者是别人告诉他们和一位好的经理人共事的经历。

回顾你所知道的关于管理的一切——你阅读过的、见过的或经历过的，包括你遇到过的最好的经理人。花点时间想想，是什么让他成为卓越经理人的？

你也可以问问自己：一个人如何才能成为卓越经理人？那些卓越的经理人是如何获得你刚才想到的那些特征的？他们是天生善于管理他人，还是学会了如何变得伟大？

行为遗传学研究表明，每个人都有像第11章所列那样的个人特征——决定一个人是谁的思维、感觉和行为的倾向模式——他们的个性和思维过程。

由于他们的基因和人生早期的成长经历，他们具有使他们成为独一无二的个体的特征。这是一件好事。这意味着每个人都能给组织和团队带来不同的能力和品质。

把这些特质想成一种行为倾向——你在大多数情况下的“默认”状态。例如，在一个有很多人的社交场合，你是会被你最熟悉的人吸引，还是会特别期待把自己介绍给陌生人？

在工作中，你是更专注于完成一个项目，还是喜欢同时参与很多项目？

你是喜欢人的复杂性，还是喜欢思想的复杂性？

盖洛普对造就卓越经理人的要素进行了50年的研究，既考察了他们的固有倾向，也考察了他们与时俱进的改进。

从这项研究中获得的最简洁的结论是，大约一半的卓越经理人主要来源于固有的倾向，另一半的卓越经理人来自经历和持续的发展。

你可以利用科学手段来评估和预测固有的倾向，但很少有组织会这样做。要显著提高一个人在管理岗位上取得成功的概率，可以从以下五个方面来评估他：**工作动机、工作风格、主动积极、团队合作和思维过程。**

不幸的是，当前的管理实践提拔员工的理由是错误的。盖洛普调查了数千名经理人，问他们是如何成为经理人的，他们给出的最重要的两个理由是：之前在非管理岗位获得的成功或论资排辈获得的晋升。

从表面上看，这些理由似乎合情合理。那些表现出色或在公司工作了很长时间的人会获得晋升。晋升到管理层意味着薪酬和地位的提高，这增强了员工成为经理人的愿望。

盖洛普分析发现，大多数当前的团队领导者没有管理员工的自然倾向。在这种情况下，他们在自己的角色中挣扎，这让他们很痛苦——尤其是在他们之前作为成功的个人贡献者受到鼓舞后，这一点格外令人沮丧。

好消息是，大多数公司内部都有他们需要的管理人才，而正确的评估系统可以找到他们。

那么，你如何建立一个系统和文化，并依靠其最高效地识别出适合成为组织中的经理人的人选呢?

1. 使用科学设计和经过验证的工具来评估卓越经理人在五大特质方面的表现：工作动机、工作风格、主动积极、团队合作和思维过程。

2. 给有天赋的个人贡献者以领导项目和团队的机会。观察他们的行动，并记下谁能领导团队获得胜利。

3. 不要把你未来的经理人选拔决策完全建立在论资排辈或非管理性工作的成功上。成为一名经理人不应该是一种自然而然的仪式。

4. 让那些非常成功的个体贡献者继续在他们的岗位中表现出色，并获得应有的地位。仔细分析最成功的个人贡献者的经济价值。最好能够比你的许多经理人赚更多的钱，因为他们创造的价值更大。

# 第31章

## 如何培养经理人

公司每年都投入数十亿美元在经理人的培养上。然而，盖洛普发现，只有三分之一的经理人强烈认为自己在过去一年里有学习和成长的机会。

对大多数人来说，从事管理工作并不是一个美好的经历。对他们来说，从事管理工作比做员工工作感觉更糟糕。经理人报告说，与他们领导的团队中的个人贡献者相比，他们承受了更多的压力而且消耗了更多精力，工作与生活的平衡更差，身体状况也更差。

经理人的工作非常困难，因为他们夹在公司领导和一线员工之间。市场突变和机会来临需要组织突然转型，这最直接地影响到组织的经理人的工作。与他们管理的员工相比，他们不太可能清晰地知道别人对自己的期望是什么。

与其他工作相比，管理工作拥有更大的自主权和更高的地位，但也经常需要改变工作的优先级，还必须要管理团队中的每个人的个性。

毫无疑问，组织并没有充分发挥他们的工作动机。不到30%的经理人强烈认为，在工作单位有人鼓励他们的发展。据接受经理发展培训的经理人说，现有的培训项目效果不显著。

经理人开发的一种传统方法是识别管理工作所需的能力，然后将这些能力传授给每个经理人。这听起来很合理。但盖洛普发现，这种方法并不奏效，因为它忽视了人性中的一个关键原则——每个人的发展都是基于其独特的优势而有所不同。

对于未来的经理人来说，了解和发展员工的个人优势至关重要，但他们也必须了解和发展自己的优势。没有人可以被期望在所有的情况下都能做好所有的事情。

经理人是在他们自身的背景下成长起来的，他们不能被局限在一种风格的框架里。盖洛普发现，基于经理人优势的学习和发展项目表现得比其他所有项目都好。

高管和团队领导需要和他们的经理人进行五种教练对话，就像其他人一样（参见第21章）。

在考虑如何培养经理人员时，盖洛普有以下的建议：

1. 审核当前组织中所有的经理人学习和发展项目，确保其与建立基于优势的文化相一致（参见第16章）。

2. 从盖洛普课程学习开始，向经理人传授基于优势的领导力基础——包括深入学习优势（参见第14章和第15章）、敬业度（参见第26章）和绩效教练（参见第20章）。

3. 设置课程，让经理人从上司转型为教练型领导。

4. 安排持续的在线学习项目，以强化和运用课堂所学的概念和知识。

5. 要求公司高管每周与每个经理人或团队领导进行一次基于优势的对话（参见第21章）。

6. 确保基于盖洛普优势发展课程的一个成果是，每个团队领导或经理人都能强烈同意（在5分制中给5分）以下陈述：这门课程激发了我；我学会了如何改变自己的领导方式；我每天都在运用我从这门课上学到的东西；通过这门课程的学习，我的绩效有大幅度提升。

第五部分

# 职场的未来

当今，领导者和经理人面临的重大挑战包括管理一个多元化的团队、管理远程员工、人工智能的应用、零工工作，以及工作与生活界限的模糊等。

# 第32章

## 职场变革历程

1. 与前几代人相比，今天的员工构成在种族、文化和性别方面更加多样化。
2. 远程工作持续增多。
3. 大多数组织应用矩阵结构。
4. 数字化正在从根本上改变工作的性质。
5. 移动技术模糊了工作和生活的边界。
6. 临时工作和零工工作将继续存在。
7. 最理想的福利是工作的灵活性。

职场正在以令人眼花缭乱的速度变化，组织和经理人很难跟上。

问题的关键不是这些变化是否已经来临，而是如何快速应对。

敬业度的某些方面容易实现，而另一些则更具挑战性。例如，盖洛普数据显示，在高度矩阵化的组织中，员工之间的协作频度比非矩阵组织中要高，但是，期望却并不明确。当客户需求变化时，团队领导需要与成员定期沟通以明确工作的优先事项。

在远程工作环境中，正好相反。现在，组织可以更好地为远程工作人员提供适合的设备和工作期望，甚至给他们自主权来做自己擅长的工作。但是，远程工作者失去了合作或是接受认可的机会。当远程员工与他们的同事和经理人长期孤立地开展工作时，他们就有离职的风险。

当今的领导者是在工作和生活边界模糊的环境下开展管理工作的。例如，超过1/3的美国全职员工说他们经常在正常工作时间以外查看工作邮件。大多数人随身携带智能手机，使他们至少偶尔在非传统的工作时间查看一下邮件。超过3/4的全职员工将这种情况视为一种非常正面的或者说趋于正面的能力发展。

问题是，那些经常在正常工作时间之外查看电子邮件的员工中，有近一半（48%）的人表示前一天工作压力很大。但是，如果有善解人意的经理人了解员工的情况、设定明确的期望、培训指导他们并保证问责，那么在正常工作时间之前或之后查看工作邮件并不会显著增加员工的压力。

试想一下，当一个高度敬业的员工想要在离开办公室之后完成一个项目，但是公司有一个规定，不允许他们在正常工作时间之外工作，比如，法国法律禁止工作时间以外收发邮件。类似这样的政策假定，在传统的40个小时正式工作时间之外的工作不利于健康。

也许是移动技术带来的灵活性使得大多数全职员工认为，选择在工作之外使用移动技术是一种优势，而不是障碍。在优秀经理人的帮助下，敬业的员工能利用这种灵活性而不会感到额外的压力。尽管一些组织制定了不限制的政策，并假定员工对此表示中立，但他们最好还是先让员工参与进来再制定政策。政策很重要，但是它们不该是任何经理人的主观臆测。

# 第33章

## 多元化和包容性的三个要求

“请尊重我。”

“请重视我的优势。”

“领导者会做正确的事。”

多元化的类型正在迅速扩大。

这是一些抽样：种族、年龄、性别、宗教信仰、性取向、社会经济地位、残疾、生活方式、个性特质、身高、体重、其他身体特征、家庭构成、教育背景、在组织中的任期、政治意识形态、世界观，等等——本质上是人类所有的差异。

作为一位领导者，你如何理解和面对他们？解决的办法在于，你的员工对上面列出的三个要求的感受。

多元化和包容性的主题已成为多数领导人优先考虑的议题，这是有原因的。

我们都已经看到了大学校园和我们社区的不安，在商界也有大量的例子。在2017年，42%的美国人说他们“非常”担心种族关系（这创了历史新高）。而就在三年前，美国的这一比例为17%。“黑人的命也是命”已经成为一场全国性的运动。在另一方面，政治正确遭到了反对。

针对好莱坞和娱乐界、政府、教育界、体育界和商界领袖的性骚扰指控呈爆炸式增长。现在，接近70%的美国人说性骚扰是一个严重问题，而在20

年前，这一比例仅为50%。在这样的社会背景下“The #MeToo”运动[1]突然出现了。

随着时代发展，现在美国人对选择一位男性做上司还是女性做上司已没有什么差别，这对男性来说尤其不重要。而且，大多数美国人认为同性恋是可以理解的，同性取向是一个人与生俱来的。从上面两点可以看出，与过去的几十年相比，人们的价值观发生了重大改变。

人口结构也在发生变化。例如，42%的“千禧一代”不是白色人种，这个比例是婴儿潮时代的两倍。

当你努力建立一种多元化和包容的文化时，想一想你的员工会如何回应这三句话：

“在工作中，我得到了尊重。”

“我的雇主致力于发挥每一位员工的优势。”

“如果我提出对道德和诚信的关注，我相信我的雇主会做出正确的决定。”

盖洛普发现，关注这三个要求可以使每个组织朝着正确的方向前进。接下来的三个章节将涉及这些领域。但在我们继续之前……

**关于多元化培训的一点提示：**关于多元化培训有效性的研究已有数百项，包括敏感性培训和无意识偏见培训，研究的结果是不一致且不确定的。当一项多元化培训是命令式的，而不是建立在由尊重和领导承诺而形成的文化时，这项培训通常是失败的。一次有效的多元化培训不能只是一天的活动而已。

---

① “The #MeToo”（我也是），美国反性骚扰运动，由女星艾丽莎·米兰诺（Alyssa Milano）等人于2017年10月针对美国金牌制作人哈维·韦恩斯坦（Harvey Weinstein）性侵多名女星的丑闻发起的运动，呼吁所有曾遭受性侵犯的女性挺身而出说出惨痛经历，并在社交媒体贴文附上标签，借此唤起社会关注。

# 第34章

## 多元化和包容性："请尊重我。"

不尊重是有毒的。

不尊重也许是人们经历过的最强烈的感受之一。每个人都记得在他们的生活中感到不被尊重的时候，这种感受很难忘记。

一开始，尊重是有礼貌地称呼一个人的名字，然后是了解他是谁，他的价值观是什么。

如果员工们对他们在工作中受到了尊重这一点表达出不认同或者强烈不认同，这就是一个重要的警示信号，说明组织中可能存在着更大的问题。90%的员工声称，他们在工作中经历了某种形式的歧视或骚扰。

盖洛普发现，员工敬业度与包容性最大的相关因素是："我觉得我的主管或同事关心我的个人情况"和"在工作中，我觉得我的意见受到重视"。这两个因素也告诉我们关于尊重的一些事实。

员工希望自己对与一起共事的同事来说是重要的，他们希望自己的想法有价值。如果员工被冷落或者感觉他们的想法被忽略，他们会感到不被尊重、受到忽视和排斥。他们将寻找出现这些感受的原因。

在某些情况下，员工认为的不尊重可能是因为公开的歧视。而在另一些情况下并非如此。但员工也会寻找一些具体的因素来联系他们不被尊重的感觉：是我的种族、我的性别、我的年龄，还是其他因素？没有任何组织能避免各种形式不经意的不尊重，但是当人们互相了解和关心的时候，他们会将对方往好处想象。

例如，盖洛普发表在《领导力与组织研究》(*Journal of Leadership & Organization Studies*) 期刊上的一项研究，分析了经理人与员工的种族差异对员工离职愿望的影响。当员工和经理人是不同的种族时，员工离职愿望更高；怠业情况又恶化了这一结果。

然而，当经理人和员工的种族不同，但工作在一个有吸引力的公司，员工的留职愿望是最高的，甚至高于当经理人和员工是同一种族的状况。而使不同种族的经理人和员工能很好地在一起共事，最紧密联系的敬业度因素是“我觉得我的主管或同事关心我的个人情况”。

# 第35章

## 多元化和包容性："请重视我的优势。"

只有21%的员工非常认同，他们的组织致力于发展每个员工的优势。

提升包容性的最佳策略是，实施基于优势的员工发展计划，并建立基于优势的组织文化。

在一项调查中，盖洛普研究在一个工业组织中使用基于优势的员工发展计划与后续对团队包容性认知的变化的关系。在意识到自身优势的员工比例更高的团队，他们后续对于包容性的认知提升更大。在我们的调查中，员工表示，了解自身的优势可以帮助他们感受到前所未有的价值感和归属感。

学术界一项被称为"人际一致性"的平行研究是一种能让人们通过分享自己的一些事情而迅速了解彼此的方法。这种方法已被证明可以提高原本无法拥有有效工作关系的异质团队的绩效。

基于优势的方法不仅为人们提供了一条可以增进相互了解并建立积极对话的捷径，而且具有基于优势的文化的组织会持续超越它们的竞争对手（参见第16章）。

克利夫顿优势测评是用来识别一个人的独特天赋特征的，其设计的目标是产出关于个人天赋和优势的富有成效的对话。在这些对话中，你的经理人可以关注员工独特的克利夫顿优势特征——或者关注他们的文化、背景或学习到的知识技能。让每个人定义他们想要如何表现自己。

你的员工和他人一样，都希望有归属感和价值感，不管他们是谁，他们来自哪里。基于优势的评估和员工发展可以让你全面深入地了解员工如何思考、感受，以及如何应对各种状况的细微差别，而不只是他们看起来的样子。

# 第36章

## 多元化和包容性："领导者会做正确的事情。"

21%的员工不认同或强烈不认同，如果他们提出对道德和诚信的关注，他们的雇主会做正确的事情。

你也许听到过这样的陈词滥调："如果你关注包容性，那么多元化自然不会差。"尽管你明白了其中的意思——建立一种伟大的文化自然会吸引各种各样的员工——其实并不那么简单。

组织需要关于如何雇用和发展多元化员工的策略，以及文化能够容忍和不能容忍的行为标准。

领导者需要首先意识到多元化和包容性并不是同一件事情。多元化是你雇用进组织的人员分布。包容性是你如何包容和对待你的员工。

记住，你的组织文化始于一个明确的使命和品牌——你希望你的声誉如何，以及你代表什么。你的领导者们需要承诺对于无礼和歧视行为零容忍的态度，而且他们必须正式和非正式地沟通和强化这一政策。零容忍事实上是从最高层开始的，因为对于组织中的其他人来说，领导者的行为决定了什么是可以接受的。

你的组织还需要有一个报告道德准则问题的系统，并且建立一份如何处理这些问题的协议。在你有了文化规范和强大的系统之前，其他一切都不重要。

你的组织的原则在如何吸引和雇用员工方面也是显而易见的。清晰地界定一个职位成功与否的标准是招聘策略的关键。招聘的目标是通过使用经

验、可验证的测评、结构化面试等客观标准筛选出合格的候选人来匹配岗位需求并减少偏见。（参见第11章）

盖洛普调查显示，对于每个我们研究过的工作来说，先天能力存在于所有人中。关键是要有一个广泛多样的求职群体，并基于有效的预测绩效的标准来招聘。当某人已经被雇用后，包括入职和升职的时候，需要遵循相似的准则来确保做正确的事情。

最后，最重要的一个决定是你任命谁做经理人，你如何开发他们的能力。

卓越的经理人体现了文化的完整性，他们自然地建立关系、连接团队成员、了解团队正在发生的事情，并能够在矛盾升级之前解决冲突。

**多元化和包容性的一点提示**：我们意识到多元化和包容性是复杂的问题。关于这个话题，盖洛普的伟大贡献和最佳建议是——它始于一种人人被尊重、员工优势被重视，并且知道领导者会做正确的事的文化。

# 第37章

## 性别差异

全球各类组织需要更高比例的女性参与工作，不只是因为这对女性有利，这对组织也有利。

对于世界各地的公司来说，性别平等仍然是一个被严重错失的良机。虽然女性占全球人口的一半，但国际劳工组织最近报道，只有一半的适龄女性进入了全球的劳动力市场，而男性的这一比例则为76%。

盖洛普发现，虽然不是所有女性都想要全职工作，但性别平衡（接近男女比例50:50）的公司在财务上的表现持续优于性别失衡的公司。而且，当性别平衡与高度敬业的文化相结合时，这种正向效果会更加显著。

以下是性别平衡带来财务绩效提升的三个原因：

- 性别平衡的工作团队更有能力完成工作以及满足客户需求。
- 平均而言，女性的工作敬业度高于男性。
- 女性经理人领导的员工敬业度比例往往比男性经理人高。

盖洛普已经跟踪了美国关于上司性别偏好的巨大转变。追溯至1953年，当我们第一次收集这方面的数据时，美国人对男性上司的偏好超过对女性上司的61%。现在，大多数美国人报告说他们在上司性别方面实际上并无偏好差异。

然而，财富500强公司中只有32位CEO是女性，即使45%的女性愿意成为CEO或是担任其他高管职位。

## 大多数美国人对上司性别没有偏好

如果你有了一份新工作，你愿意选择一位男性还是女性作为你的上司？

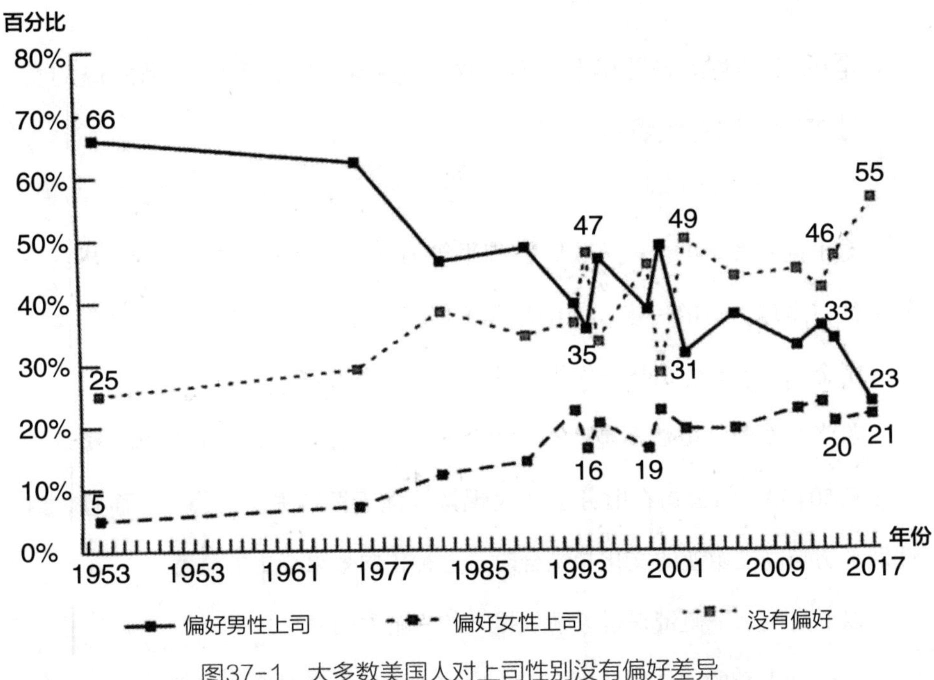


图37-1　大多数美国人对上司性别没有偏好差异

## 达到性别平等的最佳途径是什么

答案之一是拥有更多的女性领导。

女性在组织高层的比例小，包括我们在第39章讨论的薪酬差距都将继续成为问题，除非明确如何将晋升、薪酬与绩效和任职资格结合起来。例如，当领导者设定了一个每周工作40小时的期望值，但晋升的潜规则是每周工作60小时，那他们就制造了混乱和潜在的不平等的印象。

关键是确定对于给定的任何工作，什么构成了高绩效。在其他章节，我们讨论了发展绩效系统以减少偏见的方法，包括个人成就、团队协作和客户价值的因素。你还应该评估员工的学历和行业知识。

探究在管理层和全职工作中男女比例失衡的深层原因是一个复杂的过程。没有人能给出全部的答案，但是我们能够从我们的分析中发现的突破性进展中得出一些深刻见解。

作为国际劳工组织的全球性项目的一部分，盖洛普要求男性和女性用他们自己的语言来描述参加付酬工作的女性面临的最大挑战。大多数的挑战来自以下三个方面：

1. 不公平的对待
2. 薪酬不平等
3. 工作生活的弹性

我们将在接下来的三章中讨论这些挑战。

# 第38章

## 职场中的女性："The #MeToo"时代

美国职场中有27%的人宣称曾经历过性骚扰。

在许多发展中国家，职场中的不公平是最经常涉及的话题之一。近年来，这种情况在美国呈现蔓延之势，出现了为数众多的针对娱乐业、政界、商界、教育业领导人的骚扰指控。这点燃了全球的"The # MeToo"运动。

目前，63%的女性和54%的男性表示，人们对职场性骚扰问题不够敏感。自1998年以来，这两个数字都上升了20多个百分点。此外，69%的受访者认为性骚扰是个大问题。42%的美国女性和11%的美国男性表示，他们曾是性骚扰的受害者。

正如我们在第36章关于多元化和包容性所提到的，员工的基本需求之一是，当涉及组织的诚信和正直问题时，"领导者会做正确的事情"。

你们组织中的领导者必须承诺对骚扰问题零容忍。领导们不能允许对骚扰问题的辩解或者使用借口，"本性难移"这种承诺不只包括正式和非正式的沟通，也包括通知。当男性领导者与其他男同事在组织中非正式地交谈，听到不敬的评论时，他们是说"住嘴"还是仅仅一笑了之。你们组织的文化就是在那些时刻建立起来的。

每个组织都需要建立一个用来警示管理层职场骚扰问题的保密系统，并且需要一份如何处理此类问题的协议。有些源自非故意的、不敬的违纪行为是"可驯化的"，而另一些必须即刻终止。

组织把骚扰问题掩盖起来，并努力包庇领导人的违规行为，会造成严重破坏——实际上，大多数最高领导者的丑闻是“人尽皆知”的。组织中每个人都知道且默认的不公平对待，是最典型的高风险文化的特征。

# 第39章

## 职场中的女性：为什么存在薪酬差异

83%的人认为，同样的工作，女性所得只是男性所得的一部分。

在北美和许多发达国家，不平等的薪酬是成年人首要关注的问题，这是盖洛普和国际劳工组织关于女性和工作问题报告的最有力的发现之一。比较从事工作类型和其他因素类似的男性和女性的工资发现，两者之间存在着无法解释的工资差距。有些人已经把这种差距归因于歧视。

哈佛大学经济学教授克劳迪娅·戈尔丁是这一领域的领军专家，对美国数据做过大量研究。通过控制各种生活状况因素、从事该岗位时限、工作小时数和工作类型等，她比较了469种职业。她的研究显示，总体来说没有有力的证据表明两性薪酬差距是因为性别歧视。

戈尔丁发现薪酬差距最大的工作是那些由于时间灵活性而导致职业成本最高的职业，如企业界、金融部门、法律界和某些健康专业人士等高度自主就业的职业。换句话说，有些工作常理上需要更多时间待在办公室里，如果员工在选择何时何地工作时需要更多灵活性，就很难获得更大的成功，那些工作的薪酬差距最大。

性别薪酬差距较小的工作是科研、技术和某些健康专业方面的。这些职业种类本质上在时间规划，甚至很多情况下在工作地点的选择上给人们更多的灵活性。

当男性和女性走出大学校门直接开始工作时，他们的薪酬差不多。10到15年后薪酬差距（包括职称差异）开始变大。这种变化开始于女性员工有孩子之后的1到2年。

从总体上来说，虽然随着时间的推移，男性和女性的角色不断趋同，但女性依然认为照料家庭是首要责任。从本质上看，男性相对有更多的自由为职业发展投入更多的时间和努力，尤其是常理上需要更长时间的工作来获得进步的职业。而这就解释了在很大比例上的两性薪酬差距。值得强调的是，不需要承担照料家庭义务的女性和男性收入差不多。

盖洛普数据也表明，孩子是致使母亲离开职场的最大影响因素。事实上，孩子仍不满18岁的职业女性中有54%的表示，她们宁愿选择做家庭主妇（40%倾向于在外工作），而70%的没有18岁以下孩子的女性表示她们更愿意在外工作。

吸引职业女性入职的关键是让组织文化足够灵活，以满足家庭和生活的责任，并根据绩效和成就给予公正的奖励和薪酬。

# 第40章

## 职场中的女性：工作与生活的弹性

1/3的职场母亲说，她们的上司在允许她们需要时居家办公方面做得非常好。同样比例的人说她们的上司在这方面做得很差。

在全球，男性和女性都会提到“平衡工作和家庭”是职场女性面临的重大挑战之一。

一些公司也许正在努力满足新员工的需求，包括职业母亲的需求。但是要在最优秀、最具有前景的公司中保持招聘的竞争力，大多数公司需要做出调整。许多组织会随着时代的变化而变化，并探索提升各方面的幸福感吸引女性员工，尤其是工作日程的弹性。

一个组织是否提供弹性工作与它事实上尊重弹性工作是两件不同的事情。有些组织具有关于弹性工作的明确政策，但它们却暗暗地迫使员工待在办公室，或是让他们在白天离开工作岗位处理家庭事务时感到愧疚。

虽然对于许多工作来说，技术的进步使员工在任何他们需要的地方工作变得更加容易，但并不是每一项工作都有足够的弹性可以让员工在任何地点、任何时间工作。每个组织都应该盘点它的政策、福利和绩效管理系统，并保持开放和动态调整以在维持高生产力的同时提供更多的弹性。

例如，组织领导者需要认真考虑，在办公室工作时间更长是否与实际绩效更好相关。你的员工使用非传统的、个性化的方式是否创造了同样的业绩结果，或是他们能否使用这些方式？

当你考虑如何在你的公司处理工作和生活之间的平衡，以及如何吸引和保留女性员工时，请参考一下最佳组织的实践。

**有些女性想要进入最高管理层，但需要在升职过程中（同时还需要照顾家庭）得到支持**。最佳的组织会帮助女性留在她们的职业道路上，而且在她们生活中的特定阶段也会给她们工作上的弹性来照顾家庭（对于男性亦是如此）。

**有些女性想要进入高层职位并承担领导责任，长时间工作并不能让她们望而却步**。最佳的组织会倾听那些希望有发展的机会的员工，并鼓励她们采取正确的步骤来加速发展。

**有些女性想要在处理好家庭生活的同时获得稳步的成长和职业发展**。最佳的组织给员工提供何时何地开展工作的选择性。

**有些女性不想要担任领导职位**。最佳的组织帮助女性找到并提供给她们最擅长的工作。你的绩效系统应该允许你的员工在各自喜爱的工种上工作，她们可以在自己的工作中得到成长而不必非要遵循公司的晋升机制。

也许最突出的是每位员工个体，无论女性还是男性，他们有着对于他们自己来说好的生活和好的事业的定义。卓越的经理人要了解每个人的愿望，并且提供实际的机会路径。

# 第41章

## 婴儿潮出生的人是负担吗

74%的美国人计划工作到65岁以上。

“千禧一代”渴望看到他们职业生涯的进步。他们可能离开你的公司去别的地方成长。与此同时，婴儿潮出生的员工和年老的员工达到或超过了常规退休年龄。基于他们的任期和工作经历，他们可能给你的组织带来大量的薪酬负担。

许多年老的员工不想退休或是无法负担退休后的生活。除此以外，仍然有其他问题构成了组织风险：如果他们退休，组织将失去他们积累的行业知识和智慧。

在美国当前的五代员工中，传统主义者（早于婴儿潮的一代人）是工作敬业度最高的。似乎看起来是，这些现在70多岁甚至更年长的员工是自己来选择工作的。他们已经找到了一个职业（无论全职还是兼职），工作能够赋予他们意义感和目标感。他们也喜欢自主权。

虽然年龄在50至64岁的员工中有40%期望65岁以后再退休，但是这个群体既包括那些希望持续工作的人，也包括那些并不热衷于他们的工作却因为财务原因不得不继续工作的人。

所有这些带给CHRO严峻的问题：如何使年长的员工平稳过渡到退休或者降低职位？如何能够成功实施继任计划，做好未来一代继任的准备？

许多年长的员工在组织中身居高位，与他们讨论职业生涯过渡或是退休，通常并不容易。最理想的是，可以提前多年做好继任计划的基础性工作

（参见第18章）。

这里有三条策略供领导者参考。

## 为老员工设计成功路径

为老员工设计成功路径始于询问他们的长期计划。让他们感受到他们能自主未来，并且向他们保证没人会强迫他们离开。帮助他们发现利用他们优势的机会，无论是来自组织内部还是外部。制定一个未来能够发挥他们优势的计划也将提升他们的幸福感。

对于那些已经为你的公司服务多年的老员工，为他们实施一项计划以奖励他们的忠诚，在计划中，他们可以提前开始规划未来。例如，你可以制定一项计划，将年龄和职位任期等组合计算出一个分数，以决定他们在各自不同的教育、金融和退休福利上的资格。通过这种类型的计划，你能够给予老员工对他们服务的认可，并让他们了解，你会帮助他们过渡到人生的下一个阶段。

目的是让老员工为他们未来的幸福做出正确的决定，并为每位员工打造一个值得庆祝的、体面的退休策略。

## 了解老员工的优势和潜能

在培养同事成长方面，婴儿潮一代已经展现出比其他任何一代员工更多的渴望，而且通常他们在创建一个公司方面的能力超过年轻员工。一些人是杰出的教练，这个角色即使是兼职或者退休后仍然可以继续担任。而有一些人想要在你的公司设立新的分支机构或业务单元时担任咨询角色。

遗憾的是，有些老员工由于不适应现在的工作岗位或进取心不足，对工作已经失去了动力和热情。人们对于发展的需求不会随着职业进步或者年龄增长而止步不前。不幸的是，老员工对于发展的关注远低于年轻的员工——这是绩效管理的一个明显败笔。

认可公司中老员工的优势、专业知识和潜能，为他们在公司内部或外部寻找机会。无论他们的年龄和经历怎样，每个人都想要学习和成长。

## 运用先进分析工具弥补人才不足

当老员工退休时，公司需要保持人才梯队的丰富储备，助推年轻的员工走上回报丰富的职业道路。研究你们公司的顶尖高手。使用强大的、得到了很好验证的测评工具，来记录过去谁是成功的，为什么成功，以及预测当你的工作和组织发生本质上的变化时，什么类型的员工将会获得成功。建立并不断完善高绩效者的画像，从而让你们能够有计划、有步骤地找到候选人，选拔内在特质符合职位要求的年轻人。

经验也是成功的一个重要因素。与你最成功的老员工一起实施经验复盘，尤其是那些在领导岗位上的老员工，确定什么经历是年轻员工需要体验的。很多组织除了简历之外很少讨论或是记录经验，但是拥有一份经验记录来塑造你的顶尖员工是很重要的。

# 第42章

## 福利、津贴和弹性工作时间：员工真正关心什么

当员工处于怠业状态时，为了更好的福利而跳槽的可能性会大大增加。

新员工不是在寻找娱乐设施，比如游戏室、免费食物和花式拿铁咖啡机。他们是在寻找可以提升他们幸福感的福利待遇——那些给予他们更多弹性、自主权和指引他们过上更好生活的能力。

近年来，盖洛普进行了对于不同的福利待遇的研究，来了解哪些福利给员工的敬业度带来了差异。

美国员工最可能因为健康保险换工作，因为对于大多数人来说，这项费用不断增长且减少了他们的可随意支配收入。超过一半的人愿意因为奖金、退休计划、带薪休假或是弹性工作时间而更换工作。

大多数员工声称他们的公司提供健康保险（91%）、带薪休假（92%）和401（K）养老计划[①]（48%）。不到一半的员工声称他们的上司提供奖金和弹性工作时间。

在某些情况下，福利是一个认识问题而非现实的事情。例如，员工宣称公司提供401（K）养老计划、员工帮扶计划和弹性工作时间的比例少于公司人力资源部的人员之前承诺给他们的。

在研究了福利发放的频率，以及它与换工作愿望、敬业度和员工的幸福

---

① 401（K）养老计划，也称401K条款，始于20世纪80年代初，是一种由雇员、雇主共同缴费建立起来的完全基金式的养老保险制度。

感之间的关系之后，盖洛普将通常的福利分成四类：

**基础性福利：**有雇主匹配的退休计划、健康保险、带薪年假、带薪休假和其他保险。

**对某些人重要的福利：**利润分享、弹性工作地点、给予独立完成员工选择的项目的带薪时间和奖金。

**差异性福利：**弹性工作时间。

**附加值：**专业会议和发展计划、赞助社区组织和活动、担当志愿者的机会、硬件或软件补偿以及财务规划或培训指导。

福利只是影响员工是否加入、保留或离开组织的诸多因素中的一项。但是非常重要、需提示的是，当员工主观上对待工作漫不经心时，因为更好的退休计划、弹性工作地点和利润分享计划而换工作的可能性大幅提升。

盖洛普建议你盘点一下组织提供的福利和津贴，然后回答这两个问题：

**1. 对于每项福利和津贴，你了解ROI分析结果吗？**

评估你的投资回报率（ROI）应该包括福利的使用和带给你组织的幸福感提升。

**2. 你的员工了解你们福利和津贴的目的吗？**

你的员工需要了解你所提供的福利会如何改善他们的物质、社交、人生意义、社区和财务状况。

# 第43章

## 弹性工作时间和高绩效如何相得益彰

不到一半的员工说他们的组织提供弹性工作时间。

当提到员工的敬业度和幸福感时，弹性工作时间是他们认为最有价值的福利。然而，只有44%的员工说他们的组织提供某种形式的弹性工作时间。

盖洛普的研究发现：

53%的员工说，在他们考虑是否选择一个工作时，更好的工作—生活的平衡以及个人幸福感非常重要。

63%的千禧一代和略超过一半的员工会因为弹性工作时间而换工作。

员工会拿他们的一部分薪水和弹性工作时间做交换。与不提供弹性工作时间的工作相比，他们宁愿选择一项加薪幅度相对低2%但提供弹性工作时间的工作。

为什么不是所有的组织都提供弹性工作时间？是什么阻碍了它们？

让我们从讨论为什么弹性工作时间如此流行开始。也许最大的原因是，弹性工作时间能够影响敬业度和幸福感，因为人们对自由有深深的渴望。人们希望掌控他们自己的生活。员工在传统的朝九晚五工作的同时，不得不应对很多生活上的责任。人们根据他们生活方式和环境的不同也会选择不同的工作方式。

雇主经常需要让员工在下班时间处理工作问题。所以，一个很好的平衡办法是在常规工作时间里抽出一些时间来处理个人事务，如与孩子玩游戏、照料老人、做计划、约会等。

但在现实世界中，弹性工作时间如何实施？当员工能根据愿望来去时你如何保证工作完成？对于大多数职位来说，实际上需要他们必须在岗才能完成的工作，是否有可能给员工弹性工作时间？

弹性工作时间对那些需要员工按时到场的工作是不可行的，如制造业、医疗行业和直接面对客户服务的工作。即使对于那些适合弹性工作时间的行业，弹性工作也不是一个放之四海而皆准的福利。

这里列举一些不同类型的弹性工作实例，不仅仅是员工在何时何地工作。

**工作类型：**鼓励员工选择项目、团队和他们想要承担的角色。

**组织结构：**考虑简化组织层级和高度协作的工作环境。

**文化和工作环境：**设计开放空间计划和灵活的工作区域。允许便装日，鼓励员工自主决定诸如午餐和茶歇等事项。

**角色：**对于那些需要在特定时间工作的一线客户服务岗位人员，鼓励他们与同事轮班。有些组织使用高级的技术使换班变得简单，并且为替他人轮班的员工提供奖励。

记住弹性工作的最终结果：自主性与责任感。让弹性工作带来绩效提升，而不是绩效降低。

1. 了解每一位管理的员工：他们的优势、劣势和他们生活中的现状，而且持续地培训指导他们成长。

2. 让员工对工作结果负责：个人成就、团队协作和客户价值。

拥有一个真正的弹性工作环境始于领导者，他们如何对待那些使用组织提供的灵活选项的员工，以及他们如何在完成工作的同时，在自身生活中使用灵活性。

最后，弹性工作的关键是经理人需要具有高度的自主性和责任感。

# 第44章

## 新型办公室

43%的员工称至少有时候会与同事在不同地点工作。

现在的员工需要自主性和灵活性，包括他们在哪里以及他们的工作环境如何设计和布置。

略多于一半的美国员工说他们会因为公司提供更多的灵活性而换工作。超过三分之一的人会因为公司（至少在部分时间）允许他们在自己想要的地方工作而换工作。

根据一份2016年的人力资源管理协会（SHRM）福利调研，60%的公司提供给员工远程办公的机会，比1996年增加了三倍。盖洛普也发现，员工报告至少有时候会与同事在不同地点工作的比例在提升。而总是在不同地点工作的员工比例从2012年的9%提升到2016年的13%。

与此同时，许多组织正在改变它们办公室的布局，以看起来更加开放和灵活。一项国际设施管理协会的调查发现，超过70%的美国公司有某种类型的开放空间。

著名的实例是纽约前市长迈克尔·布隆伯格重新设计了部分市政大厅，使得它成为一个开放的工作空间，而他的办公室就在正中间。2018年，他在推特上写道："我一直相信，开放、协作的工作空间会带来改变，无论在商界还是市政大厅。"

## 这些趋势对于公司是好还是坏

盖洛普发现，100%远程工作或完全在办公室工作的员工相对不太可能投入工作，而通常更可能主观上怠业。最高敬业度的员工在五个工作日中有三到四天是可以远程工作的。这个数值从2012年以来在提升，当时最有效的是每周大概远程工作一天。

有些公司已经选择缩减了它们的远程工作选项，理由是需要提升协作和沟通，这有一定道理。盖洛普的分析发现，远程办公的员工虽然拥有更清晰的职责和其他积极的好处，但是他们缺少与同事之间的强大关系来鼓励他们的发展。

远程工作的有效性取决于工作角色。对于依靠特定知识或是教育背景来完成任务和项目，以及不必经常回应他人的即时需求的员工来说，有效性更好。而当服务和支持类员工远程工作时间超过40%时，他们的怠业程度上升了。

为了最大化远程工作，组织需要实践五种培训指导对话（参见第21章）的训练有素的团队领导者。这些经理人需要有达到三个关键绩效发展成果的策略：明确的期望、持续的培训指导和责任感。如果没有优秀的教练来执行这个策略，远程工作就是冒险。有些员工擅长自己远程办公，但大多数不是。

不管他们是在家工作还是在办公室工作，一般来说，员工对办公空间有什么要求？

很少有员工100%的时间与同事在同一地点办公，所以，他们的工作空间对他们很重要。员工最想要的办公室的三个特征：

1. 当他们需要的时候，可以有私密性

2. 个人的工作空间

3. 有自己的办公室

很多组织努力通过提供诸如免费食物、拿铁咖啡机和攀岩墙等便利设施来改善他们的办公环境。虽然这些都是不错的福利，但是它们无法替代一个卓越的教练型经理人，甚至连一个糟糕的教练都不能代替。

当盖洛普询问千禧一代，哪些因素是他们选择工作时最看重的时，康乐设施排在偏好清单的最后。只有18%的千禧一代说当他们找工作时，“一个有趣的工作环境”对他们来讲很重要。最重要的因素是，学习成长的机会和经理人的水平。

以下是需要为全体员工考虑的七件事：

1. 是否每个人都知道对他们的期望是什么？

2. 是否每个人都能够在不被干扰的情况下完成工作？

3. 是否能给予员工选择何时何地工作的自由？

4. 是否每个人都有属于自己的私人空间？

5. 员工之间的交流互动容易吗？

6. 经理人能否有效地运用五种对话来指导和培养每一位员工？

7. 公司能否让每一位员工都负起责任？

无论员工的工作空间在哪里，以及如何设计——无论他们的工作是什么——你都需要卓越的经理人，通过对员工保持明确的期望、持续的培训指导和问责，来激发他们的敬业度和生产力。

# 第45章

## 公司创新：如何管理和培育创造力

30%的员工强烈认为，他们在工作中被期望有创造力或者想出做事的新方法。

组织中的创造力是必要的。这对于那些需要适应不断变化的市场的公司尤其重要——哪个公司不需要创造力呢？——组织需要努力实现有机增长。

在一个经常改写竞争的游戏规则并需要异常敏捷的世界，创新不仅仅是研发部门的职责。

许多组织声称它们想要员工具有高度创造力。然而，大多数员工并不认为他们被期望在工作中要有创造力，或者想出做事的新方法。这是一个问题，因为所有的组织都面临着严峻的行业颠覆。

你也许会反驳："事实上，很多工作并不是为创造力而设计的。"说的没错，在驾驶公交车、问候客户、备料货架、运送垃圾、完成一个电子表格或是编写符合规范的代码时，也许确实并不存在很多创造性。但是，每个工作都有创新的潜力，无论是如何更好地满足客户的特定需求，还是如何改善流程以提升工作效率。而且没有人比从事这项工作的人更了解这项工作的具体情况。

但是，看起来只有少数组织真正将创造力整合融入到它们的绩效管理系统。当员工强烈认为他们被期望具有创造力时，只有一半的人每天有时间这样做，并相信他们可以承担创新所需冒的风险。

从表面来看，创造力和绩效管理似乎是不相容的，其实不然。要想拥有一个创新的工作环境，你的员工需要获得期望、时间和承担风险的自由。

**期望**：虽然“创新”可能是你公司愿景墙上的一个词语，但只有当经理人把它当作一种期望时，它才会成为优先事项。正如很多员工所知，在正式的期望和每天的工作现实之间存在着很大的差异。如果创新对公司很重要，你需要将它作为日常对话和评估的一部分，并努力让每个人对明确的产出负责。当员工对创造力有明确的定义时，他们相信自己可以冒险开发新产品、服务或解决方案的可能性会增加三倍。

**时间**：组织长期成功的重要因素通常与它短期内的最紧迫目标并不一致。创新需要时间——需要做实验的时间，需要与团队分享想法的时间，需要学习新事物的时间——以及从失败中学习的空间。要确保你的员工有他们创新所需的时间。

**承担风险的自由**：如果员工认为他们的上司不会真正倾听或应用新的想法和手段，他们会迅速停下来。显而易见，经理人必须承担一些可计算的风险，而且他们需要授权和支持他们的员工也承担风险。

以下是如何在组织中将创造力投入实践的方法。

**确保在工作职责中描述了创造力的要求，而且大家都认可伟大的创新**。如果创造力是组织中的价值观和首要任务，就要确保日常行为和经理人所做的决策都支持它。每天给予员工创造性思考和分享想法的时间。创造力的成功实施聚焦和植根于清晰的工作期望上。当你公开认可创新真正地改善了组织时，它给全体员工传递了一个信号，即他们工作的一部分就是在如何将事情做好上持续改善。

**定义结果，而不是步骤**。当经理人过分规定了员工达到目标的步骤时，他们就压制了创新。例如，如果你想要的结果是创造客户参与，但是你采取的步骤妨碍了服务客户，员工就不能提供真正的个性化的服务。优秀的团队领导者设定清晰的目标和期望，并允许员工自由地选择如何达到那些目标。这给予员工尝试使用新方法做事，并利用他们优势的机会。然而，创新的自由并不意味着可以走捷径。要确保你的员工了解，他们的创新是有边界的，创新必须与组织的目标和标准保持一致。

**提升参与度以产生更多的想法**。当员工在工作中表现出想要进步和超越时，他们为组织产生的点子显著增多。敬业的员工说他们（或他们的团队）比一般员工的想法多20%以上。而他们产生的想法被成功实施的概率是一般员工的2.4倍以上。

**在你的组织结构中增强灵活性和自主性**。在高度矩阵化的团队中工作和远程工作的员工说他们有更多的时间创新。就像新员工的许多方面一样，增强员工的灵活性和自主性提升了敬业度和绩效。我们的研究发现，20%—60%应用远程办公模式的工作安排是最有利于创造力的。

# 第46章

## 没有卓越的经理人，组织不可能实现“敏捷”

不能保持敏捷和没有能力迅速适应的组织，要么被竞争对手打败，要么被淘汰出局。

“适应或是被淘汰”这句话从未像今天这样贴切。考虑三个威胁组织生死存亡的问题：

1. 彻底的颠覆性技术
2. 仅通过并购实现业务增长
3. 不能吸引明星人才的老式文化

不能保持敏捷和没有能力迅速适应的组织，要么被竞争对手打败，要么被淘汰出局。

组织如何有效回应当今市场格局和工作环境的快速变化?

他们需要变得更加敏捷。敏捷，如果它存在于一个组织中，则完全决定于文化。你们的文化是客户导向和快速响应吗?还是专注于内部，并陷入官僚主义和流程的困境?

重建组织结构，并创立一种矩阵式组织并不足够。盖洛普分析发现，如果没有卓越的经理人，你不可能拥有超常的组织敏捷。

不论你使用传统的单一汇报线，还是在一个矩阵架构中将你的人员管理权限划分为多个角色，情况都是如此。问题是，糟糕的经理人是超常敏捷的障碍，因为他们不能有效地适应变化，当变化带来不适感时，他们总是抱怨公司，而且他们不会与其他部门合作和分享信息。

在另一方面，卓越的经理人创造了一种敏捷的思维模式，因为他们鼓励员工、管理绩效、有效地教练和发展员工，并在组织中保持良好的协作。他们在员工职业生涯的每个阶段都注入了敏捷，包括招聘、雇用、入职培训、敬业度、绩效和发展等。他们更多的是创造机会，而不是错失机会。

但是，经理人不能单独做到这一点。正如他们的团队成员，经理人需要组织的培训和支持。例如，人力资本管理系统需要易于学习和使用。高绩效的团队领导者应该花更多时间在发展员工优势上，而不是在技术层面上纠结。

除非你为经理人提供了正确的发展、明确的期望、持续的培训和责任感，否则你不可能拥有敏捷的文化。

# 第47章

## 零工工作：雇主和员工的新型关系

大约1/4的全职员工和1/2的兼职员工都有一份零工工作。

大萧条以来，许多观察者着迷于“零工员工”的兴起，这是一个没有传统的雇主和雇员关系的独立员工的术语。

所以，到底有多少零工员工？

盖洛普发现，36%的美国员工以主要工作或次要工作的形式参与了零工经济，即那些短期合同或自由职业的工作。零工经济包含了从个体经营的图像设计人员到短缺时的合同制工作的护士，从随叫随到的代课老师到优步司机的所有人。

显而易见，通过互联网远程工作的能力已经彻底地改变了工作关系的类型。全职使用线上平台（如优步）的员工和未被雇用的人的比例是全职员工的6.8%（是所有员工的7.3%）。

有人把这种新型自由市场体系称为“优步经济”。

无论你怎么说，这都是对于传统的雇主—员工安排的彻底背离。不久前，公司负责关照员工，员工则忠诚于公司。员工会与公司长期共同发展，上司会奖励他们健康养老保障。在员工和雇主之间存在着一种心照不宣的社会契约。

这个概念对于当今很多与雇主存在非传统关系的美国员工来说，是无法理解的。当今的员工也许会在拥有一个传统工作的同时，增加一个或多个副业。他们会为多个线上平台工作，做一些合同工作，或为一个临时机构工作。员工和雇主对于彼此的期望发生了根本性的变化。

许多公司已经使用临时员工来最大化他们的人力资本。然而，零工工作从长期看是否对员工和组织都有利，仍然难以判断。

# 第48章

## 零工员工：失望还是满意

接近2/3的零工员工说他们正在从事他们喜欢的工作。

围绕零工经济的争议，集中在这一趋势对当今员工市场意味着什么。零工员工是出于失望才从事临时工作的吗？他们是在尽一切努力维持生计，还是选择退出传统的朝九晚五的工作来获得自由和自主？

以往的研究显示，那些真正从事零工工作的人喜欢这样的工作方式。麦肯锡全球研究所发现，30%的独立工作者并不是出于必需而选择零工工作，而70%的零工工作者说，这是他们优先的选择。一份线上工作和自由职业者联盟的调研发现，63%的自由职业者选择零工是出于喜欢而非必需。

盖洛普分析发现，64%的零工员工说他们正在从事他们喜欢的工作，比较而言，71%的为一个组织工作的传统员工也这样说。在零工员工里，独立的合同工更倾向于从事他们喜欢的、正在做的工作，而临时工和合同工则不太可能。

年长的零工员工比年轻的零工员工更有可能说，他们正在从事喜欢的工作。而且有一些员工只想要兼职的零工工作。每周工作少于30小时的零工员工中，60%的人说他们不想要增加工作时间。

## 员工体验取决于零工工作的类型

从总体上说，零工员工报告显示他们的工作敬业度和对雇主的满意度与传统员工相似。但具体情况，取决于零工工作的类型。例如，自由职业者和线上平台工作者比合同工、随叫随到的和临时性员工的敬业度更高。

对于零工员工而言，进行工作进度回顾和培训指导的可能性较低。与直觉恰恰相反的是，零工员工与合作者之间的社会关系更强，尤其是那些独立合同工和线上平台工作者。技术似乎填补了一个社交鸿沟。

零工工作的好处和挑战可能让零工员工左右为难。虽然他们不大可能报告他们的工作按时、准确地得到了报酬，但是他们更有可能说弹性工作适合他们的生活方式。

毫无疑问，潜在的零工工作者在权衡利弊。公司在设计有创意的方案来吸引、雇用和留住员工时也应该权衡利弊。一些公司是为了竞争零工员工来满足工作需求，而另一些公司是与零工工作竞争来雇用到最优秀和最有前途的人。

乐观主义者声称，零工经济代表着一种提升创业精神和赋予员工权力的运动。它也许为那些不能全职工作的人提供了工作机会，比如，居家父母或照顾老人及残疾家庭成员的人。从长期来看，随着新技术开发出潜在的生产力资源，这可能对经济有利。

另一方面，这种趋势可能意味着雇主和员工之间的社会契约的恶化，因为有些组织雇用更多的临时工来削减员工成本和管理费用。

# 第49章

## 人工智能已经到来，现在该怎么办

73%的美国人认为人工智能（AI）的应用将导致更多的失业。

人工智能带来的自动化正在迅速成为现实，它最终将对所有行业、工种和部门的员工产生影响，从卡车司机到家庭主妇，从外科医生到工厂员工。自动化已经影响了呼叫中心员工、银行柜员和服务员。

几十年来，科幻小说所虚构的事情正在当今的职场发生。全部工作中有接近一半（47%）面临自动化的危险。

四分之三的美国人（76%）认同或是强烈认同，人工智能会在接下来的十年改变人们的工作和生活方式，77%的人说这些变化是积极的或非常积极的。

然而，美国人也担心未来的结果，63%的人认为应用人工智能将加大富人和穷人之间的差距。

相比移民，美国工人更担心自己的工作被人工智能抢走。近60%的美国人认为人工智能是对美国就业的最大威胁，而大约40%的人认为移民是最大威胁。

只有13%的人表示，由于未来五年的自动化发展，他们现在的工作在某种程度上或很有可能消失。26%的人表示，他们的工作在未来20年内或多或少会消失。

虽然只有少数美国人担心会在未来几十年失去工作，但他们确实看到和惧怕未来的巨大变化。

## 哪些行业将会失去工作

根据一份由哈佛大学的卡尔·弗雷和迈克尔·奥斯本发表的报告，美国最常见的工作——零售销售人员，将是未来十年最有可能大幅缩减的。快餐员工、工人、收银员、秘书和行政助理岗位也可能消失。而护士和教师也将很快加入此行列。

绝大多数从事修理和制造业、文书或办公室、服务和运输，以及金融、保险和房地产业的美国人认为，人工智能在他们行业带来的工作岗位的减少会多于创造的新工作岗位。

那么，什么工作是安全的？美国人表示，法律和公共政策部门最不容易被自动化取代，只有9%的人认为这些领域将首先裁减与人工智能相关的工作。此外，美国人相信在艺术、娱乐和运动领域以及那些在社区和社会服务领域的工作不会受到人工智能的影响——分别只有15%和16%的美国人认为这些职位将会首先被淘汰。

公众的看法和行业专家的看法基本一致。那些需要社交技能、创造力或是高等教育的工作不太可能被自动化替代。在可预见的未来，咨询师、治疗师和警察等职位很可能继续由人类来承担。

文化的转变需要一些时间。例如，大多数的投资者在做投资决策时，仍然更喜欢与真人顾问打交道——即使机器人顾问继续抢占头条新闻。许多服务将成为“混合式”，意味着客户可以同时获得两种好处，既包括技术工具，也包括人际关系。盖洛普发现，最活跃的客户会同时使用自动化和人工渠道来获取服务。

## 哪些行业将增加就业

自动化虽然极具破坏性，但历来也是一个伟大的工作创造者。交通和通信方面的技术进步催生了数百万的就业机会。然而，麻省理工学院的埃里克·布林约夫松和安德鲁·麦卡菲警告称，生产力与收入逐步脱钩，这样的技术进步对低技能工作的摧毁速度将快于创造新工作岗位的速度。

在另一方面，随着电子商务需求的增长，人们很可能需要和机器人一起共事。例如，仓库机器人会做那些人们不想做的事情，比如，那些需要耗费高体能的活动，但是机器人还不能很好地处理意外事件，所以它们需要被监督。根据《公司》(*Inc.*) 杂志的调研，2014年以来亚马逊公司已经在全球的25个仓库使用了10 000个机器人，同时人工员工也增加到原来的3倍，从45 000人增加到接近125 000人。

埃森哲咨询公司一项针对1000个大型公司的全球研究，识别出人工智能将要创造的三类就业机会：

**培训师**：那些需要教人工智能系统如何解释互动和交互观点的人。

**解说员**：那些解释人工智能背景以使它帮助人们做出正确决策的人。

**维护者**：那些评估人工智能的伦理和性能特征的人。

再培训是一个值得期待的事情。值得注意的是，大多数美国人(61%)认为由于技术带来的破坏，雇主应该对员工的再培训负责。

2017年12月，谷歌将其内容审核员和其他执法人员总数扩大到10 000多名，以发现YouTube上的负面内容。谷歌声称，它将使用那些人工审核员的数据来创建更强大的机器学习，可以标记类似的不良内容。这只是机器和人力之间相互作用的一个例子。

随着每一波新技术浪潮的到来，人类一直担心机器会抢走他们的工作，但对于新技术浪潮是否会以更快的速度取代工作岗位，人们仍然没有定论。专家们的看法也不一致。

有一件事情是确定的，人工智能会继续显著地改变工作完成的方式。

# 第50章

## 人工智能：为你的职场做好准备

自动化加上人的发展将会战胜自动化。

所有关于人工智能的混杂信息——更不用说焦虑和不确定性了——会给雇主带来什么影响呢？

我们对此深信不疑：自动化带给职场的影响将超过社会的其他任何部分。虽然怎样变化、何时变化尚未可知，对于领导者来说，现在可以做两件事来为未来十年做好准备：

1. **投资于人**。也许这看起来违背直觉，但在一个自动化程度不断提升的世界里，人的因素会比以往任何时候更加重要。未来最重要的工作将需要社交技能，而人际交往仍将是与客户建立关系的最有力方式。当一切都是自动化的时候，顾客会对面对面的互动有很高的期望——一个现实的例子就是苹果商店里的天才吧①。

未来的工作也需要创造力和快速学习的能力。简言之，组织需要更高效、更快速发展的员工。

盖洛普发现，在美国，每10个就业人员中仅有3人强烈认同，工作中有人在鼓励他们的发展；每10个就业人员中有4人认同，过去一年，他们曾有机会在工作中学习成长。随着工作人员的年龄增长，这些比例逐步降低。简言之，领导者需要在发展他们的员工方面做得更好，以满足未来的需要。自动化加上人员发展必将战胜自动化本身。

① 天才吧（Genius Bar）是苹果零售店为用户提供技术支持的地方。

**2. 沟通未来的机会**。如果最极端的预测成真，未来几年将会出现角色转换和大规模裁员。这种类型的组织破坏需要清晰和有关爱的沟通。领导者需要清楚地知道他们的组织将走向何方，以及组织需要什么技能赢得未来。当组织中发生变化时，员工需要知道他们将扮演什么角色。他们需要看到未来的机会，而领导者需要做好开发这些机会的准备。

# 第51章

## 沉溺于技术——人力资本管理系统和其他解决方案

目标是将技术与人性融合，而不是反其道而行。

人力资本管理系统的设计是为了最大限度地使用组织中各种各样活动产生的数据，包括招聘、候选人跟踪、入职培训、时间管理、考勤、人员流动、绩效、福利、继任计划、职业发展、学习和员工敬业度。

但是，当人们继续构建能力不断增强的系统和机器时，人类仍然需要使用它们。技术日新月异，人性千年不变。

目标是将技术与人性融合，而不是反其道而行。

重要的是对给予机器生命的大脑的理解。人类的大脑如果要有效地利用自己的发明，就要有一些要求，举例如下。

**进步导向**：能够带来进步并完成目标是至关重要的，但如果技术提供的度量指标太狭窄、模糊或混乱，它们就可能与组织的总体目标背道而驰，并让用户感到挫败。

**值得信赖的，可预测的和可靠的**：人类大脑需要相信与之共事的机器，正如人们需要相信他人。可预测性和可靠性决定了系统的可信度。技术需要提供它能够可靠地交付（可预测性）预期收益而带来的舒适感。输入系统的数据质量及其功能将决定人们是否会再次访问它（可靠性）。

**容易共事**：丹尼尔·卡尼曼描述，大脑中存在两个系统。系统1速度快，容易产生偏差；系统2慢一些，更为审慎。在收到太多任务时，大脑会变得懒惰，很容易默认系统1。最好的技术能替代很多系统2的需求。人们需要相信技术可以帮助解决他们认为最复杂的问题，比如，招聘和雇用的工作。

**用起来很有趣**：几乎人们经历的任何积极的事情，包括完成某些有意义的任务、一个令人愉悦的熟悉的声音，或是鼓舞人心的反馈，都会导致多巴胺激增，让人感觉良好。技术应该让人们想要再次访问它，因为用起来很有趣。

**个性化**：最有效的系统会考虑个人的优势、不足、环境和经历，而且会自动地学习并为每个人提供独特的建议。

人力资本管理系统会因为几个原因失败——法律上的错误和数据安全错误，糟糕的数据质量，无效的计划和变革管理，以及含有误导性的信息使领导者、经理和员工出现怠业。

例如，研究表明，认可是提高员工敬业度的一个重要因素，一家公司意识到这个问题后，开始让员工使用一个数字化的团队认可工具。任何员工可以在任何时候认可其他员工。截至目前，一切还好。

但是，对于谁获得了认可却不是特别审慎。生产力低的员工和生产力高的员工获得认可的可能性相同。因为起初并没有对于如何有效地给予认可提供培训，公司良好的意图以失败告终。

公司也利用技术来了解员工如何使用他们的时间——他们花多少时间在会议上、和客户一起、和同事一起、收发电子邮件。分析可以研究和确定处理不同活动的恰当时间分配比例。然而，规定员工处理工作中各部分的时间限制了他们的行为和自主性，使他们脱离了公司的使命。比如，对客户和绩效有积极影响的事情。

新兴技术的一大好处是，建立在HCM系统之上的机器学习能够提供有价值的洞察。其中一些洞察是为高管设计的，而另一些则通过临时报告和分析为中层和一线经理提供能力。

高级机器学习可以使这一切变得简单，只需要点击按钮就可以获得结果，甚至有时候因为太简单而不能慢下来思考，这增加了错误应用的可能性。

以下列举了在评价技术和人力资本管理系统时需要考虑的问题：

1. 你希望努力达到什么结果？

2. 用户了解对他们的期望是什么吗？

3. 你了解你的投资回报吗？

4. 在选择人力资本管理系统时，你是因为它和你的财务系统是同一品牌而选择，还是你在选择对你整个组织最佳的系统？

5. 你是选择一个好看的软件，还是选择具有最好的业务流程和科学基础的软件？

6. 你是在选择满足员工未来需求的软件，还是选择满足当下需求的软件？

7. 这个系统可以个性化吗，还是一个通用版本？

最重要的，这个系统是否提升了组织的管理质量？是否提供了让你的经理人的工作更加有效的信息和教育？

当你运用最好的科学，把技术的力量与人的力量相结合时，就会对未来职场改变产生巨大的影响，而拥有优秀的管理者将确保任何与技术一起使用的度量系统都是高效的。

# 第52章

## 用预测分析更好地决策：经理人的点球成金之道

在一个组织中，你可以衡量成千上万件事情，但是领导者真正想要了解的是决定成败的几件关键事情。

盖洛普已经在大数据和预测分析领域深耕超过80年，这带来了我们关于全球职场的全部发现。我们掌握的有关全球70亿公民愿望的数据比许多其他机构都要多。

我们的数据覆盖方方面面，包括全球员工敬业度调查，以及基于我们34种优势分类的通用管理能力测评。

国际数据公司估计全球数据量每两年翻一番，截至2020年，总量将超过44万亿字节，比2013年增长了10倍。数字化经济的增长和数据科学的发展极大地放大了大数据的分析价值。

但是，所有这些大数据和预测分析的目的是什么？组织和领导者如何能够从中获益呢？

盖洛普的答案是：正确的决策。

当领导者找到可以帮助他们建立高效团队和创造新客户的突破和发现时，他们就可以从大数据和分析中受益。

问题是，将字节转化为洞察，说起来容易，做起来难。大多数领导者并不需要更多的数据。他们需要的是帮助他们最大限度地利用已经拥有的数据。**根据毕马威（KPMG）的一项研究，超过一半的高管们（54%）说成功的最大障碍是识别出需要收集的数据。85%的高管们说他们不知道如何分析**

已经收集的数据。

## 一种基于分析的决策文化

根据高德纳公司（Gartner）的估计，60%的大数据项目会因为文化问题在试点和实验后失败。正确的文化始于高层。最优秀的领导者通过遵循明确定义的战略来建立和维持数据驱动的文化。

一个成功的数据驱动文化也需要高度信任领导者如何使用数据。在一些大数据的来源中，存在着员工隐私被侵犯的风险。例如，跟踪电子邮件和日历活动，或是担忧员工调查不是真正匿名的。

盖洛普发现，使预测分析成为文化的成功关键是将复杂的分析转化为简单、可操作的洞察，从而获得立竿见影的效果。

## 从分析审计开始

一家全球服务公司投资了新的数据和分析技术，并创建了一个新的数据科学业务部门之后，盖洛普进行了一项数据体验审计。审计后的一个发现是：公司的五位领导者中有三位说，他们仍然没有从新的数据分析系统中得到他们所需的数据来做出最佳决策。

领导者们相信，公司的数据科学滞后于行业标准。但是，数据体验审计显示公司更亟需解决的问题是沟通和流程管理。公司缺少能力来管理完整的数据分析生命周期，从请求到决策，到建立成功的分析工作。

为了纠正这些问题，公司调整了它的关注点并实施了一项变革管理方案，以更好地与领导和数据科学团队的预期、能力、决策程序和问责系统保持一致。这最终带来了更高质量的决策。

以下是盖洛普的预测分析可以解决的一些商业上的挑战：

1. 经理人发展——评估经理人员特质、绩效和经历——最大化绩效，并建立能够获胜的团队

2. 吸引和招募明星团队成员——分析和改善你的基础策略

3. 继任计划——尽早识别高潜能领导者

4. 识别员工流动的原因——盘点员工（尤其是顶尖人才）流动的原因和成本，以及如何解决这些问题

5. 完善绩效指标——设计恰当的绩效指标，使之与组织绩效、文化和品牌匹配

6. 预测职位的自动化替代状况——识别出数字化将取代的职位，并规划交叉培训和未来的员工

7. 缺陷和安全风险——组合多个来源的数据来识别出高风险团队

8. 薪酬福利——设计奖励方案，确保公平、维持市场平衡，并带来高敬业度、幸福感、绩效和员工保留

9. 评估内部项目——评估计划和策略的投资回报率

10. 多样化和包容性——分析招募、雇用和组织文化

结语

# 人在产生商业成果中的作用

盖洛普依据人在任何组织中所扮演的角色，列出了一组明确的步骤。我们称之为“盖洛普路径”。

盖洛普从我们的员工和客户互动数据库（包括全球30万个业务单位）中确定并验证了这组元素。这是行为经济学领域迄今为止最先进的元分析。

让我们沿着这条路径，从顶部开始。

上市公司以追求实际利润的增加为目标，因为它是股票增值的最大推动力。当公司赢得利润和股票增值时，一切都很好。每个人的工作都是安全的。领导者是股东和媒体眼中的英雄，他们可以获得奖金。公司可以投资于

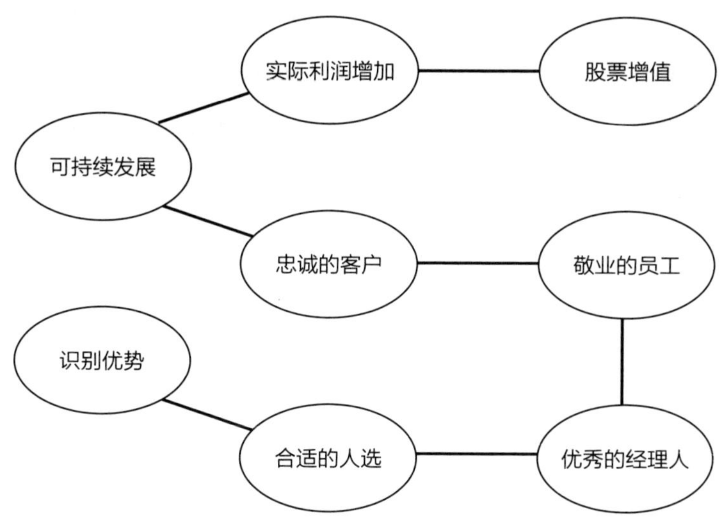


微观经济路径——基于行为经济学的有机增长模型

增长性活动、增加研发、创新产品和内部创业、在全球开设新办事处、并购公司、增加退休和养老基金、在社区需求上投入金钱和时间，以及持续培养下一代领导人，因为公司所做的是有效且成功的。

行为经济学在这里起什么作用呢？利润增长预测了80%的股票增值，实际销售增长也预测了利润增长的约80%。

记住组织获得利润增长有许多途径：通过实施一项巨大的削减成本的六西格玛项目，通过摊销或重新定义收入来重组资产负债表，或是简单地卖掉一个业务部门。

所有这些方法都能提升利润，进而提升股价。但实际上，可持续的利润增加和股票增值更可能是实际销售增长的结果，尤其当销售增长是有机的时候。销售收入的有机增长和自然发展优于并购增长。

如果你喜欢预测统计分析，你接下来的问题一定是："什么领导活动或行为经济变量最能预测实际销售增长？"答案是客户忠诚度。盖洛普的科学家称其为客户忠诚度，而不是顾客满意度，是因为感觉满意并不能可靠地预测顾客是否会更多和更频繁地购买。忠诚度是预测销售增长的更好指标。

一个重大发现是，当客户忠诚度提高时，销售额也会增加。如果在5分的评分中，客户给企业打分是5分，而不是4分或更低（大多数高管认为4分很好，但其实不然），他们会做三件低忠诚度的客户不会做的事：

1. 更频繁地购买
2. 每单交易花费更多
3. 支付更高的利润

下一个问题是："什么会提高客户的忠诚度？"简单的答案：他们对你高度信任。你对他们公平且尊重。当一个问题出现时，你会迅速解决并给他们一个满意的结果。而且他们对你有感情。概括地说，他们不能想象没有你们提供的产品和服务的世界。

对于B2B公司来说，忠诚的客户会说你是一个值得信赖的顾问，你了解他们的业务而且已经对他们的业绩产生显著的影响。

沿着盖洛普路径向下走，当客户忠诚驱动了销售增长和股价增长，员工敬业驱动了客户忠诚度。你会发现你能推动公司的最有力的能量来自员工和客户的交集，不是其中之一——这种能量存在于两者的交集。

在员工敬业度和客户忠诚度方面得分均高于中位数的业务部门，其资金效益平均要比在这两项指标上都排在后半部分的部门高出3.4倍。

你也许拥有优秀的产品、优秀的营销和广告、优秀的传统经济，但是最有力的行为杠杆是增加你的敬业员工的数量。当你拥有敬业的员工时，你将得到一个可预知的多米诺骨牌效应：敬业的员工创造了客户的忠诚，从而创造了销售增长，进而创造利润的增长，最终带来股票增值。而这之后，所有人都赢了。

为了使这些工作良好运行，组织必须聚焦于每位员工的优势——在给定的活动中提供一致的、近乎完美的绩效的能力。还剩下一个行为经济需求，而这是最大的一个。如果你做错了这件事，其他的一切都会分崩离析。一旦你已经仔细地诊断了每个员工的优势，给了他们一个近乎完美的工作，让他们可以发挥天生优势能力去完成，那就要确保他们有一位世界上最卓越的经理人。

如果员工有一个糟糕的上司，盖洛普路径上的其他一切都将失效。如果你给组织中的每一个成员配备了一位卓越的经理人——一位优秀的教练，他关心他们的发展和成长，你就已经成功地运行了一个具有无限潜力的组织。

这就是经理人的作用！

# 附录

# 附录1

## 克利夫顿34个优势主题指南

作为人类，我们有着巨大的个体差异，领导者也不例外。最优秀的领导者能敏锐地意识到自己的天然优势以及自身的局限性。他们懂得把自己的时间投入到哪里，能获得最大的优势回报。他们知道自己在哪些方面缺乏天赋，需要向他人求助。

为了帮助你建立自己和身边人的优势，我们在本书中加入了克利夫顿优势测评的入口链接。你也许从畅销书《盖洛普优势识别器2.0》《现在，发现你的领导力优势》或者其他提到过这个测评的许多畅销书中了解了克利夫顿优势测评。这项测评帮助了100多个国家的2000多万人发现和描述自己的优势。

**在这本书的后面，你会发现一个访问代码，你可以用它来进行克利夫顿优势测评。**

在这个部分，对于克利夫顿优势的每一个主题，你会找到一个关于该优势的简短定义，以及如何发挥该优势、如何领导具有该优势的他人的提示。欢迎使用这一部分作为你建立团队优势和你身边人优势的参考。

### 成就

极具成就型天赋的人，他们工作努力，精力充沛。他们从忙碌和高效中获得极大的满足感。

## 发挥你的成就优势

- 他人尊重你的职业道德和奉献精神。努力工作和高产出是你的显著标志，你是一个值得信任、可以把事情做好的人。不要辜负这种信任。要说到做到。

- 要通过与他人共事来建立关系。一起努力工作是一种增进感情的体验。当他人看到你愿意承担责任，与他们并肩工作时，你将创造一个连接。向他人展示你认为自己和他们是平等的，而不是一个上司，就能够激发信任和尊重。

- 因为设定和实现目标对你来说是最重要的，所以，请把这种生活方式应用到更多的领域。你有没有花足够的时间和你生命中重要的人在一起？选择一个你关心的人，承担一个你们都愿意完成的项目，设定一个时间进度表。你会对你完成的事情以及你们一起度过的时光感到很开心。

- 每天，在你的待办清单中列入至少一个人际关系相关的目标。这会让他人感觉到他的时间和投资是值得的；此外，你每天都能在“完成”清单中找到成就感。

- 他人认为你相信努力工作和勤奋努力的重要性，而且他们也会期待你这样做。他们把你的坚持和努力看作是创造稳定、安全生活的一个榜样，这带给他们一种稳定感。请和他人多聊聊，总是给予他人你所拥有的是一种什么样的感觉。努力帮助他们看到，在生命中他们唯一可以控制的事情就是自身的努力。

- 你的坚毅让他人觉得你像一块石头。你总是在工作，你似乎从不疲倦。人们甚至会为你感到遗憾，因为你在工作上投入了如此长的时间。温和地向他们解释，虽然他人可能不喜欢这种工作方式，但你很喜欢。请询问他们喜欢的工作方式是什么。努力理解和支持他人，让他们对自己的工作方式充满信心。

- 你的充沛精力和渴望完成尽可能多的任务的愿望对他人是一种激励。你可以通过了解他人的目标和询问他们的工作进展来激励他们。通过帮助他人梳理工作时间安排和工作清单，你可以帮助他们实现他们的计划和梦想。

- 设定清晰的目标和完成期限，可以极大地激励你自己，也可以帮助他人管理好他们承担的大项目。你可以把一个大而复杂的任务分解，并在这个过程中设立里程碑，让它看起来是可控的。当有人就一项艰巨的任务向你寻求指导时，请一步一步地共享你管理整个项目系统的做法。

## 领导极具成就优势的人

- 当你有需要加班的项目时，打电话给他们。记住这句话，“如果你想要完成一项工作，去找一个大忙人”，这话通常是对的。

- 要认识到他们喜欢忙碌。对他们来说，坐在会议室里可能很无聊。所以，要么让他们完成他们的工作，要么安排他们只参加那些你真正需要他们的会议，只有这样，他们才能全身心投入。

- 帮助他们评估他们完成的任务。他们可能喜欢记录时间，但更重要的是，他们应该有一套评估工作完成量的方法。可以找一些简单的评估方法来帮助他们更好地定义工作，如他们服务了多少客户，他们记得多少客户的名字，他们查阅了多少文档，他们联系了多少潜在客户，或他们看过多少患者。

- 通过一起共事与他们建立关系。对于成就型人才来说，一起努力工作通常是一个建立友谊的纽带。让低产出者远离他们。他们讨厌懒人。

• 当他们完成了一项工作时，他们想要的奖励往往不是休息或是一项新的简单任务。如果你对他们的成果给予认可，就设定一个新的目标来拓展他们的能力，激励效果会更好。

• 他们可能比大多数人需要更少的睡眠并且起得更早。当工作需要这些条件时，请找到他们。同时，问他们诸如“你昨天工作到多晚才离开的？”或“你今天早上什么时候来的？”，他们会为这样的关注而感动。

• 你也许想要提拔他们，仅仅因为他们是自我驱动型。如果这导致他们离开自己最擅长的工作，这也许是个错误。更好的办法是找出他们其他的优势，并寻找机会让他们做更多他们已经做得很好的事情。

## 行动

极具行动型天赋的人能够将想法付诸行动来完成任务。他们想要马上就开始做事，而不是说说而已。

### 发挥你的行动优势

• 行动是你全部的关注。向他人表明，你的理想和原则不仅仅是说说而已。做一些能提升你价值的事情。创造不同。展示你的正直诚实，言行一致。

• 为了行动而行动是不够的。尊重他人的愿望是表达尊重的一种方式。这是他们想要去的方向吗？他们愿意执行你发起的工作吗？确保你真正站在他们一边，而不仅仅是推动你自己的计划，这将建立起让你能够领导他们的信任和尊重。

• 具有行动天赋的人可以成为创造一对一关系的催化剂，把对方带到更高的层次。你能帮助到某个人吗？主动伸出援助之手。迈出第一步，你可以扩大你人际网络中的人数，或者加深你与他人的联系，发展一段重要的友谊关系。

- 你关心他人的行动传达了一个强有力的信息。通过表现出你的关心，你可以比使用虚头巴脑的语言更快地建立人际联系。

- 对于行动型的人来说，稳定性可能不是首先关注的。然而，一致性是稳定性的一部分——你始终在那里帮助他人克服障碍和克服阻力。大声说出来：让他人知道你喜欢推动目标前进，打破瓶颈。对那些缺乏行动天赋的人来说，知道你可以作为他们的资源是一种安慰。

- 也许勇气是你能提供的稳定性的一部分。当他人不愿意采取行动时，他们知道可以依靠你来推动他们的想法，他们会感到自信，认为自己不必孤军奋战。他们可以依靠你更快实现想法。

- 领导他人的一个方法是减少他们对失败的恐惧。“不尝试你永远不会知道”是行动型的态度。你增强人们对积极结果的信心，并减少他们对消极结果的恐惧的能力是非常有效的。“最坏的结果是什么？”你也许问。告诉他人，即使是不利的一面也没有那么可怕，这有助于他们更快地实现自己的梦想。

- 有时候，他人只是简单地需要你的能量来克服对行动的恐惧。工作的开始可能会让人望而生畏，特别是在不确定性出现的时候。你的“小步快跑”的方法可以帮助减少恐惧。增强他人启动计划和新项目的信心。通过分享你的热情来鼓励他们，并帮助他们获得前进的动力。

### 领导极具行动优势的人

- 让他们负责发起和组织适合他们专业领域的项目。
- 告诉他们，你知道他们可以做成事情，而且你会在关键时刻找他们帮忙。你的期望会激励他们。
- 把他们分配到一个陷入困境、言过其实的团队中。他们将激励全队采取行动。
- 当他们抱怨时，仔细地倾听——你可能会从中学到些什么。然后通过谈论他们可以领导的新行动，或是他们可以带来的改善，让他们和你站在同一边。要立刻采取行动，因为如果不加以控制，当他们偏离轨道时，就会迅速激起消极情绪。
- 盘点他们的其他优势。如果他们具有统率型的优势，他们可能有潜力非常有效地影响和说服他人。如果他们也具有交往型或取悦型优势，他们会成为你优秀的招聘人员，吸引潜在的员工，并促使他们加盟公司。
- 为了避免他们遭遇太多的阻碍，为他们配置具有战略或分析型优势的人作为合作伙伴，来帮助他们发现问题所在。在这些合作关系中，你可能不得不为他们调停，这样他们的行动本能就不会因为伙伴想要讨论和分析而受到阻碍。

### 适应

极具适应型天赋的人更愿意“随大流”。他们活在当下，随遇而安，逐渐地发现未来。

## 发挥你的适应优势

• 有时候，你能做的全部就是帮助人们学会相信自己，并找到自身的应对能力。当他们感觉自己在某种情况下失去了力量时，你可以帮助他们看到，他们仍然在通过行动来创造结果。你可以通过相信他们的能力和帮助他们相信自己可以做好事情，给予他们自信。

• 你不会抓住缰绳努力控制他人。相反，你是人生路上的旅伴。你没有自己的个人计划，这会让他人相信你是真诚地关心他们，而不是控制他们。询问他们想要去哪里，帮助他们到达那里。他们会了解你是真正为他们着想的。

• 当你和他人在一起的时候，他们会很欣赏你“当下”的状态。你优先关注他们——他们的感受和需要。未来也许会变化，但是他们现在在何处是真实的。当你花时间和他们在一起的时候，你通过把你的注意力放在对他们重要的事情上，并以此为荣，这让他们感到被重视。

• 你顺应潮流的能力让你从焦虑中获得一定的自由，也使挫败感转瞬即逝。这对于其他天赋主题的人来说是一剂良药。当他人感到压力时，你可以正确地看待事情。帮助他人从解放生活各方面的控制中找到安慰。不管环境如何，你能让他们在自由中更快乐。

• 对身边的人和事做出反应是你的一大天赋。你对当前形势的了解和对他人的关注，会让他们感到被关心。有时候，你通过关注人们的情绪状态，帮助他们整理自己的需求来领导他们。这让你在他人需要的时候成为一个重要的合作伙伴。

• 稳定性和灵活性——他们相互融合吗？当然。想想棕榈树吧，它的树干是分节的，这使得它足够强壮来抵御强风。同样的，你也会因为温和而让他人感到安全。在他们仔细做好前进计划后，他们可能会因为路上的颠簸或绕行而偏离轨道。你可以帮助他们看到，这些“偏僻小路”有时候是通往最终成功的必经甚至优先的路径。当障碍威胁他们的计划时，帮助他们坚持下去。安慰他们，使他们能够在接下来的旅程中找到方向。

• 耐心是一种美德，你需要不时地提醒他们。那些喜欢快速行动和追求结果的人也许太容易放弃，不会长期坚持。你可以通过鼓励他们放松和顺其自然来给予他们安慰和保护。其结果可能比他们精心安排的任何事情都要好。

• 允许他们放弃控制，开始新生活。通过分享你的观点、经验和智慧来启发他们。

• 帮助他人接受现实很可能是你必须做好的事情。一旦一件事发生，无论是好是坏，已经成为过去，你怎么能帮助他人处理并超越它呢？想想那些你无法控制的时候。你感受如何？你做了些什么？你如何帮助他人做同样的事情呢？

**领导极具适应优势的人**

• 他们活着就是为了对现实做出反应和回应。把他们放在这样的岗位上，他们的成功取决于他们适应未知的能力，并依靠这种能力继续前进。

• 让他们了解你正在制定的计划，除非他们也具有专注的优势，别期望他们和你一起做计划。他们可能会觉得准备工作很无聊。

• 盘点他们的其他优势。如果他们在共情方面也具有天赋，你可以尝试给他们一个职位，在这个职位上他们可以对客户和客人的各种需求保持敏感和适应。如果伯乐是他们擅长的角色，让他们扮演导师的角色。

• 准备好让他们不参加关于未来讨论会议的借口，比如，目标设定会议或职业咨询会议。他们是“活在当下”的人，会认为这些会议无关紧要。

## 分析

极具分析天赋的人喜欢探求事情的来龙去脉。他们有能力思考可能影响局面的各方面因素。

### 发挥你的分析优势

• 想想你支持什么。因为他人相信你的分析，他们可能会不做任何调查就跟随你的建议。这也许很好，但有的时候，他人也许需要你帮助他们认识到，适合你的不一定适合他们。帮助他们整理出一个行动或产品可能成功的因素，以满足他们的个人需要和愿望，而不是让他们基于你的愿望来进行分析。当他们知道你想要给他们最好的时，他们会更加信任你。

• 你会自然而然地发现什么是真实的、确切的和诚实的。他人会指望你成为任何潜在冲突或混乱信息的“真相发现者”。考虑从这种方式来支持他人，别等着他们来寻求帮助。拓展你自己，他们会尊重和相信你的前瞻性分析判断。

• 喜欢审视想法的人会被你的分析性、寻求真相的方式所吸引。鼓励辩论——用思想的拔河来调整彼此。让开发新的点子并从揣测中整理出真相变得有趣。当你找到了一个志趣相投的人，你可以把你们之间的讨论和辩论变成游戏，打造一个你们都享受的关系。

• 帮助处于危机中的人，是扩展同情和关怀的一种方式。当他人被数据和决策所淹没时，你可以介入来帮助确定什么是真实的，什么可以在困难的情境下提高他们的胜算。

- 数据对于许多人来说是一个安全的来源。如果有研究支持的话，他们愿意接受一项计划和结果。因为你细致地审查了所有的可能性和不可能性，你提供了很多人寻找的安全感。认真做你的功课，并且知道他人会跟随你的脚步。

- 你对他人的认可能够给他们一种自信，让他们相信自己的判断。这样，他们就能前进，完成任务。当你相信他人做出了正确的决策，告诉他们。你对他们观点和推理的相信可以给他们前进所需要的确定性和力量。

- 当他人做一些你认为是正确的、困难的事情时，为他们喝彩。他们也许会努力猜测你感觉如何或是你将怎么做。为他人的明智判断点赞，鼓励他们面对未来。如果你相信他们会成功，请告诉他们。

- 如果他人向你寻求关于做决策的建议，你可以分析自己的思维过程，向他们展示它是如何帮助你整理信息的。要知道许多人可能无法效仿。无论怎样，有些人会想要成为你的方法的学生。虽然这对于你来说可能驾轻就熟，已经是自动的，尝试阐述清楚你分析使用的步骤。如果有一个愿意学的学生，教他。

- 指导可以是相互的。与具有行动导向天赋的人做合作伙伴。你可以帮助他们做出明智、周全的决策。他们可以帮助你将分析转化为行动。你们两个都会受益并被激励成长。

## 领导极具分析优势的人

- 如果你向他们解释一项已经做出的决策，记得非常清晰地列出决策的逻辑。对你来说，也许你感觉已经解释过多了，但是对于他们，如果他们必须执行这个决策的话，这种程度的细节是至关重要的。

- 你一旦有机会，就认可和表扬他们的推理能力。他们对自己训练有素的大脑很自豪。

- 记住他们需要准确、经过验证的数字。千万不要尝试将劣质数据作为可信证据传递给他们。

- 发现数据中的模式是他们生活中的一个亮点。总是给他们机会来为你解释细节中的模式。这会激励他们并帮助巩固你们的关系。

- 你不会总是认同他们，但是总要严肃对待他们的观点。他们可能已经非常认真地思考过自己的观点。

## 统筹

极具统筹天赋的人具有组织能力，同时兼具与之互补的灵活性。他们善于合理安排全部的资源以实现最大的产出。

### 发挥你的统筹优势

- 你希望人们告诉你事实，如果需要的话，你会依据诚实的反馈来做出重要的中期修正。确保人们了解你期望的事实，并且他们不会因为告诉你真实的想法而受到惩罚。同样，他们会通过坦诚对待他人来促进彼此的尊重。

- 当你创建的新系统、计划或方法需要执行时，保持极度透明。保持思维过程高度开放，有助于人们理解和跟随你的思路。

- 当你投入时间考虑什么适合他人，如何为他们的成功定位时，他们没法不喜欢你。你可能比他们看得更清楚，他们在哪些方面可以做得更轻松和更好。告诉他们你所看到的，允许他们做自己，做他们最擅长的事情。如果你能让他们受到挫折的影响最小，让快乐的影响最大，你就能让他们拥有更满意的生活。

- 有时，他们需要你的帮助。过度的困惑和不和谐也许会让他们在情感上很无助。当你看到有人超负荷工作时，帮助他们化繁为简。向他们展示如何将所有的部分组合在一起，从而减少混乱。

- 你善于处理不确定和复杂问题的能力，对那些需要确定日程和计划的人来说是一个救星。你能让他们远离困惑，并通过对海量信息的整理，告诉他们需要知道什么和做什么，他们会感觉更安全，更确信一切都会好起来。

- 有时候，最周密的计划也会陷入混乱。通过在他人还不知道发生了什么错误之前，你就着手解决了问题，帮助他人待在舒适区。对你来说，严格管理可能不是那么重要，但是稳定的管理很重要。许多人需要这种领导力来获得安全感，而你提供了这种安全感。

- 你不仅可以帮助人们参与他们适合的活动，也能帮助他们搞清楚不应该参与的事情，并鼓励他们停止做那些事。他们可能会觉得被日程安排和承诺束缚住了，你可以解放他们。鼓励他们思考如何重新规划他们的责任，使他们的生活更满意和高效。

- 在人们为了一个更有意义的未来而重新安排自己的时间和责任之前，他们可能需要对自己目前的状况有一个清晰而具体的认识。鼓励他们填写一个日程安排，显示他们在一周内做的所有事情。让他们说明每小时的时间安排，然后帮助他们找出方法合并、消减或增加某些活动，提升他们的生活质量。

### 领导极具统筹优势的人

- 他们会在面临新挑战时茁壮成长，根据他们的知识和技能的水平给他们安排尽可能多的事情。

- 他们很有可能成为经理或主管。他们的统筹天赋使他们能够搞清楚如何让具有不同优势的人一起共事。

- 注意他们的其他方面的优势。如果他们也具有纪律方面的天赋，他们也许会成为优秀的组织者，能够建立做好事情的例行程序和系统。

- 要理解他们建立团队的方式是通过信任和关系。他们很可能会拒绝那些他们认为不诚实或偷工减料的人。

## 信仰

极具信仰天赋的人拥有某些不变的价值观，并由此形成明确的生活目的。

### 发挥你的信仰优势

- 道德行为是尊重和信任的基础。需要做到诚信。为了确保公平和促进团结，你需要清楚地向他人传达你将会和不会容忍的行为。事前的清晰表达能够避免误解和对关系的伤害。

- 信仰的天赋更多表现为一种服务态度，而不是一组道德或精神信仰。积极向他人展示什么是服务型领导。让你的团队参与到他们工作之外的事情中去——那些他们为了帮助他人而做的事情。在行动中表现出你的信仰天赋，比你所说的更有说服力。诚信会为你赢得真正的尊重。

- 你的价值观是你人生意义的深层来源。与他人谈论他们生活中最有意义的事情。只是在一些像核心价值观一样重要的事情上发表意见就能增进关系。了解什么对于你生命中的人来说是最重要的，无论你们已经认识很久或是刚刚遇见。接受我们都来自不同的背景，经历了不同的人生阶段的事实，这些都是可以包容的。关系总会成长，倾听才能创造连接。

- 有些连接几乎是瞬间的。共同的价值观会非常迅速地拉近你和他人的距离，有时候是一辈子。这可能是你和他们生活中巨大的快乐源泉。一起探究信仰，提出问题，谈论你们生活中最重要的事情。在这些情境下，人际关系可以发展得出乎意料的快和深。

- 注意不要在信仰体系的基础上创造一个“内部”和“外部”的群体。虽然你的价值观不可能、也不应该是中立的，但还是考虑一下你所发出的信息和你所做的判断。

- 你的一些信仰坚如磐石。即使在一个不断变化的世界里，它们也不会动摇。这种坚实的基础可以成为你创造的人际关系、活动和工作环境的基石。无论人们是否相信你所做的，他们知道你的立场，并对那些信仰的稳定性有信心。

- 你的激情让你做好了战斗的准备。在这些战斗中，努力成为一个领导者，积极地为了达成某个目标去奋斗，而不是为对抗某事而战斗。从积极的角度来看，这可能会帮助你争取、参与和保持对你事业的更多支持。人们会相信你会为正确的事情而斗争。他们对你信仰的力量充满信心。

- 你工作的意义和目的通常为他人指明方向，所以请谈论它，分享它在你生活中的重要性。提醒人们为什么他们的工作是重要的，以及他们的工作如何给自己和他人的生活带来不同。更多地学习他们如何通过工作实现自己的天赋和价值，以及支持他们找到那些连接。

- 他人也许对他们自己价值观的了解不如你了解的清晰。如果他们正在寻找，告诉他们应该把时间和金钱花在哪些地方。我们对时间、天赋和财富的实际使用充分说明了我们真正看重的是什么。

### 领导极具信仰优势的人

- 他们有坚定的价值观。弄清楚如何使他们的价值观与组织的价值观保持一致。例如，与他们谈论你的产品和服务如何使人们的生活更美好，或是讨论你的公司如何体现诚信和信任，或是给他们机会做得更多更好，来帮助同事和客户。这种方式通过行动和语言，使他们清楚地看见组织文化的价值观。
- 要认识到，他们可能更看重提供高水平服务的机会，而不是赚钱的机会。找到方法提升这种天然的服务导向，你会看到他们的最佳状态。

## 统率

极具统率天赋的人拥有大将风度。他们能够运筹帷幄，指挥若定。

### 发挥你的统率优势

- 因为你总是直言不讳，他人相信你不会要手段。他们相信你说的话，而且他们相信即使他们不在现场，你也不会食言。你这样的直率赢得了信任，而信任增进了关系。
- 盘点你所陈述的价值观和你的行动之间的相关性。它们是一致的吗？是否展现出了诚信？记录下对你最重要的价值观。你能想到你采取的行动证实你的正直信念的近期实例吗？让这份“做你所说”清单成为你自查的常规部分，确保他人可以相信你所说的，并尊重你的行动。

- 你对事物有强烈的感受，能够表达强烈的情感。做你自然倾向做的事。告诉人们你的感受，为什么他们对你很重要。表达出那些他人太保守而不敢大声说出来的关系。你先说出来，也许会让他们认可这种感觉是相互的。即使他们还未感受到，你可以创建一段有意义的关系。表达真诚的关心、喜爱和尊重，是领导和下属之间增加或加深联系的强有力的一步。

- 你喜欢使用有力的语言。对那些珍视你作为一个人的价值的人表达你的情感，建立彼此的连接。重要的关系往往建立在共同价值观的基础上，因此，表达你的信仰和激情可以让他人发现你是一个潜在的朋友和拥护者。邀请他们加入你——他们也许需要你的支持。

- 有时候，他人将高统率优势的人的强硬外表视作保护自我，避免所有伤害的不易穿透的壳。他们也许感觉自己容易受伤，将你视作坚不可摧。然而，关系的建立取决于彼此展现的脆弱性。要保持开放。分享你的痛苦和挣扎。让他人看到你柔软的一面，在关系中给他们平等的权利，对他们展示出信任。

- 人们知道你的立场。确信你的信念不是说说而已，你能让他人感到信心，他们会相信你会永远在他们身边，永远坚持你的信念。

- 当他人需要支持时，他们会来找你——也许是为了鼓舞他们萎靡不振的勇气，或者是做他们的代言人。当他们的勇气衰落时，他们来寻找你的支持。意识到你能够满足他们的需求，询问他人是否想要你以他们的立场参与，或者陪伴他们完成一项艰巨的任务。在危急时刻，你“负责任”的态度给他人带来稳定感，消除了他们的疑虑。当面对一项特别的尝试性挑战时，请使用你的统率天赋来减轻他人的不安，让他们相信事情全都在你的掌控中。

• 因为你直言不讳，当他人觉得需要面对真相的时候，他们就会来找你。他们也许会转向寻求他人的支持，但他们会来找你寻求诚实的评估，来判断他们能做什么，不能做什么，或是应该做什么，不应该做什么。你不会羞于提供建议。询问他们对当前计划的投入程度如何。请询问他们是否需要你的真实意见。如果他们需要，你要温柔而真诚地回答。

• 你强有力的语言能够激励大家。谈论每个任务的“原因”，不要害怕显得老土或多愁善感。你的情感促使他人迎难而上，做出自己的贡献。他们可能是指望你能表达出有关原因的情绪。用你的语言描绘一幅鼓舞人心的图画。

**领导极具统率优势的人**

• 尽你所能，给他人足够的空间来领导和做出决策。他们不喜欢被严格监视。

• 当面对这些人时，要采取坚定的行动。如有必要，要立即发挥他们的优势。然后，尽快为他们安排合适的工作，让他们成为高产出的员工。他们会迅速克服他们的问题，你也应该这样。

• 他们可能会用他们坦率、自信的风格来吓倒他人。你可能需要考虑是否因他们的贡献而为他们偶尔的愤怒辩护。你与其强迫他们学习如何有同理心和礼貌，不如把时间用来帮助他们认识到他们的独断是他们工作高效的一部分——只要他们保持自信，而不是咄咄逼人和攻击他人就好。

## 沟通

极具沟通天赋的人通常善于表达他们的想法。他们是优秀的对话者和演讲者。

## 发挥你的沟通优势

• 你可以使用语言来“编造”和操纵事实。但是，随着时间的推移会令人疲倦。请记住，虽然编造可能在短期内具有说服力，但这需要付出情感上的代价。要确保你的沟通不仅是有效的，而且是符合道德的。

• 你要建立彼此的尊重。帮助人们彼此欣赏。花时间“讲述”他们真正擅长和能够有所贡献的事情。记住真正的表扬可以激励他人，虚假的赞美会伤害他们，而且不会被认真对待。

• 不论对方是否在场，说话要保持一致。一致性和信守诺言传达了你的正直诚信，增强了你建立起来的信任。

• 你有能力捕捉人们的情感并用语言表达出他们的感受——有时候是用他们自己无法找到的语言。这自然将他人吸引到你身边。所以，要提出问题。尝试找出人们努力沟通的关键问题——他们想要表达什么样的欢乐或纠结。然后把那些感受表达出来。帮助人们找到恰当的语言来描述他们当时的感受，是帮助他们表达和处理情绪的有力方式。

• 语言是文化的一个线索。在任何团体中，从家庭到公司，想想你使用的词语暗示了什么。称呼传达出了你的期望。你是否称呼每周的会议为“部门会议”“员工会议”“团队会议”“质量会议”？它们是否在一个“会议室”“会议厅”“休息室”“培训中心”或是“学习中心”召开？你会积极地提出问题，让他人知道你有多在乎吗？

• 用语言描述他人的成功，把那些美好的词汇与他们联系起来，最好是书面形式。使用你的天赋找到最恰当的词汇来表扬、反馈和安慰他人。你对他人实现成就的积极支持会让他们感到安全。

- 想想你是如何描述时间的。我们是要长期坚持吗？我们是在寻求立竿见影的结果，还是建立一个长期的声誉？当你在选择你的措辞时，考虑稳定性表明了你对长期前景有信心。让人们感觉到要以大局为重，这样他们就可以自由尝试，让未来变得更加美好，即使可能会失败。

- 除了成为团队的代言人，你也要成为团队成功故事的收集者。在积累成功的基础上，为你的团队创建一个品牌。这一坚实的基础将增强团队对未来的信心。

- 在一个有组织的环境中，主动提出做会议“总结”的沟通。会议结束后，给与会者发一封总结邮件。抓住要点，并概述大家必须采取的行动。总结成功经验。向那些工作出色的人表达敬意。你能够鼓励和激励积极的行动和结果，以及创造未来的成就。

- 你的语言影响了人们对个人和团队形成的印象和期望。你是提升还是损害了他们的形象？当你与他人说话或是谈论他人时，有意识地选择鼓励、鼓舞和乐观的语言。

- 你会使用什么术语和表达方式来描绘未来的图景？你的语言可以指引他人。要注意到你的话语指引人们的方向，精心组织语言。那些语言对人们的鼓舞会比你想象的更加持久。

## 发挥具有沟通优势者的潜能

- 让他们学习组织中的文化和有趣事件背后的故事。然后，给他们机会将这些故事告诉他们的同事。他们帮助你将文化带入生活中，并因此强化它。

• 让他们帮助组织中的一些专家做出更有吸引力的演讲。在某些情况下，你可以让他们自愿为专家做演示。

• 如果你送他们去参加公共演讲培训，确保把他们安排在一个和资深学员在一起的小班，并要安排顶级培训师。如果他们被安排与初学者在一起培训，他们会很生气。

## 竞争

极具竞争天赋的人总是比照他人的表现来衡量自身的进步。他们力争第一，并陶醉于竞赛中。

### 发挥你的竞争优势

• 骗子永远不会成功。记住，不惜一切代价赢得的胜利并不是胜利，它打败了你自己。胜利的代价可能会比失败的痛苦还要大，所以，当你努力争取最终胜利之时，要确保你的正直品质不受损害。

• 维护好你与他人已经建立起来的信任。有时你可能需要“离开现场”，以避免你的竞争情绪损害你从他人那里寻求的尊重。去找个地方释放自己的情绪，但要确保在“教练”看不到你的地方。

• 竞争者几乎可以立即认出彼此。当你发现某个和你一样渴望获胜的人时，你也许会选择互相竞争和施压，或者你也可以联合他们创建一个冠军团队。无论哪种方式，这是一个基于共同愿景建立联系的机会。

• 你能让他人参加他们喜欢的每周竞争性活动吗？这是一种建立长期连接的方法，这个连接是基于共同的兴趣和面对生活挑战的共同方法。吸引竞争者，利用好这种机会建立关系。

- 尽管你付出了所有的努力，但竞争会给很多人一个负面印象。尝试展现出竞争有趣的一面，利用它创造情感连接而不是关系障碍。记住，不是每个人对任何活动都保持同样的感情强度，记得表现出你接受并尊重他们，他们可能有不同的理由“参与游戏”。

- 胜利的团队提振信心。你如何帮助个人或团队达到他们的最佳状态？把竞争者放在合适的位置上，让他们都能发挥他们的优势。这给了他们成功的最佳机会和安全感。向人们展示他们的能力，让他们基于自己的天生能力达到最佳表现。

- 如果你输了一场战斗，要记住你的终极目标。请记住，你是在从长计议，帮助他人也看到这一点。让他们把心态放平，他们正在持续的努力中，而不是正经历失败。

- 支持他人。表达出你相信他们能在某方面做到最好。你也许能看到他们自己看不到的潜能。请指出你注意到的他们的天赋，帮助他们学习如何把这些天赋转化成优势。

- 在你的组织中，什么是获胜的评价标准？把它们公布出去，让每个人都有一个清楚的目标。

- 在你的书中，第一是唯一重要的位置，所以你往往倾向于把自己限制在你知道你能赢的领域。作为一位领导者，识别出你的团队真正具有优势的市场定位，并描述出优势和特定领域的竞争优势。通过这些举措，你为团队和组织带来了无与伦比的成功，这自然增加了你们团队的乐观情绪。

- 你会自然地适应现实世界中评估成就的方法。利用这种天赋来识别出内外部世界级的表现，识别出真正重要的行业标杆。根据这些标准来评估，鼓舞他人超越它们。

### 领导极具竞争优势的人

- 通过与他人对比来衡量他们的成就，尤其是那些有竞争力的人。你也许会决定公布全体员工的绩效记录，但要记得，只有好胜心强的人才能够从公开比较中得到鼓舞。他人也许讨厌这样的方式，也许会因为比较而感到羞愧。

- 为他们创造竞争机会。让他们与竞争对手竞争，即使你不得不从你部门以外去为他们寻找对手。好胜心强的竞争者想要与那些和他们的技能水平旗鼓相当的人竞争，让他们与一般水平的人竞争不会刺激他们。管理他们的最佳方式之一就是雇用其他更高效、更有竞争力的人。

- 和他们聊聊天赋。就像所有的竞争者一样，他们知道只有发挥天赋才能成为赢家。为他们的天赋命名。告诉他们，他们需要集中他们的天赋来获胜。别因为暗示获胜意味着得到晋升，而让他们走进“彼得原理”[①]的误区。

## 关联

极具关联天赋的人深信世间万物都彼此关联。他们相信，世间没有巧合，凡事必有意义。

### 发挥你的关联优势

- 你的人生哲学迫使你超越你的自身利益。要向他人说出你的信念。按照你的价值观来行事。当你超越自我、奉献你所拥有的时，他人就会看到你对他们的尊重，尽管你们存在差异。尊重是无私行为的一个自然的副产品。

---

① 彼得原理（Peter Principle）是管理心理学的一种心理学效应，指在一个等级制度中，每个职工趋向于上升到他所不能胜任的地位。

- 可以利用你对人类共性的理解，来寻找全球化或跨文化的责任。建立全球化的能力，改变那些按照“我们”和“他们”来思考的人的思维模式。从各方的最大利益出发行事是诚实守信的表现。

- 寻找共同的纽带。提出好的问题，这样你就能很快找到你和每个你遇到的人之间的共同点。坚持提出这些问题，直到你发现了共同利益。确认你找到的联系并为之庆祝，从这里开始建立一个关系的基础。

- 你一旦发现和某人的共同之处，记得与他们分享你的信仰或你参加的活动来表示你的关心。以此为切入点，深入探讨他们生活的其他方面。全面了解他们，而不是把你们的连接仅仅局限在某一个方面。

- 让大家围绕共同的梦想和意义走到一起的能力至关重要。你能在更大的全局中看到共同的主线。根据你发现的联系，在联系不同人的生活中扮演积极的角色。让他人意识到甚至他们自己都不知道的联系，帮助陌生人发现他们的共同点，为友谊铺路。你能帮助他人建立联系，从而影响他们生活中的其他部分。

- 你的大局观能在混乱中带来平静。请指出你从周围事件中发现的重大意义。给他人展示，人生路上的波折只是大局中的一小部分。帮助他们看到生命中长久的事情与暂时的事情之间的区别。正确看待当前的困难。

- 人们在舒适的亲密感围绕时感到安全。当他人需要安全感时，提醒他们什么是永恒的，什么是共享的——有一个人际网络在他们周围。让他们知道，他们在困难的时候并不孤单，可以带来平静和信心。

- 当大家有共同信仰时，这种信仰会成为一种根本性优势。如果信仰是你和他人关系的一部分，在面临不确定或恐惧的时候，你的支持可能非常重要。当你知道有人需要共同的信仰所能提供的保证时，请伸出援助之手。

• 你也许会惊讶，你可以轻易看到的联系，他人却需要慢慢地发现。帮助他们理解你在事件和人之间发现的相互联系。拓展他们的世界观，通过帮助他们看到大局而给予他们新的思考方式。他们如何通过将他们的天赋应用到从未想过的领域来提升自己的天赋？他们如何与他们看起来完全不同的合作伙伴进行合作？

• 你注意到了组织结构的范围和边界，但是你将它们视作无缝的、流动的。利用你的连接天赋来打破在组织内部和组织之间不同业务、职能和分支机构之间共享知识的孤岛阻碍。鼓励不同团队朝着共同的目标一起努力。

• 帮助人们看到在他们的天赋、行动、使命和团队、组织的成功之间的联系。当人们相信他们所做的事情，并感到他们是更大事业中的一部分时，他们将更加投入以达成目标。

### 领导极具关联优势的人

• 他们可能有一个精神信仰，也许是一个强烈的信念。你能够理解他们的精神信仰，或者至少是接纳，这会让他们感到更加安心。

• 他们也许愿意接受思考和践行组织的使命。他们自然地感到自己是更大事业的一部分，他们喜欢为一个全面的使命宣言或目标去奋斗。

## 公平

极具公平天赋的人深知待人要一视同仁。他们渴望有每个人都能遵守的稳定的惯例、清晰规则和程序。

## 发挥你的公平优势

• 让自己遵守你为团队和组织批准的规则或程序，从而培养彼此的信任。当你遵守规则时，这显示了你尊重原则，设定了公平的基调，并鼓励了自觉的遵章守纪。

• 虽然他人可能会利用他们职位的特权，但你可能会拒绝这么做，并且更愿意按照与组织中绝大多数人相同的期望和标准来执行。努力执行这种“平等地位”政策，以赢得尊重，团结你的支持者。

• 能够预测他人将如何行动以及反应帮助我们自信地绘出一段关系的航线。思考你的公平性将如何影响他人与你建立的关系。你总是在需要的时候出现吗？你真的表现出了同情和关心吗？分析你最亲密关系的基础是什么，看看对于你的公平天赋扮演了什么样的角色。然后考虑你如何使用这些模式来拓展生活中的友谊。

• 当你对他人在公平和公正方面的努力表示赞赏时，你认可了他们，并形成了相互支持和理解的基础。你可能在与其他生活中遵循类似原则的人的关系中表现最好。寻找机会赞扬那些你钦佩的人的价值观和理想。告诉他们，他们怎样做可以让这个世界变得更加美好。通过这些做法，你展示出你关注到他们做得最好的地方，并且你在关心他们。

• 他人了解什么是被期望的，什么是不被容忍的，就会感到舒服。例如，人们了解行为规范之后，他们就不会无意间违反。

• 当他人了解了你的行为准则，他们可以指望你坚持应用这些准则。说出你对自己和他人期望的公平的重要性。通过这样做，人们不仅了解了规则，而且了解了基本原则。这会帮助他们预测你在规则尚未覆盖的情境下的行为。

• 当他人来寻求你的帮助时，他们也许在寻找因为你的公平带给他们的舒适感。你向他们保证，你会在他们身边，他们可以依靠你，这种保证是令人鼓舞的。

• 你也许会发现，你会给予失败者支持。这可以让你感觉很好。这意味着你的支持不仅给那些领先的人，而且是面对全体人员。鼓励那些奋斗的人。一定要考虑他们的个人成功模式。也许他们正在以一种不太适合的方式努力奋斗，需要一些调整。帮助他们找到适合的模式来创造最多的机会。

### 领导极具公平优势的人

• 当你需要在组织中建立一致的行为标准时，请他们来帮忙建立惯例。

• 当他们处于分析类岗位时，让他们处理团队数据，而不是个人数据。他们可能更善于发现群体的普遍性，而不是某个特定个体的细节。

• 作为一个管理者，如果你正在努力推行那些要求你平等地、绝对地、毫无偏袒地应用规则的政策，请他们帮助你。解释和说明对于他们来说是很自然的事情。

• 在必须公平对待多元化人员的情境下，让他们参与制定规则和程序。

## 回顾

极具回顾天赋的人喜欢回忆过去。他们通过研究历史来认识当下。

### 发挥你的回顾优势

• 讲述你认为自己生活中能引起他人共鸣的故事。分享一些你的过去经历来展示你的脆弱，这是建立信任的重要方式。

• 如果他人愿意，鼓励相互分享过去和生活中的事件，当他们向你讲述个人秘密时，对他们的信任表达赞赏。

• 你对身边人的个人家族、历史和生命中的成长时刻感兴趣。对于你来说，一个很好的对话始于“请给我讲一个你生命中出现的转折点吧”。提出问题，引出那些你愿意听而他们愿意讲的故事。向对方展现出你的兴趣，显示你很在乎他。

• 记住你听过的某人讲的故事细节，把它们作为与他的持续连接。环顾房间中的人，当你听到的某些事情对彼此都有意义时，保持眼神的交流，这表明你在倾听，记住并产生了连接。

• 稳定与回顾密切相关。这种“宇宙中万事万物都不是新的”的感觉，意味着我们曾经经历过这些事情，并将重复做。提醒他人所具有的优势。讨论他们过去曾经经历过的考验，指出他们的坚毅和复原力会给他们信心和勇气来找到获胜的新办法。

• 历史教会我们耐心，正确看待事情会促进相互理解和安全感。从历史的角度分析当今人们所面临的问题。帮助他们以老师的眼光看待过去，并从过去的教训中汲取智慧。

• 提出各种问题，比如“你是如何做出那个决定的？”和“你是否曾经处理过类似的问题或情况？”你的好问题和温柔的引导可以帮助他人更清楚地认识状况，并帮他们避免反复出现的错误。

• 通过展示如何将他们的历史和现在及未来联系起来，帮助人们了解他们的生活和环境。和他们一起做出一条他们生活的时间线，包含重要的决定、磨难、胜利和转折点。询问他们在每个特殊时刻学习到了什么。帮助他们考虑，通过这些学习，他们现在可以做些什么。

- 将复杂的想法或建议转换成最基本的要素，可以帮助你理解它们背后最初的目的或逻辑。追溯一项计划或想法的演变过程，直至其起始点，向那些可能提出质疑的人阐明它的目的，这将增强团队的使命感。
- 提醒同事们，组织的价值观和使命是基于过往智慧的总结。通过复述抓住公司本质的故事，让公司的历史保持鲜活。这些故事可以通过对过去的理解，为当下提供指导和灵感。考虑做智慧的守护者，或者至少开始收集和记录智慧。他们会感谢你。

### 领导极具回顾优势的人

- 当你让他们做事的时候，花点时间解释为什么有这个需求。他们需要在理解一个行动方案的背景之后，才会全力以赴去做。
- 不管讨论的主题是什么，请他们收集有启发性的故事，注意每个故事的关键发现，也许可以围绕它们建立一个集锦。
- 让他们收集大家的轶事，轶事中记录下的行为以某种方式成为你们组织文化的基石。他们的故事可以通过邮件、培训课堂、网站、视频等方式不断复述，这将强化你们的组织文化。

## 审慎

极具审慎天赋的人严肃认真对待每一个决定或选择。他们总是预估所有的困难。

### 发挥你的审慎优势

- 你能赢得他人的信任，因为你天生对敏感话题保持谨慎且考虑周到。

利用这些天赋，抓住机会处理微妙的问题和冲突。

- 他人尊重你把时间花在正确地做事和做正确的事方面。你在做决定之前，让他们知道你需要时间来思考。相信他们会感激你把他们最重要的利益放在心上。

- 你明白每一段关系的重要性和分量，你认真地承担起其中的责任。一旦你选择将某人纳入到你的生活中，要好好处理这段关系。多参加一些活动和对话，拉近你们之间的距离，向最重要的人袒露你的心扉。正如你所知道的，持续一生的关系是很难找到的，他们值得并且需要你的关注和爱。

- 要知道你的赞美是少见的——而且对很多人来说很珍贵。所以，当你认可他人时，考虑用一个有形的标识来纪念这个时刻。给他人一个可见的东西来表达你的赞赏，会让他们记忆久远。

- 与其承担不明智的风险，你可能会更谨慎地做出决策。当你觉得某些事太完美而不可能是真实的时候，你要相信自己的直觉。你的审慎和谨慎让他人对你做出的结论有安全感。

- 他人欣赏你在做出每个决定前的三思而行。你会告诉他们你已经分析过的选择，以及为什么选择了这个行动。要考虑到他们在决策中也有利害关系。询问并权衡他们的意见，就像对待自己的一样仔细。

- 在做决策前通过宣布一个需要“考虑”的时间，来缓和他人随意行动的倾向。你的谨慎可以帮助他人远离冲动，并做出明智的选择。

- 当你对一个主题有了大量的了解时，请提供给他人相关研究的收获和你所做的分析。如果你相信某件事是他们应该做的，鼓励他们去尝试。向他们展示你的支持。

### 领导极具审慎优势的人

- 不要把他们放在需要快速做出判断的岗位上。他们可能会对仅凭直觉做出决策感觉不舒服。

- 当需要谨慎时，例如面对法律、安全或准确性等敏感问题时，让他们来领导。他们会本能地预见到危险在哪里，以及如何保护你。

- 他们可能擅长商务谈判，尤其在幕后。只要这些工作是在他们的工作职责范围内，你可以尽可能让他们承担这个角色。

- 别让他们做组织中的接待人、超级说客、联络人。这些角色所需要的那种热情洋溢，可能不是他们所擅长的。

- 在他们的关系中，他们会比较挑剔且有鉴别力。因此，不要让他们快速变更团队。他们需要确信周围的人是能干的和值得信赖的，而这种信任需要花时间来建立。

- 他们以吝于表扬而著称。但当他们表扬时，记住那是真正值得表扬的。

## 伯乐

极具做伯乐天赋的人善于识别并发掘他人的潜能。他们能够察觉任何细微的进步，并乐在其中。

### 发挥你的伯乐优势

- 为他人做好事是一种品格的表现，也会增加彼此的信任。通过帮助他人发现自己的潜能，并主动提出和他们一起努力来开发他们的潜力，这会增加你们关系的广度和深度，你会喜欢看到关系的成长。

- 当他人在你的善行中寻找不可告人的动机时，尽量不要感到受伤害。当你展现出对他们个人发展的兴趣时，他们也许需要花时间来信任你。在期望得到他们的全部信任前，允许他们观察你几周、几个月甚至是数年。也许他们不像你那么容易相信他人。

- 你能从人们的成长和发展中获得真正的快乐。你关注他人的自然天赋是对你培养的人的礼物。为他们加油，让他们知道你相信他们。你充满慈爱的关心让他们感动，将你自然地拉到他们身边。他们从不会轻易地忘记你的支持。

- “我们从我们爱的人身上学到的最多”是你非常理解和欣赏的一句话。谁爱你？你爱谁？一定要拉近关系，不仅要教导和引导，还要去爱。交流你的感受。你的影响会永远持续下去。

- 当你开始致力于他人的发展时，首先要认可你已经看到的进步。这提供了信心和安全感的基础。你可以通过向他人保证你对他们能做到有信心，因为他们已经证明了他们能做到，从而使下一步的行动不那么让人害怕。向他们表达出你确信他们可以实现下一步目标的信心。

- 你喜欢帮助他人走出舒适圈。你提供了一个“安全区”，在那里人们可以尝试，失败，再尝试。帮助他人成功，告诉他，在最终取得成功之前，他们可能需要不止一次的尝试。帮助人们设定合适的期望值，给他们安全感和再次尝试的信心。

- 鼓励人们深度挖掘他们的天赋，让他们接受考验。有了你，他们就可以减少失败带来的冲击。你的支持可以让他们承担必要的风险来发挥更多的天赋。

- 通过提出可以拓展他们想象力的好问题来挑战他人。他们曾经做得最好的是什么？他们认为他们能做多少？他们梦想做什么？如果可以自由选择，他们会选择做什么？

- 你对周围人的自然反应是你培养他人的方式，这让你成为很多人的鼓舞人心的导师。考虑你最好的导师的方法和风格，向他们学习。应用适合你的方法和风格，来鼓励和支持那些你指导的人。

- 你将不得不为更多的人提供建议。为了实现这个内在目标，可以考虑做一个“临时的导师”。许多最深刻、最难忘的成长时刻，都是在恰当的时机说出恰当的话的一瞬间发生的，而那些语言可以澄清认识、重新点燃激情、看到机会或改变人生的轨迹。

### 领导极具伯乐优势的人

- 把他们放在公司中可以帮助其他人成长的位置。例如，给他们机会做一到两个人的导师，或是教授一门公司专业化课程，比如安全、福利或客户服务。如果必要，付费让他们参加当地组织的培训。

- 他们也许是主管、团队带头人或是经理岗位的优秀候选人。如果他们已经担任经理或高管职务，可以在他们的业务部门寻找可以被调任到组织中更重要职位的人。具有做伯乐特质的人善于培养他人，并为他们的未来做好准备。

- 要注意到他们可能会长期保护那些早应该被开除或解雇的处于困境的员工。帮助他们把本能集中在帮助他人取得成功上，而不是支持那些在经历困难的人。他们能为培养奋斗者采取的最佳行动是找到他们可以真正超越的的其他机会。

# 纪律

极具遵守纪律天赋的人喜欢惯例和结构。他们的世界反映了他们创建的秩序。

## 发挥你的纪律优势

- 你从不会让自己失去控制，他人会因为你坚持原则而尊重你。你坚持自己设定的标准，你的行动反映了你的正直诚信。
- 他人可以指望你确保每个细节准确无误地执行。当人们看到你一次又一次地满足了他们的期待时，你的纪律优势可以成为你赢得信任的基础。他人将学会尊重你始终如一的表现。
- 你强大的条理性让你成为那些依靠你的纪律优势来弥补自己不足的人的最佳合作伙伴。你要发现并赞美他人所拥有而你缺少的积极品质，建立基于相互欣赏的关系。当某人需要依靠你时，你也要依靠他，互补的关系就是最佳合作关系。
- 通过关注他人忽略的细节，向他人展示你的好意。采取关心朋友的心态，想办法让他人从那些让他们陷入困境的细节中解脱出来。你能让他们的生活变得更好，同时赢得他们的感谢。
- 你是可预见的和始终如一的。你总是在需要的时候做该做的事，即使之前不做。与他人分享你的大事年表，让他们看到你遵守承诺所做出的持续进步。他人会对把项目委托给你而感到安全，因为他们看到你的行动总是遵守你的诺言。
- 不是每个人都拥有你的条理性。通过让他们了解你有能力控制局面，与他人分享你从井然有序中获得的冷静和沉着。帮助他们看到每一步都会按部就班，整个项目会按计划推进。当他人知道没有什么重要的事情会被遗漏时，他们就会自由地去做他们擅长的事情。

- 你的业绩目标激励你努力前行，你喜欢每天和每周都把事情做完。请注意你的工作效率，他人也能从你的绩效目标中得到启示。请细化你的任务、目标和时间安排，与感兴趣的团队成员分享，他们也许会通过你的示范来激励自己努力工作。

- 试图将你的系统性和条理性简单地强加给那些缺少纪律天赋的人不会起作用。与其努力去“改变”那些需要你的条理性的人，不如试着去发现他们做得好的优势。然后，在那些方面支持和鼓励他们。

### 领导极具纪律优势的人

- 给他们机会，让他们在杂乱无章或混乱的情况下保持有条不紊。他们在无序的、混乱的环境下会感到不舒服，也不要期望他们会舒服，他们在恢复秩序和预见性之前不会休息。

- 当在某个设定的时间段内有很多事情需要完成时，记住他们首先需要确定事情的优先顺序。和他们花时间一起确定，一旦计划制定好了，他们就会按计划行事。

- 如果适合，让他们帮助你制定计划和组织你的工作。你可能罗列出你的工作来回顾你的时间安排情况，甚至有再造部分工作流程的想法。告诉这些同事，这是他们的一项天赋，鼓励他们请求类似的帮助。

- 他们擅长开发能够帮助他们高效工作的制度和流程。如果他们被迫在一个需要灵活性和快速响应能力的环境下工作，鼓励他们设计出一组例行工作程序，每个程序适用于一种特定环境。这样，他们就会有一个可预测的响应机制来依靠，不管有什么突发事件也不会手忙脚乱。

## 体谅

极具体谅天赋的人能够设身处地地体会他人的感受。

### 发挥你的体谅优势

- 当他人面临焦虑时，帮助他们表达清楚并处理好他们复杂的情绪。尊重他们的感受，允许他们自由地表达他们想表达的，不管你的感受是否反映了他们的感受。通过认可并处理这些情绪来建立信任。

- 因为信任对你最重要，你的许多同事很可能在与你接触时感到舒服自在，与你分享他们的想法、感受、担忧和需求。鼓励他们。他们会非常重视你的判断力，并希望真诚地帮助你。

- 看见他人快乐，会给你带来快乐。所以，你可能会注意到他人成功的机会，并积极地增强他们的成就。抓住每一个机会，说一句感谢或认可的话。这样做，你可能会给他们留下深刻而迷人的印象。

- 有时候你有能力先于他们自身理解他们的情绪。这种神秘的觉察也许会让人不安，或者给人安慰，这取决于你如何分享它。通过提出问题来温和地引导人们识别你已经发现的情绪。帮助他们命名这些情绪，并创造自我修复的路径。

- 对他人的情绪保持敏感，你很容易判断一个房间里的情绪基调。利用你的天赋来建立一座互相理解和互相支持的桥梁。你的体谅天赋在艰难时期尤其重要，因为它们展示了你作为领导者的关心，因而建立了安全感和归属感。

- 耐心和善解人意是你的标志。多花点时间听听人们的意见，别急于做决定。给人们时间和空间在一个安全的环境下整理他们自己的想法和感受，这会提升他们的情绪稳定和宁静。

- 他人可能会选择你作为知己或导师。对你来说，这肯定是一段令人愉快的关系，他们也才会觉得和你接近是受欢迎的。通过说出你感受到的他们的渴望来鼓励他们；通过和他们一起想象来激励和引导他们的梦想。

- 你的体谅天赋让你能预测事件和快速反应。因为你善于观察他人的感受，你可能会在大家之前感受到组织将要发生的事情。帮助人们在积极情绪形成时保持警惕，这样作为一个团队，你就可以利用这种预期来创造希望。

### 领导极具体谅优势的人

- 如果他们哭泣的话，关注但不要过度表现。眼泪是他们生活中的一部分。他们也许能比其他人更深刻地感受到生活中的快乐或悲伤。

- 帮助他们将体谅天赋视为特殊的礼物。也许这对于他们来说自然而然，他们认为每个人和他们的感受一样，或者他们可能因为自身的强烈感受而窘迫。向他们展示如何利用自己的天赋为大家谋福祉。

- 测试他们依靠本能而不是逻辑来做决定的能力。他们也许无法说清楚为什么他们认为一个特定行动是正确的。尽管如此，他们往往是对的。问他们“你觉得我们应该做什么？”

- 安排他们与积极乐观的人一起共事。他会受到这些人的感染和激励。要引导他们远离悲观主义者和愤世嫉俗者。否则，他们将用强烈的体谅天赋让他人感到沮丧。

## 专注

极具专注天赋的人能够确定方向，坚持到底，并做出必要的调整，以保持在正确的轨道上。他们先确定优先顺序，然后行动。

### 发挥你的专注优势

- 他人会因为你知道什么是重要的和始终专注重点而尊敬你。要确保你没有给他人委派不重要的任务。在你让某人做某事之前，请询问你自己这是否对最终业绩有影响。如果这不值得你花费时间，也许这也不值得任何人花时间，你甚至不需要过问。他人会相信你的判断。

- 作为一个具有强烈专注天赋的人，你知道生活就是选择。请记住，每个人要对他们自己的决定负责。向他人展示你理解并尊重他们生活中的选择。

- 退后一步想想你生活中最重要的事情是什么。运用你的专注天赋，不仅关注重要的事，而且关注重要的人。制定目标和策略，把时间和关注用在那些在你的生活中值得作为合作伙伴的人身上。把这些目标列在你每天要做的事情清单上，并检查你完成了什么。

- 在工作中你应该对谁投资？谁通过他们的努力工作让你每天的生活越来越好？对那些让你能高效工作的人表示感谢。认可他们对你高效工作的作用，别忘记当他们需要你的帮助时，也伸出援助之手。

- 通过进一步提前你的计划来扩大你的专注天赋的影响。例如，如果你通常做一年的计划，尝试做三年的计划。逐步延长你做出预测的时间长度。与他人分享你的想法。要了解你在关注和考虑长远方面的优势会让他人有安全感。

- 当你与家人和工作团队分享你的长期目标时，告诉他们，他们是你未来预测工作的一部分。向他们保证你重视和需要他们，他们会和你一起努力工作。

- 在我们的一生中，我们积累的有些责任和任务可能已经不再有意义。帮助他人清理掉一些他们生活中累积的琐碎杂事。通过提出问题，比如“在你的生活和工作中，什么是最重要的优先事项？”“你喜欢做什么？”以及“如果你停止做这件事会发生什么？”你能帮助他人集中或重新集中他们的精力，给予他们一个全新的对未来的展望。

- 通过引导公司中最有前途的员工的职业规划来投资。在指导他人时，帮助他们制定明确的职业路径和行动计划来实现他们的愿望。

- 拥有可衡量的、具体的和有形的绩效目标对你的工作效能至关重要。你喜欢定期为自己设定“小目标”，因为这些目标能让你的专注天赋更加敏锐。与同事分享你的目标、评估体系和绩效目标。你会增强他们的团队意识，激励他们根据更大的组织目标跟踪个人的进步。

**领导极具专注优势的人**

- 设定目标和时间表，让他们清楚如何实现目标。他们会在一个可以控制工作事件的环境中工作得最好。

- 与他们按照他们提出的频率定期联系是有帮助的。他们会因为这种经常性的关注而成长，因为他们喜欢谈论目标以及他们的进步。询问他们，需要多久见一次面来讨论工作目标和目的。

- 别期望他们总是对他人的感受敏感，完成他们的工作通常是第一优先级。要注意，他们可能会在朝着目标前进的过程中伤害他人的感受。

• 他们无法在持续变化的环境下成长。为了管理好这一点，在对他们描述一项变革时，请使用他们可以接受的语言。例如，在谈论变革时，使用“新目标”和“成功的新标准”，并给出变革的路径和目的。这是他们习惯的思维方式。

• 安排他们参加一个时间管理研讨会。他们也许天生并不擅长时间管理，但因为他们的专注优势迫使他们尽快达成目标，他们会对有效的时间管理带来的高效表示感激。

## 前瞻

对于极具前瞻天赋的人来说，未来令人神往。他们用对未来的憧憬激励周围的人。

### 发挥你的前瞻优势

• 当你帮助他人畅想未来时，确保你的畅想是基于现实的。你会发现，有许多人并不能像你那样很容易地畅想几十年后的样子。所以，尽你所能为他们提供足够多的畅想细节，告诉他们在未来可以做什么。一个现实的态度会帮你建立信任，以及对你的远见的信心。

• 基于你天生的前瞻能力，有时你可能会看到令人不安的未来趋势。即使你更喜欢谈论发展而非问题，请帮助他人在遇到困难前看到并扫除潜在的障碍。他们会因此而依赖你，并相信你的前瞻。

• 与他人建立联系的最佳方式之一就是倾听。请询问你的下属的梦想是什么。让他们向你描述出他们理解的未来。在他们故事中的某些地方，你的前瞻天赋可能会找到一个连接。当他们谈论他们的渴望时，提出能帮助他们澄清的问题，通过提问建立连接。仅仅因为你对他们未来的希望和梦想感兴趣，他们就会感觉和你更亲近了。

• 你比他人对未来看得更清晰。激发他人做点儿梦，并告诉他们，如果他们把目光投向那里，梦想是可能实现的。也许你看到了他们未知的天赋，或是他们还没有意识到的机会。请投入你的时间和精力去关注他人的发展潜力，以及什么对他人有益，这将显示出你的关心和友谊，也将表明你是一个领导者。

• 人们有时会夸大对当下的恐惧，因为他们看不到“这一切都会过去”的未来。你拥有看穿本质的天赋，你的思想不受当前情况的限制。请帮助他人分享你所拥有的平静——认识到新的一天总会到来，他们现在的忧虑将会成为过去。

• 在你思考未来时，一定要和你的同事确认他们的情绪。如果你的愿景对于他们来说太过遥远，无法想象，或是看起来有太多的不确定性，他们也许会感到焦虑和不舒服。请询问他们，在你讨论的情景中，他们是怎样看待自己的，帮助他们了解这些都是“假如”的图景，而不是“必须”的计划。他们能够掌握自己的命运。

• 因为你有思考未来的天赋，当人们需要方向和指引时，他们会向你请教，这不足为奇。在你的一生中，你可能一直是他人的向导。请仔细思考一下这个角色。考虑你应该问些什么问题。他人需要你做什么？你是怎么发现的？当他人请教你的时候，你可以提出一系列的问题，这可以帮助你把你的建议和他们的期望与愿望匹配起来。

• 你通过对未来的想象来激励他人。当你清晰地表达你的愿景时，一定要用生动的语言和比喻来详细地描述它，让他人更好地理解你宽广的思维。

通过草图、按部就班的行动计划或实物模型，让你的想法和策略更具体，让同事们能更容易地理解你所要表达的。

### 领导极具前瞻优势的人

- 给他们时间去思考、写作和计划组织将来需要的产品和服务。给他们创造机会，通过邮件、会议或行业集会来分享他们的观点。
- 把他们纳入组织的计划委员会。让他们演示他们基于数据描绘的愿景，即组织在未来3年、5年或10年后可能会是什么样子。让他们每6个月左右重复这个陈述。通过这种陈述，他们可以用新的数据和观点来完善组织的愿景。
- 当需要人们拥抱变革时，让他们将变革与组织未来的需要联系起来。让他们做一个陈述，或是写一篇文章，来正确地看待这些新的方向。他们可以帮助他人超越目前的不确定性，引发对未来的可能性的兴奋。

## 和谐

极具和谐天赋的人寻求共识。他们避免冲突，希望求同存异。

### 发挥你的和谐优势

- 你尊重他人，重视他人的意见，帮助他人表达意见。有时，你也许会告诉大家：每个人的观点都是有价值的、值得尊重的，即使你不认同它。要学会简短而有效地表明倾听的价值。
- 我们不应该只听到最响亮的声音。有时候你也许需要停止辩论，让每个人都有发言权。当你这样做的时候，确保营造一个充满信任和尊重的环境，让那些喜欢轻声说话的人可以很舒服地分享他们的观点。要清楚地表明，当每种声音都被听到时做决策更佳，这样他人就会对你的动机有信心，也更有可能在讨论的过程中分享观点。

- 你的和谐天赋让生活更加愉快。你通过减少冲突和摩擦来减轻压力。请花一些时间来让你的组织使命更加概念化。在压力情境下，是最重要的使命把你们紧密联系在一起。除了缓和冲突之外，你可以基于共同的使命来帮助他人提升到更高的层次。由于你充分考虑到每个人的观点，并且尊重他们的观点，他们会被你吸引折服。

- 对你来说，求同存异是一件很自然的事情。你对个人和团队之间和谐的追求向他人展示了你的关心，并增强了一对一的和团队的关系。在你团队的每次人际交往中，你可以找到多少个共同点呢？请数一数，看看你是否能不断提高你的平均水平。连接的共同点的数量越多，建立重要持久关系的机会就越大。

- 你的平和和善解人意让每个人都与团队保持良好的关系，即使在意见相左的时候。请提醒他人，团队的力量在于能够相互尊重地提出各种意见。你具有安抚持反对意见的人的本领，帮助团队中的每个人建立安全感，无论提出的问题是什么，团队仍然会和谐相处。

- 你能让他人冷静下来，帮助大家保持镇定。确保没有人会被激动状态下轻率的话伤害到。创造一个诚信和尊重的环境，帮助他人在分享观点时感到安全。

- 建立和鼓励互动与讨论，让人们感到他们的意见得到了真正的倾听。你将提升团队成员的敬业度，提升个人的胜任程度，并对整体团队业绩做出贡献。这又将给未来带来希望。

• 通过提升技能和知识来磨砺你的决心和解决问题的天赋。熟练掌握解决冲突的步骤，邀请他人和你一起学习。鼓励和激励彼此成为通过共识找到解决方案的专家。学习与教学同步。

### 领导极具和谐优势的人

• 找到你和他们都认同的领域和问题，定期和他们一起回顾这些话题。让他们和其他和谐型优势的人在一起。当他们知道自己得到支持时，总是能更专注、更高效且更有创造力。

• 即使你错了，他们也认同你，对此别感到惊讶。有时候，为了和谐，他们可能也会点头，尽管你认为你的想法很糟糕。因此，你可能需要团队成员本能地表达他们的观点来帮助你保持思路清晰。

## 理念

极具理念形成天赋的人痴迷于各种创意，能够从貌似毫无关联的现象中找出相互的联系。

### 发挥你的理念优势

• 了解你求新背后的目的，能够帮助他人相信你会做出正确的选择。在你要做某件事的时候，请解释“为什么”。帮助人们看到你在通过努力改善现状、更好地解释世界、进行探索发现来最终为他人服务。

• 让事情简化。你所有的想法、可能的计划和其他的想法都会让他人感到困惑。你可以看到原则的简洁性。请向他人清楚表达，让他们也能看到。他们越了解这些事情，就会更确定你在做正确和有意义的事情。帮助人们在现实与可能之间建立联系。

- 他人非常欣赏你的创造性想象力和你对新想法的不断追求。邀请他们一起参与进来。请他们和你一起共启愿景。即使想法不大相同，共同分享对新想法和可能性的兴奋，也可以成为相互满意关系的基础。

- 和有实际想法的人——那些能使你的想法变得更现实，并能实现它们的人——合作。你可以成为他们灵感的来源，他们能帮助你实现梦想。你们之间的差异将你们联系在一起，使你们每个人都比单打独斗更加成功。对他人坦率提出的问题表示关心和赞赏。

- 稳定性和理念似乎是不一致的。你总是在寻找打破常规的方法，从一个新的角度来看待事物。请清楚地说明，你并不是在破坏——相反，你想让事情变得更好。你明白，安全不是来自维持现状和按原来的方式行事。安全感源自你为未来做好了充分准备。

- 你必须承担风险。不过，你可以教育他们，这些风险是经过计算的，而不是不计后果的，让他们冷静下来。帮助他人建立信心，了解你追求新事物背后的逻辑，让他们始终了解你的想法，跟上你的脚步。

- 你天生适合与从事研发的人相处。你欣赏组织中有远见和有梦想的人。请花时间与富有想象力的团队成员在一起，积极参与他们的头脑风暴研讨会。邀请你认识的有好点子的人也参与进来。作为一位具有超常理念天赋的领导者，你可以激发鼓舞人心的想法涌现，并让它们成为现实。

- 找到各行各业喜欢谈论自己的新想法的人，建立相互支持和欣赏的关系。他们在某个你不熟悉的领域的知识和梦想能够激发你的想法。相互满足彼此对伟大想法的需求。

### 领导极具理念优势的人

- 他们富有创意。一定要把他们放在他们的创意会受到重视的岗位。
- 鼓励他们提出有用的想法或洞见，这样你就可以与你最好的客户去分享。从盖洛普的研究看，当一个公司用心传递一些新东西给客户的时候，客户的忠诚度会大大提升。
- 他们需要知道每件事都是相辅相成的。在你做出决定时，花点时间向他们展示每个决定是如何根植于相同的理论或概念的。
- 当一个例外的决定与总体原则不一致时，一定要向他们解释，这个决定是一个例外，或者是一个实验。如果不解释清楚，他们也许开始担心这个组织变得言行不一致了。

## 包容

极具包容天赋的人善于接纳他人。他们关心那些被忽视的人，并努力让他们融入集体。

### 发挥你的包容优势

- 你完全不是精英主义风格，这会激发他人的尊重和信任。他人可以从你那里找到共鸣，认识到每个人对团队和整个组织的贡献。
- 自动接纳他人是你的本能习惯。你不会争论接纳某人的好处和坏处。如果他们在那里，他们就应该受到欢迎并被接纳。帮助他人看清事物的本质，让他们体察他人的感受。当他们看到你给予他人的尊重时，他们会认识到你是值得尊重的人。
- 每个人都需要一个包容型的人作为朋友。你让他人感到受欢迎，并立即使他们成为比他们自身更大的团体的一部分。当他人觉得自己是局外人时，你会主动伸出手，邀请他们加入。即使被断然拒绝，你也会毫不犹豫地接纳他人。要知道你一直在做正确的事情。

- 培养组织中的新人。做他的第一个朋友，了解他们的名字，把他们介绍给他人，帮助他们找到关系的连接点。这样你会交到很多好朋友。在一个感到不确定的新地方，忘记第一个让你感到有归属感的人是很难的。

- 当每个人都知道他们不会被排斥在外时，你就促进了团队的稳定和安全。言行一致，并向各种各样的人敞开心扉，这有助于让他人知道，他们会在任何需要的时候受到欢迎。

- 当有新人加入团队时，你的“总有再增加一个人的空间”的态度会促进相互包容而不是竞争。当他人看到这个圈子扩大到能够容纳所有人时，他们会感到虽然自己的地盘更小了，但圈子里仍然有自己的位置，因此也会感到更安全。通过让他们承担培训新人的任务，他们会感到更加自信。

- 做一个“包容型教练”。分享你的想法，让人们感到受欢迎。有一些人可能需要一个关心的提醒，让他们走出舒适区，迈出第一步，让某人加入他们的小圈子。当你推动这种做法时，你就给了每个人更多的成长机会。

- 要意识到人们将通过你建立相互的联系。你是信息的渠道；你能与团队中的所有人建立联系，并且让他们彼此之间保持有效连接。关注你创建的这个网络正在一天天壮大。

## 领导极具包容优势的人

- 他们对让每个人感觉自己是团队的一部分感兴趣。让他们做新员工入职培训项目工作。他们会对琢磨欢迎新员工的方式感到兴奋。

• 利用他们的包容天赋，让他们聚焦在客户身上。给他们匹配合适的岗位，他们可能非常适合从事打破客户和公司之间的关系障碍的工作。

• 他们可能不喜欢为特定客户提供精致的产品或服务，把他们放在为广阔市场设计产品或服务的岗位上。他们喜欢计划如何与更多的人连接。

• 如果有机会的话，让他们成为与社群机构的联系纽带。

## 个别

极具个别优势的人对每个人的独特品质感兴趣。他们善于琢磨如何将个性迥异的人团结在一起共事，实现最大产出。

### 发挥你的个别优势

• 有时候你对他人的了解比他们希望你了解的还要多。要严格保密，只和他本人分享你的洞察。每个人都应该有权决定他们是否希望你将对他的看法告诉其他人。

• 他人相信你对他们独特品质的直觉。要继续建立信任，当你被期望分享对某人的印象时，尽可能多地关注他的积极方面。

• 你倾向于根据每个人的个性化需要、优势和风格来对待他们。许多人可能会认为你这是偏心，不信任你。要准备好从卓越表现和人道的角度来捍卫你的个性天赋。这会增加他人对你的决定的信心。

• 他人经常惊讶于你对他们的深刻洞察，尤其是当你只是刚刚认识他们不久时。你也许会听到很多次有人问“你是怎么知道的？”当关系深入发展时，他人会想听到你关于他们的行为、动机和天赋的更深的思考和洞见。让他们告诉你更多他们自己的事情，测试你的洞察。接受和确认他们告诉你的事情。

• 你也许有擅长送礼的天赋——为他人选择最好的礼物——即使你并不是特别了解某个人。你总是用小惊喜给他人的生活带来快乐。找到一个小礼物并出人意料地送出去，可以快速地增进关系。允许自己以这种方式去建立联系，享受对方的惊喜和快乐的表情。谁能抗拒一份完美的礼物呢？

• 你的个性化意识是稳定性的必要条件。利用你天生对他们渴望和需要的关注来帮助他人，把他们放在合适的岗位上。当他们做自己擅长的事情时，他们的信心和安全感会大大提升。

• “所有的普遍性归纳都是错误的，包括这个。”是你喜欢的习语。你能意识到每个人的特殊情境，这让他们感到被理解和感到安全。让他们知道，不管规则或传统观点如何，在你决定他们可以追求的机会时，你会考虑到他们独特的天赋和需求。

• 有时候，你比他人能更好地预测他们自己。请利用你的天赋来关注他人一贯的行为模式，帮助他们了解他们无法看到的事情。你也可以帮助他们使用他们很少使用的天赋，避免重复习惯落入低效的陷阱。给予他们反馈，帮助他们梳理他们的梦想和抱负。

• 你本能地意识到，一个人在最适合他们发挥才华的环境中工作最有成效。适时地执行政策，允许同事们以他们自己的方式开展工作——允许他们通过选择工作时的穿着、装饰他们的工位、安排工作时间来表达个性化的政策。通过这些人性化的政策，你会吸引和激励你的同事，激发他们产出最好的成果。

• 你能在各种风格和文化中自如地游走，而且你能凭直觉使你的互动更加个性化。在领导多样化的团队和社群时，有意识地、积极主动地充分利用这些天赋。

### 领导极具个别优势的人

- 让他们加入你的人才遴选委员会。他们会对每个候选人的优势和劣势做出好的判断。利用他们的个性化优势为合适的岗位挑选出合适的人，他们也能帮助提升组织的效率。
- 在合适的时候，让他们帮忙设计绩效工资方案，让所有的员工都能利用他们的优势来最大化他们的工资。
- 让他们去教一个内部培训课程或指导新员工。他们很可能有诀窍发现每个人学习的不同之处。
- 看看他们其他的优势主题。如果他们的伯乐和统筹天赋也很强，他们可能有做经理人或主管的潜力。如果他们的才华在统率和取悦，他们也许会在将潜在客户变成购买客户方面更加卓有成效。

## 搜集

极具搜集天赋的人需要搜集和存档。他们善于积累信息、想法、技能和关系。

### 发挥你的搜集优势

- 通过提供最新的和准确的信息，成为一个值得信赖的权威。核查多个信息来源只是为了确保信息的准确，并帮助他人区分事实和意见。
- 通过工作之外的额外努力和向他人提供成功所需的信息来赢得尊重。当他们看到你全力投入，并承担了做深入研究的责任时，他们会情不自禁地欣赏你对做好工作的愿望，以及相信你在工作中的全面发现。

- 作为领导者，人们会被你吸引，因为他们看到你足智多谋，以及你对最近的发展和各种信息的敏锐意识。让他人知道你喜欢回答他们的问题，并研究他们最紧迫的问题。利用你的搜集天赋与他人沟通，让自己成为他们可以依赖的人。

- 当你遇到志趣相投的人时，不要只想着手头的学习机会，要考虑建立关系的可能性。这会是一段友谊的开始吗？当你发现有机会追求共同的兴趣时，邀请他一起去，比如去看一个展览，或听一个演讲。把你的天赋作为建立人际关系的垫脚石，并主动发出第一次邀请。

- 你的知识基础是关系稳定的基石。当他人知道你已经用你特有的彻底性和深度研究了决策的话题时，他们会相信你的决策是经过深思熟虑的。与他们分享你的研究成果。

- 你不仅仅是在收集信息。当信息可能被证明是有用的时候，你还可以把它保存一段时间。通过为他人有风险的工作进行备份和建档，你可以向他们保证，他们正在朝着正确的方向前进。

- 你的大脑就像海绵一样——你会自然地吸收信息。但正如海绵的主要目的不是永久地容纳它所吸收的东西一样，你的大脑也不应该仅仅存储信息。没有输出的收集可能会导致停滞。当你收集和吸收信息时，要注意那些能从你的知识中受益的个人和团体，并与他们分享。

- 阅读他人的书面思想和想法。然后认真讨论这些思想和想法。通过这个过程，你将成为一个好的学习者和传授者。

### 领导极具搜集优势的人

• 通过让他们学习对组织的重要话题来聚焦他们天生的好奇心。或者把他们定位在一个有大量研究内容的角色上。他们喜欢从研究中获得知识。

• 关注他们的其他优势主题。如果他们在开发方面也很强，他们可能会在课程中加入有趣的事实和故事，从而成为优秀的教师或培训师。

• 帮助他们开发一个保存他们收集的信息的系统，以确保他们和组织需要时能够找到这些信息。

## 思维

极具思维天赋的人，以其智力活动为特征。他们善于自省，喜欢有智慧的讨论。

### 发挥你的思维优势

• 当你仔细分析他人的想法，然后礼貌地给出你的诚实意见时，你可以帮助他们避免陷阱和错误。他们会感激你坦率地帮助他们取得成功的意愿，也会因此而依赖你。

• 你的超常智力会让他人尊敬你。要证明自己的价值，请记住，思而不行是无用的。要用你的聪明才智去实现改变，你受到的尊重将是当之无愧的。

• 让他人参与智力和哲学辩论是你理解事物的一种方式。这也是你建立人际关系的一种方式。把你的争议性问题传递给那些同样喜欢辩论的人。他们会把你当作一个能锻炼思维的朋友和同事，一个他们想一次次与之共度时光的人。

• 有些人希望你和他们一起思考，而另一些人则希望你为他们思考。你可以和一些人建立关系，因为你从一个完全不同的角度看待事情。对于那些一心一意、以行动为导向的人来说，你可能是那种能提高他们成功概率的思维伙伴。通过与他们分享你的想法来表明你真正关心他们。

• 记住偶尔备份，这样他人就可以跟踪你的思路。他们可能不会为你的决定做好准备，除非他们遵循了你所走的道路。分享你的思考步骤，你是如何得出结论的，这样人们就不会担心你的思维缺乏基础。

• 帮助他人理解你对独处和思考空间的需求。让他们知道，这只是你的思维风格的一个反映，它的结果是希望能最大化利用你的人脉和机会。知道你在深入思考什么对他们和组织是最好的，对他们是一个很大的安慰。

• 鼓励他人充分利用他们的智力资本，为他们重新设计问题并让他们参与对话。同时，要认识到，会有一些人觉得这很可怕，在被动到现场参与之前他们需要时间反思。帮助他们以最适合自己的方式发挥自己的才智。然后激励他们用自己的思维方式去实现梦想和思考未来。

• 他人会征求你的意见，因为他们欣赏你对想法和尝试的明智审查。记住，当你有时间去追寻一条知识之路，看看它通向何方时，你正处于最佳状态。参与到项目和计划的前端，这样你的想法就能对长期成果产生更大的影响。

## 领导极具思维优势的人

• 鼓励他们进行长时间的思考。对有些人来说，纯粹的思考时间是没有生产力的，但对于那些有着很强的智力天赋的人来说，却是很有价值的。他们将以更加清晰和自信的方式从平静的反思中走出来。

• 与他们详细讨论他们的优势。他们可能会喜欢自省和自我发现。

• 给他们机会向本部门的人表达自己的观点。向他人传达自己想法的压力会迫使他们提炼和澄清自己的想法。

• 准备将他们与具有优势活跃天赋的人组成团队。这些充满活力的合作伙伴将推动他们按照自己的思想和想法行事。

## 学习

极具学习天赋的人有着强烈的学习和不断提高的愿望。学习过程比学习结果更令他们兴奋。

### 发挥你的学习优势

• 足够诚实地承认自己还在不断学习。对自己的学习之旅保持谦逊和开放，会让你与他人平起平坐，显示出相互的、而不是单方面的期望。

• 尊重那些在某些方面知道得比自己多的人。一些领导人认为要在各个领域都比他们的追随者更“领先”。这是不切实际和徒劳的，也阻碍了进展。通过你对他人所知道和能够知道的东西的兴趣和欣赏来表达你的尊重。倾听他们的诉说，相信他们是这些话题的专家。

• 与他人一起学习能够创造出相互之间的谦逊和发现。多考虑其他你可以邀请来和你一起学习的人。当你足够关心邀请某人加入你的学习时，你就创造了一个共享的记忆和一个共同的机会，从而建立了一种纽带。

• 欣赏和庆祝他人的学习成功，无论是完成的项目、得到的认证、良好的拼写测试还是成绩单上的改进。让他们知道，你理解他们的努力工作和付出，这将有助于个人成长。强调结果是令人兴奋的，但也要认识旅程中他们的优点。确认学习是有价值的，学习者也一样有价值。

• 当你投资于另一个人的成长时，你说，“成长是需要很长时间的，你值得我投资”。这有助于他知道你期望与他们建立持久而非短暂的关系。这种关系的确认需要大声说出来。告诉他，你对他的承诺是长期的。

• 学习需要时间。在他人学习的过程中你的耐心会传递这样一种信息——他们不是被用完就丢弃的，你相信他们，珍惜他们，并在他们成长的过程中支持他们。

• 组织中的许多人可能会享受你的学习热情。通过创建一个持续的组织学习计划来点燃这种激情。

• 研究支持学习与绩效之间的联系。当人们有机会学习和成长时，他们会更加敬业、更加富有成效、更加忠诚。找寻方法来衡量人们是否感到他们的学习需求得到了满足，创建个性化的学习里程碑，并对学习取得的成果给予奖励。这些奖励和可衡量的进步能够激励他人实现更大的学习目标。

### 领导极具学习优势的人

• 把他们放到这样的岗位，要求他们在快速变化的领域保持最新的状态。他们将很享受保持自己胜任力的挑战。

• 无论他们的角色如何，他们都渴望学习新的事物、技能或知识。探索创新的方式让他们学习并保持激励，否则他们可能会开始寻找更好的学习环境。例如，如果他们在工作中缺乏学习的机会，鼓励他们参加本地大学的课程学习。记住，他们不一定需要提升，他们只需要学习。当他们需要学习的时候，学习的过程会使他们充满活力，而并不一定是结果。

• 鼓励他们成为其专业领域的大师或专家。帮他们安排相关的课程并完成课程的学习。如必要，帮助他们获得资金支持，继续接受教育，并肯定他们的学习成果。

- 让他们在专家身边工作，这样会推动他们学习更多。

- 让他们在组织内部进行小组讨论或做演讲。没有比教学相长更好的学习方法了。

## 完美

极具追求完美天赋的人聚焦优势，以此来激发个人和团队实现卓越。他们会努力把优势转变成卓越。

### 发挥你的完美优势

- 承认你有些事情做得很好，有些事情做得不好。鼓励他人展示出他们一直在努力的方面，并在他们努力的时候给予支持。仅仅保持开放的心态就可以“允许”人们诚实地做自己。

- 他人可能需要不止一次地听到你的信息，然后才会相信你在真诚地期望他们在优势方面更出色，避免陷入“弱势”之中。重复这些信息，让他们听到、理解和信任。有些人可能需要知道，他们不必在你日后指出他们的弱点或失败之处时感到惊讶。持续关注他们的卓越之处，直到他们真正相信这是你持续关注的重点。

- 利用你的完美天赋让他人自由。很多时候，人们认为他们不能辜负做一个万事通、一个全优学生或一个全面发展的雇员的期望。但你并不期望所有人都能做到这些，你希望人们能更多地表现出自己的真实状态。清楚地表明你欣赏他们独特的天赋和个人才华。你可能是某个人一生中唯一一个能够看见他才华的人。

- 请指出你在他人的表现中注意到的卓越时刻。有时人们认识不到自己的过人之处。告诉他们你在什么时候、在哪里看到了他们真正拥有的天赋。我们有时把“天赋”的概念局限于体育或音乐等明显的领域。要拓宽人们对天赋和自身的看法。如果对方是极具天赋的朋友、极具天赋的组织者或者是极具天赋的沟通者，请告诉对方。你可以改变很多人的人生，让他们成为自己的冠军。

- 摧毁他人安全感的最有效的方法是要求他们重复做一些他们没有充分准备的事情。反之，让他人去做那些他们可以做到最好的事，就能看到他们信心的增长。

- 在他人不擅长的领域支持他们。通过帮助他们找到互补的合作伙伴或系统，使他们免于失败，从而给他们信心。

- 不要让你的完美天赋被传统思维所扼杀，这些传统思维告诉你应该发现什么不对，并且如何修复它。确定并投资于促进人员和组织发展的各个方面。确保你把大部分资源都花在培养和鼓励你所看到的优秀人才上。

- 把完美的概念解释给那些从来没有考虑过追寻目标而只是做事情的人。要指出生活中遵循这一原则的好处：充分利用你们的优势和天赋，这样会更加高效。它设定了更高的期望，而不是更低的。它是对能源和资源最有效的利用，而且会更有趣。

- 你可能没有机会观察人们做得特别好的每件事。因此，鼓励他人成为他们自己优势的守护者和投入者。让他们研究自己的成功：他们在获胜的情况下做得最好的是什么？他们怎么能做得更好呢？激励他们敢梦敢想。告诉他们可以来找你讨论这些问题，这是你生活中最大的乐趣之一。

- 作为领导者，你有责任充分利用组织的资源——人才是每个公司最大的资源。你从他人身上看到每个人的天赋。使用你的权力帮助同事发现他们自己的天赋，通过将他们安排到他们可以继续发展并能发挥自身优势的地方，来最大限度地发挥他们的优势。对于每一种需要，都有一个有天赋的人与之相配，精心地招聘和挑选，你将会拥有一个充满迈向辉煌的机会的组织。

### 领导极具完美优势的人

- 安排时间与他们详细讨论他们的优势，并制定相关策略，确定如何以及在何处利用他们的优势为组织创造价值。他们会喜欢这些对话，并为如何更好地发挥他们的天赋提供许多切实可行的建议。
- 尽可能地帮助他们做好职业规划和薪酬计划，使他们能够在自己的岗位上不断迈向卓越。他们会本能地想要走上一条发挥优势之路，不喜欢那些迫使他们离开这条道路来增加收入的职业规划。
- 让他们领导一个任务小组来调查研究组织中的最佳实践。请他们帮助设计一个衡量和庆祝每个员工的生产率的计划，他们会乐于思考整个组织以及每个角色的卓越表现。

## 积极

极具积极优势的人具有强烈的感染他人的热情。他们乐观向上，能让他人对他们要做的事感到兴奋。

## 发挥你的积极优势

- 有些人太习惯于听到别人指出的消极的一面，一开始他们就会对你持续的积极的评论产生怀疑。记住这些话，并让别人相信，随着时间的推移，你总是会强调积极的一面——无论是在你自己的生活中，还是在他们的生活中。

- 要确保你的赞美永远是真诚的——绝不是空洞或虚假的。研究表明，错误的赞扬比批评造成的损害更大。如果你相信，就说出来。否则，就要尊重他人的聪明才智和判断力，不要屈服于虚假奉承的诱惑。

- 你的积极主动可以让你在赞美中自然开朗。当然你也不能太慷慨了——很少有人相信他们在生活中受到太多的认可。自由地、具体地、个性化地表扬他人，传播对他人的好感和真诚的欣赏，促使人们期待与你的每一次互动。

- 在困难时期，你可能是某人生活中为数不多的亮点之一——指路明灯。永远不要低估这个角色。人们会来找你，因为他们需要你始终如一的帮助。让他们知道他们可以依靠你。问问他们需要什么。你会让他们重新振作起来。

- 做一个总是充满积极的、鼓舞人心的幽默的人。因为你的观点不会带有侮辱、麻木不仁的幽默或讽刺。这种积极的态度肯定会影响到他人，也会影响到你周围的气氛。

- 你有增强人们自信的天赋。寻找方法去帮助他人把事情做对，或做对的事。肯定他们，看着他们因为你的赞美而变得更加坚强和自信。

- 你的乐观态度使你能够接受有时不太完美的解决方案。因此，你鼓励他人进步，而不是坚持完美。继续寻找向他人描述不太理想的情况的可能性。通过这样做，你鼓励他们敢于冒险去改善现状，即使他们没有完整的解决方案。

- 突出戏剧性的表现时刻。如果每个人都应该有15分钟的成名时刻，也许你就是那个搭舞台的人。让每个人的15分钟成名时刻足够大，足够重要，足够持久。

- 你的乐观情绪有助于他人带着期待向前看。谈谈未来。谈谈什么是可能的。请他人分享他们看到的机会和可能性。大声说出来有助于它们成为期望，最终成为现实。

- 有时感情是行动的结果，有时感情是行动的原因。坚持庆祝，运用大笑疗法，把音乐和戏剧注入你的组织。这种对情感经济的积极影响将影响生产力、相互支持和财务业绩。

- 当你创造积极的环境时，一定要保护和培育它们。尽可能使自己和他人远离长期抱怨的人和麻烦制造者。他们的消极情绪和你的积极情绪一样具有传染性。有意识地花时间在积极的环境中，这将激励和满足你的团队的乐观情绪。

## 领导极具积极优势的人

- 请他们帮助组织为最好的客户策划活动，例如，新产品发布或用户社群管理。

- 他们的热情具有传染性。把他们放到项目团队中时要考虑到这一点。

- 他们喜欢庆祝。当他人完成里程碑的任务时，向有积极优势的人请教如何表扬和纪念这些成就的想法。他们将比大多数人更有创造力。

- 关注他们其他的优势主题。如果他们也有很强的伯乐的天赋，他们可能会证明自己可以成为优秀的培训师或教师，因为他们给课堂带来了兴奋；如果统率是他们最突出的部分之一，他们可能擅长销售，因为他们有一个强有力的自信和能量的组合。

## 交往

极具交往天赋的人喜欢与他人建立密切的关系。他们从与朋友一起努力工作并实现目标中找到深深的满足感。

### 发挥你的交往优势

- 重要的关系产生信心。通过保持别人对你的信任来维护和巩固你所拥有的信任。信任的丧失，犹如“千里之堤，溃于蚁穴”。
- 你知道增进友谊有内在的风险，但你比大多数人更愿意接受这一事实。大声承认这一点，并告诉对方，这段关系的深度已经为你建立了信任，让你觉得披露更多自己的信息是安全的。
- 确保与生活中的关键人物有足够的一对一交流。巩固人际关系，创造情感能量并与他人分享。这就是修炼。不要错过表达你关心他人的机会。
- 作为一个非常擅长交往的人，你在爱和友谊方面得到和给予的可能比大多数人要多。告诉他人，你和他们的关系会给你的生活带来幸福。问问他们这是如何提高他们的幸福感的。通过表现对同情心、体贴和健康的兴趣，向他们表示你关心他们的生活质量。
- 长期的亲密友谊让你深感满足。不管他们是在你的家庭、你的个人圈子还是你的组织里，告诉他人你希望这些关系能持续你的一生。树立持续的相互支持、理解和稳定的期望。

• 在非正式的情境中，你比在家里更自在。但是，组织规模和复杂性的增长需要组织具有更正式的系统。即使面对组织的职场现实，你也可以帮助他人理解，人际关系的核心重要性始终不变。在组织正式的海洋环境中创建一个非正式的岛屿环境。

• 你是给予者，而不是接受者。但是，为了让你的慷慨给予继续下去，你必须确保输入与快速输出保持同步。确定那些真正能够让你满意的人和事，并把时间留给他们。这将带给你更多的能量去与那些期待你的人分享希望。

• 你和他人建立持久关系，这让你对他们的生活和成功有独特的、深入的了解。帮助他们看清全局。指出他们的成就和成功的模式。尽可能以多种方式向他们展示，他们的生活已经变得更好了。

## 领导极具交往优势的人

• 帮助他们确定他们同事的目标。当他们了解他人的目标和抱负时，他们更有可能与他人建立联系。

• 考虑让他们与你想要留住的关键人物建立真正的关系。他们是关键员工，可以通过建立关系来帮助保留组织中的优秀贡献者。

• 关注他们的其他强项。如果他们也表现出很强的专注、统筹或自信，他们可能在管理他人方面富有潜力。员工总是会为那些支持他们，并希望他们成功的人更加努力地工作。强大的交往天赋可以很容易地建立这种关系。

• 他们很可能有慷慨大方的天赋。吸引他们的注意力，向他们展示他们的慷慨如何帮助他们影响和联系周围的人。他们会感激你的提醒，你和他们的关系也会得到加强。

## 责任

极具责任心的人，会在心理上对自己说出来要做的事有主人翁意识，他们坚守稳定的价值观，例如诚实和忠诚。

### 发挥你的责任优势

- 你可能是他人的道德良知。当一个人或一个组织卷入某件看似不对劲的事情时，你脑海中的警报就会响起，你会感到有必要去解决这个问题。首先要追根溯源，询问以明确现状和动机。诚实地陈述你的担忧。只要有可能而且合乎道德，允许他人自行纠正错误。如有必要，采取下一步纠正措施并以此减轻你的良知负担。

- 对道德力量和正直诚信的欣赏、认可是很重要的。要确保你认可和肯定什么是对的，至少和你指出什么是错的一样频繁，最好是更频繁一些。他人会注意到你的认可，并为此而尊重你。

- 你会忍不住对他人负责，尤其是对你最关心的人。经常和他们联系，了解他们怎么样了，你能帮上什么忙吗。如果可以的话，每天都表现出你的同情心，并且知道你在给他们的生活增添温暖。

- 当你犯了一个影响他人的错误时，尽快地找到那个人，并努力纠正错误。当然首先要道歉，但除了道歉还得赔偿。当你承认自己在人际关系中的错误时，你会发现他人更容易原谅你，亲密关系恢复得也更快。

- 你的责任感自然会给他人带来安全感。他们知道他们可以依靠你来确保事情按时妥善完成。与其自己承担所有责任，不如分担一些责任，让每个团队成员都为团队的稳定做出贡献。

- 你是一个喜欢服务他人的领导者。服务概念通常适用于客户、会员和赞助人，但有时在涉及追随者时会被忽略。让你的追随者知道你想为他们服务和支持他们，而寻求帮助是你赞赏的一种认可方式。

• 你很自然地对你参与的每一个项目产生主人翁责任感。通过鼓励他人也这么做来分担责任。成为他们的拥护者，并积极引导他们有机会体验主人翁责任感带来的挑战。这样你将会为他们的成长和发展做出贡献。

• 主人翁责任感是做出选择的产物。与其分配责任，不如通过允许人们选择他们将负责贡献的内容来调整责任。让他们承担真正的责任，而不仅仅是接受任务。

### 领导极具责任优势的人

• 尽可能避免让他们与懒散的同事一起共事。

• 认识到他们是自驱型人才，几乎不需要监督来确保任务完成。

• 把他们放到需要严格遵守道德规范的岗位上。他们不会让你失望的。

• 定期询问他们希望承担什么新的责任。激励他们的自发性，给他们新的机会。

• 他们可能会因为一次次完成任务的能力给你留下深刻印象，导致你考虑提拔他们到管理层。但对他们要小心一些。他们可能更喜欢自己独立工作，而不是对他人的工作负责，在这种情况下，他们会发现管理他人是一件令人沮丧的事。最好是帮助他们找到在组织内成长的其他途径。

## 排难

极具排忧解难天赋的人善于处理问题。他们善于找出问题所在并加以解决。

## 发挥你的排难优势

- 人们之所以信任你，是因为你能解决问题，恢复秩序，收拾烂摊子。你可以恢复系统的完整性，并确保它们能够可靠地运行。让人们知道你愿意在任何需要的时候这样做，这样他们就会依赖你。

- 你会被他人认为不可能的情况所吸引。告诉他们，你越是觉得机会渺茫，你就越有动力去解决问题，把事情做对。他们会尊重你解决棘手工作的强烈愿望，并学会依赖你。

- 人们欣赏你主动参与并解决问题的意愿。你想把事情做好，这是你在乎的信号。在他人意识到问题存在之前，就解决问题，让人们知道你已经提前意识到问题，这将显示出你的关心和承诺。

- 也许人们感到伤心的时候就是最需要你的时候。你的直觉是向他们提供情感支持，做第一响应者。尽快地联系有需要的人，并给予支持和爱。他们会永远记得你帮助他们从身体或情感上的痛苦中恢复过来，也会把你当作他们最亲密的支持者。

- 你可以很自然地去扭转局面。利用你的排难天赋设计一个具有攻击性的计划来振兴一个萎靡不振的项目、组织、业务或团队。他人知道你在这里处理事件，会感到更安全。

- 利用你的排难天赋来想办法安排“解决问题”的时间表、系统和尝试。让他人知道你已经做了应急分析，并采取了预防措施以防止错误，有助于他人感到安全。

- 利用你的排难天赋去探求“我们如何将它提升到更高的层次”？完成永远不意味着完美，因为改进总是可能的。成为更高水平的成就和服务的鼓动者、激励者。

• 确保他人不会认为你只是看到缺陷和短板。感激人们目前的服务水平和表现。当他们提出一个更好的方法时，鼓励他们追求卓越的上进心。

### 领导极具排难优势的人

• 给他们定位好角色，他们的工作是为了给组织最好的客户解决问题。他们喜欢面对挑战，从而发现并解决障碍。

• 当他们解决问题时，一定要庆祝他们的成就。纠正每一个错误的情况对他们来说都是成功的，他们需要你这样看待。向他们展示他人已经开始依赖他们排除障碍和向前迈进的能力。

• 询问他们希望如何改进。约定把这些改进作为今后六个月的行动目标。他们会欣赏你的这种专注和精准。

## 自信

极具自信天赋的人对承担风险和管理自己生活的能力感到自信。他们有一个内在的指南针，在做决定的时候给予他们确定性。

### 发挥你的自信优势

• 承认自己过去犯过的错误和糟糕的决定，会让他人大吃一惊。人们可能不指望如此自信的你愿意承认自己的失败。事实上，战胜失败使你确信你能克服你所面临的任何挑战。显示你的弱点，向他人展示你的力量正是来自你的弱点，这会帮助他们相信你是真诚的。

• 分享这样一个事实：当你做决策时，你有时也会面临恐惧。这并不是说你觉得决策让人畏惧——你只是问自己，“如果不是我，那会是谁？”一旦你获得了能收集到的最好的信息，你就知道是时候采取行动了。通过更好地理解你如何进行决策，他人会发现你确实值得信赖。

- 有些人被你吸引是因为你的自信在支持着他们。他们可能不会因为自己有能力做出正确的决定、建立稳固的关系，或在生活中取得成功而对自己充满自信。你的自信对他说“你当然可以！”，你记得他们的成功远比他们的失败要多，你可以很容易地回忆起他们的成功细节。有了像你这样一个给予鼓舞、支持的朋友，他们就可以去大胆尝试。

- 不可否认，你是独立且自给自足的，但你需要给予爱和接受爱。你毕竟是人。当你建立一段关系时，想想你能为他人的生活带来什么。想想他们能为你做些什么。想想他人是如何让你的生活更快乐、更充实的，并让他们知道这些。告诉他们，你需要他们并且珍惜他们。告诉他们这样的原因。

- 自信——你绝对有自信。分享以前的成功故事，帮助他人认识到你的自信是建立在经验的基础上的。当你选择一个大目标并说“我们能做到”时，会让人们平静下来。

- “如果你必须去做，你就一定可以做得到。”用这句格言来帮助人们理解，当没有选择的时候，他们有力量和财力去做他们需要做的事情。不采取行动是不行的。唯一的选择是根据现有的事实做出最好的决定并采取行动。

- 当考虑一项新的任务或冒险时，仔细考虑它所需要的天赋、技能和知识。组建一支坚实的团队，如果你的天赋不适合这个角色，准备好把主导权交给他人。人们会欣赏你的能力，他们尊重专家，并确保他们被能干的人领导。这会给他们带来舒适和安全感。

- 设定雄心勃勃的目标。毫不犹豫去追求那些他人认为不切实际和不可能，但你认为是勇敢的和令人兴奋的东西，最重要的是，可能有一点英雄气概和一点运气就可以实现。你的自信天赋可以带领你、你的家人、你的同事和你的组织取得他们本不可能想象到的成就。

- 问问他人他们是否把目标定得足够高。他们的梦想可能不如你的梦想那么大。如果你能为一幅比他们现在看到的更高的图片做出贡献，你就能创造更大的生活。如果你能帮助他们让他们的愿景更加崇高的话，你就能帮助他们开创更美好的生活。

### 领导极具自信优势的人

- 把他们放在需要坚持不懈才能够取得成功的岗位上。尽管面临各种变化带来的压力，他们仍有信心坚持到底。
- 把他们放在一个需要确定和稳定环境的岗位。在关键时刻，他们的内在自信会让他们的同事和客户冷静下来。
- 支持他们的自信，他们是行动的代理人。用诸如“这取决于你，你实现了它”之类的评论来强化它。或者说“你的直觉是什么？我们就凭你的直觉前进吧。”
- 要明白，他们可能对自己能做的事抱有信念，而这些信念可能与他们的实际天赋无关。
- 如果他们在前瞻、聚焦、追求或统筹等主题上有很强的天赋，他们很可能是你组织中潜在的领导者。

## 追求

极具追求天赋的人希望能产生很大的影响。他们独立自主，并根据项目对组织或周围人的影响程度来确定项目的优先级。

## 发挥你的追求优势

- 分享你对实现大目标的渴望。坦率地说出是什么激励了你，并问他人同样的问题。这将增加共享信任。

- 你对组织的影响几乎完全取决于相信你是领导者的人数。无论在什么时候，都要忠于自己，人们会看到你的真实本色。

- 你的志向通常会比他人的更高。在向顶峰攀登的漫长而陡峭的过程中，一定要通过认识和庆祝胜利来奖励自己和他人。重申目标的重要性以及每个人对目标所作贡献的重要性。告诉他们在这项事业中，他们是多么有价值的合作伙伴，并通过给他们奖金来证实你的话。如果你们的合作成功了，你们可能会长期在一起。

- 来自重要观众的掌声、赞赏和肯定将促进你实现更高的业绩表现。你最看重谁的认可？父母、兄弟姐妹、老师、上司，还是你的另一半？你告诉过他们对你的认可有多重要吗？让他们知道你有多在乎他们的意见。确保他们认识到了这一点，以及他们在你的动机和生活中所扮演的重要角色。

- 持久的影响对你很重要。你想建立一种超越当下的与众不同，与他人分享这种渴望。帮助他们知道你的愿景不是为了眼前的荣耀，而是为了长远的目标。当他们知道你的承诺很深时，他们会感觉更好。

- 领导重要的团队或重要的项目能发挥出你的最佳水平。你最大的动力可能是在风险最高的时候。让他人知道，当比赛开始时，你想要赢。他们会因为你敢于承担重大风险和承担责任的信心而感到安慰。

- 你总是花时间思考将要取得的巨大成就，以及它对现在和未来意味着什么。帮助他人考虑他们人生留下的遗产。问问他们到底是怎么回事。他们想以什么而出名？他们想留下什么？向他们展示一个过往的愿景，帮助他们评估他们每天做出的选择。

- 你的追求天赋常常使你成为众人瞩目的焦点。利用这个机会把积极的注意力引向他人。你拥护他人并使其成功的能力可能是衡量你的追求的最佳方法。

### 领导极具追求优势的人

- 给他们脱颖而出的机会，否则他们可能会不合时宜地出风头。
- 安排他们与可靠、高效、专业的人共事。他们喜欢和最优秀的人在一起。
- 鼓励他们表扬其他取得杰出成就的人。他们喜欢让他人感受到成功。
- 当他们宣称要出类拔萃时——他们会——帮助他们分析实现这些目标所必须具备的优势。在教练他们时，不要让他们降低自己的追求。相反，建议他们开发相关的优势。
- 鉴于他们非常重视他人的看法，当人们没有给予他们应有的认可时，他们的自尊就会受到伤害。这时，让他们看到自己的优势，鼓励他们根据自己的优势制定新的目标。这些目标将帮助他们重新焕发活力。

## 战略

战略方面极具天赋的人会持续创造出前进的新方式。面对任何给定的场景，他们都可以迅速找出相关的模式和问题。

### 发挥你的战略优势

- 在做决策的时候，要和相关人员坦率而彻底地讨论各种可能性。帮助他们学会信任你审查所有选择的过程，然后朝着最佳解决方案努力。

• 注意自己的偏见。你是在客观地衡量可能性，还是倾向于个人欲望和安逸程度？给每个选项应有的准备时间。寻求一个善于思考的伙伴的帮助，以确保你做出的决定是正确的。他人会尊重你的正直和对客观的渴望。

• 将你的战略思维应用到你的人际关系中。列出那些对你生活有积极影响的人，然后列出你可以做的具体事情，以便在每段关系中投入更多的时间和精力。

• 你的家庭目标是什么？你的好友的目标是什么？将你的战略思维天赋转向你生活中重要的人。是否有人怀揣梦想，却只看到障碍？是否有人感到人生没有选择停滞不前？你可以通过指引另一条路来帮助他人绕过崎岖的道路。给予他们关心，帮助他们发现更多的可能性。

• 花时间研究一下你尊敬或钦佩的高效领导者所采用的战略。学习到多少才能输出多少。你收集到的见解可能会对你的战略思维产生刺激。让他人知道你并没有被自己的想法所束缚，你的选择和决策是有研究支持的。当他们看到你重视历史观点和外部建议时，他们会欣赏你建立自己想法的坚实基础。

• 当别人认为这是一条可靠的路线时，你却看到了一条很少有人走的路所带来的许多可能性。专门留出时间考虑“如果”，并将自己定位为该领域的领导者。解释你的信念，只关注过去的事情可能会比它的启发作用更有局限性，帮助其他人理解仔细权衡所有选择的好处。你思想开放的考虑会让别人确信你一直在寻找最好的办法。

• 确保自己处于新计划或企业的前沿。你的创新而有条理的方法对创业至关重要，因为它可以防止创业者形成适得其反的狭隘视野。拓宽他们的视野，从而增加他们成功的机会。

- 你的战略思维使一个可实现的愿景最终实现，而不会变成白日梦。领导人们和组织充分考虑实现远景的所有可能途径。你的深谋远虑能够在障碍出现之前就消除它们，并激励他人向前迈进。
- 让他人知道，当他们被某个特定问题难住或被某个障碍阻碍时，他们可以向你咨询。当他人深信没有其他办法的时候，你很自然地就能看到一条路，你会鼓励他们并引导他们走向成功。

### 领导极具战略优势的人

- 把他们放在组织的前沿岗位。他们善于预测问题和提出解决方案。让他们对所有的可能性进行分类，为你的部门找到最佳的前进方向。让他们汇报最有效的策略。
- 通过让他们参加战略规划或面向未来的研讨会来认可他们的战略天赋。这些研讨将使他们的思想更加敏锐。
- 他们可能有把自己的点子和想法用文字表达出来的天赋。为了提炼他们的想法，可以让他们把自己的想法向同事做陈述，或者把自己的想法写下来并内部分享。

## 取悦

在取悦他人方面极具天赋的人，喜欢认识新人并赢得他们的支持。他们从打破沉默和与他人建立联系中获得满足。

## 发挥你的取悦优势

- 你天生魅力十足能吸引他人。但确保要诚实行事，这样他人才会在重要的时候信任你。否则，你可能仅仅只有点头之交，但并没有追随者。

- 他人可能会和你分享很多信息，即便这是你们的第一次见面。你如何收集和保存这些信息，让人们觉得他们的贡献是有价值的，并且在必要的时候，让他们感到自己也是受到保护的。建立一个系统来维护与关键人物的联系并记录重要的对话细节。当这些细节可能敏感时，一定要谨慎行事，这样他人才会相信你，并与你保持联系。

- 无论你走到哪里，你都会赢得朋友和粉丝。对你来说重要的是，其中一些联系人将会成为你长期的合作伙伴。考虑如何让他们感觉到与你的特殊联系，而不仅仅是你与你遇到的每一个人快速建立的关系。你怎样把重要的关系提升到一个新的高度？你要为此投入必要的时间和考虑。

- 领导者通过广泛的人际接触和联系，不断建立信任、支持和沟通的人际网络。通过建立一个社交圈，领导者可以跨越时间、距离和文化的障碍产生影响。创建一个你的社交网络地图，用它来展现你在保持真正联系的同时，你的社交网络可以有多广。

- 与他人分享你的人际关系网的广度和深度。让他们知道你在世界各地都有联系人，可以帮助人们确信你掌握着最新的信息，并且在你需要的时候有信心得到支持。

- 走出去和你的客户与竞争对手交流，或者参与社区活动。卓有成效的领导者不会认为自己的影响力只局限于公司的内部。相反，他们认可更大的社交网络，并在其中施加影响。有一个广泛的基础支撑有助于确保组织的继续存在和扩张的机会。

- 你的吸引他人的天赋使你能够帮助公司加速发展。认识到你的存在的力量，以及你可以如何激发思想的交流。你只要开始与同事交谈，将有才华的人聚集在一起，就会极大地提高个人和组织的绩效。

- 你的所有会面和问候肯定会对你试图帮助和引导的人产生有价值的信息——来自他们的客户、上级和同事的信息。只要有机会，就传播好消息，而不是流言蜚语。让他人知道他们做得很好，以及其他人如何看待他们。当你与他们分享你广泛影响力带来的成果时，你就认可了他们与他人合作取得的成功。

## 领导极具取悦优势的人

- 把他们作为你的组织与外部世界的首要联系人。

- 帮助他们完善他们的人际系统，记住他们遇到的每个人的名字。为他们设定一个目标，让他们尽可能多地了解客户的姓名和个人信息。他们可以帮助你的组织在市场上建立许多联系。

- 除非他们在同理心和交往方面也有很强的天赋，否则不要指望他们会乐于与客户建立亲密关系。相反，他们可能更喜欢见面和问候，赢得好感，然后继续下一个目标。

- 这些拥有强大吸引力的人很容易赢得你的好感，让你喜欢他们。在考虑他们的新角色和新职责时，一定要重新审视他们真正的优势。别让他们的吸引力使你眼花缭乱。

- 如果可能的话，让他们成为你所在社区组织的亲善使者。让他们代表你的组织参加社区俱乐部和会议。

# 附录2

## 伟大管理的12要素

盖洛普的研究人员花了数十年时间研究卓有成效的组织、团队和个人。这12个敬业度要素提供了最简洁、最全面的描述，说明了构建一个敬业、高效的职场文化需要什么。

### 问题1：我知道对我的工作要求。

在全球范围内，每两名员工中就有一名非常清楚组织对自己的工作要求。通过将这一比例提高到8/10，组织可以降低22%的员工流动率，降低29%的安全事故率，提高10%的生产率。

明确的工作要求是员工最基本的需求。那些强烈认为自己的实际工作内容与工作描述相符的员工，其敬业度是其他员工的2.5倍。第一要素的最大陷阱是，管理者们认为该要素的简单陈述意味着这个问题只需要一个基本的解决方案。"如果人们不知道对他们的工作要求是什么，那我就直接告诉他们。"

但是，帮助员工了解他们的管理者和组织对他们的要求不仅仅是告诉他们该做什么。员工需要掌握工作的基本知识，而不仅仅局限于他们的工作描述。不幸的是，不到一半的员工（43%）认为他们有一个清晰的工作描述，更少的员工（41%）认为他们的工作描述与他们被要求做的工作一致。当领导者未能明确提出符合管理者和员工期望的明确策略时，这一绩效要素就会变得更加复杂。在很多情况下，员工被要求对不符合其职责描述的工作负责，这可能会让他们在每天努力完成工作和做决定时感到困惑和沮丧。

**最佳做法**：组织和管理人员必须正确对待这一点，以优化绩效。最有效的管理者定义并讨论对每个员工、团队的显性和隐性的要求。他们描绘出卓越表现的画面，帮助员工了解他们的工作如何与同事、业务单位和整个组织的成功协同一致。最好的管理者让员工参与设定期望，并经常提供正式和非正式的反馈，以帮助员工达到并超越这些期望。随着优先级、角色和环境的变化，优秀的管理者会不断评估和调整这些期望。

## 问题2：我有做好我的工作所需要的材料和设备。

在全球范围内，三分之一的员工强烈认为，他们拥有做好工作所需的材料和设备。通过将这一比例翻一番，组织可以实现盈利能力增长11%、安全事故率降低35%、质量提高28%的目标。

在这12个要素中，材料和设备要素是反映工作压力的最强指标。尽管该陈述具有功能性，但它同时衡量了物质资源需求和雇主与雇员之间的潜在障碍。员工会因为他们的管理者或组织创造了似乎不可能实现的目标和期望而感到沮丧。但是和期望一样，材料和设备不仅仅是组织分发给员工的工具清单。它们包括员工工作所需的有形资源和无形资源。在当今的职场中，信息和授权与技术和办公用品一样必不可少。

**最佳做法**：虽然这一要素与工作压力之间有密切的联系，但管理者们可以从这个令人鼓舞的事实中振奋起来：人们希望把工作做好。他们想要有生产力的工作。改善这一要素的秘诀在于管理者的参与、判断和对团队的行动。最高效的管理者不会想当然。他们询问并倾听员工的需求，在员工需要组织提供资金时为他们提供支持，并对他们能提供什么和不能提供什么保持高度透明。最好的管理者也是足智多谋的。当他们不能完全满足员工的要求时，他们会设法充分利用团队的创造力和天赋，从让团队最好的成员分享专业知识、工作技巧和建议，到找时间从免费的教育资源中学习。最好的管理者会与员工和领导层一起努力，以满足员工的需求。

## 问题3：在工作中，我每天都有机会做我最擅长做的事。

*在全球范围内，三分之一的员工强烈认为，他们每天都有机会做自己最擅长的事。将这一比例提高一倍，组织就可以提高6%的客户参与度得分，盈利能力增加11%，人员流动减少30%，安全事故率降低36%。*

对于管理者和组织来说，最有效的策略之一就是给员工机会，让他们充分发挥自己的天赋、技能和知识。作为员工寻找新工作的首要特征——以及员工离职的主要原因之一——当人们能够每天在工作中做自己最擅长的事情时，他们所在的组织就会在员工吸引力、敬业度和保留率方面得到提升。不幸的是，有时公司不愿意过多地强调个人的能力或成就，因为他们担心他人会受到伤害或被忽视。但是，个体差异不仅给公司带来了提高商业利益的机会，而且还能改善员工的职业生涯和生活。将这一要素纳入其人力资本战略的组织更有可能吸引并留住员工。

**最佳做法：**将合适的人与合适的工作相匹配是一项复杂的责任。成功的管理者首先要了解一份工作需要什么，然后了解员工个人。他们建立了一个绩效发展环境，在这个环境中，有持续的对话、认识和对人才的认可。他们与每个员工谈论他们独特的价值，并了解每个员工如何为团队贡献价值，同时定期调整工作，尽可能使工作与团队成员的天赋相匹配。他们明白，实际上，员工的任务和责任并不完全属于“做我最擅长的事”这一类。事实上，最优秀的管理者知道他们的员工擅长什么，并对他们进行恰当定位，这样他们就能以个人的身份参与进来，为公司创造价值。

## 问题4：在过去的七天里，我因工作出色而受到表扬。

从全球来看，四分之一的员工强烈认为，他们在过去的7天里，因出色工作受到了表扬。通过将这一比例提高到60%，组织就可以实现质量提高28%、缺勤率降低31%、商品损耗减少12%的目标。

优秀的人才很难找到。一旦一个组织雇用了他们，需要确保这些员工对他们的工作和贡献感到有价值，否则可能会面临人才流失的风险。感觉没有得到充分认可的员工在第二年辞职的可能性要比其他员工高出一倍。考虑到强烈认可这一要素的员工人数很少，这种敬业度和绩效的要素可能是领导者和管理者错失的最大机会之一。工作场所的认可能够激励员工，提供成就感，并使员工对自己所做的工作感到有价值。认可也向其他员工传达了成功的信息。因此，除了沟通赞赏、奖励个人成就和提供激励之外，领导者和管理者还可以通过认可来强化其他员工所期望的行为。

**最佳做法**：第四要素的挑战在于其特殊性和时效性。许多公司试图通过实施基于技术的认可工具来提高对即时和基于对等反馈的认识。这些工具可以帮助强化一个充满认可的环境，但是组织需要谨慎，不要过度依赖它们。最好的认可是高度个性化的。对一个人有意义的事情，对另一个人可能就没有那么有价值。在盖洛普的一项研究中，员工们表示，当众的认可或奖励是最令人难忘的认可形式，其次是来自上司、同事或客户的私下认可。最好的管理者会了解每个员工是如何被认可和奖励的，因为他们做得很好，实现了他们的目标，同时强调为什么他们的表现很重要。盖洛普的同一项研究显示，员工们认为最有意义的认可来自他们的上司、领导层或CEO。技术本身不能取代面对面的认可。最有效的领导者和管理者会创造一个充满认可的环境，他们会在不同的时间通过多种形式给予员工表扬。

## 问题5：我觉得我的主管或同事关心我的个人情况。

从全球范围来看，40%的员工强烈认为，他们的主管或同事关心他们的个人情况。将这一比例提高一倍至80%，组织就可以将客户参与度得分提高8%，安全事故率降低46%，缺勤率降低41%。

员工需要知道他们不仅仅是一个数字。员工需要知道有人把他们视为“人”而关心他们，其次才视他们为员工。敬业度的第五个要素可能看起来是管理的一个“软”方面，但当人们在一个他们感觉安全的环境中工作时，就会有关键的回报。他们更有可能尝试新的想法，分享信息，在工作和个人生活中互相支持。他们准备给他们的管理者和组织以最大的信任，让管理者和组织觉得他们有能力在工作和个人生活之间取得平衡。这样，他们也更有可能成为雇主的拥护者。

**最佳做法：**由于人们无法像工厂一样生产出对他人的关心，因此很少有管理者和团队采取明确的行动来满足员工的需求也就不足为奇了。这是管理者和团队在收到敬业度结果后最不可能关注的要素之一。但是，最好的组织、管理者和团队确实注重通过觉察、时间和有意对员工进行投资来满足员工的需求。他们视员工为“人”，认可他们的成就，进行绩效对话，进行正式的评估，最重要的是，尊重员工。最成功的管理者为员工成长和职业发展创造机会，同时也支持创造一个有利于团队协作和凝聚力的环境。这样，他们让员工真正感到被重视和尊重。

## 问题6：工作单位有人鼓励我的发展。

在全球范围内，十分之三的员工强烈认为，在工作单位有人鼓励他们的发展。通过将这一比例提高到十分之六，组织可以将客户参与度得分提高6%，盈利能力提高11%，缺勤率降低28%。

盖洛普的数据显示，缺乏成长和职业发展是员工离职的首要原因。职业发展是员工被雇用时所期待的不成文的一项社会契约。然而，个人和专业的发展并不是在真空中发生的，这需要努力和关注。无论是通过赞助、教练、保护、出彩、关注，还是有挑战性的工作任务，员工都需要得到帮助来引导他们的职业生涯。关于这一要素的一个常见误解是，“发展”意味着“升职”。但它们并不是一回事。升职是一次性的。发展是一个了解每个人的独特天赋和优势，并找到角色、职位和项目，使员工能够应用它们的过程。

**最佳做法：**发展回答了管理者和员工的关系，包括定义目标，提高绩效和评估进展。优秀的管理者每年不止一次与员工讨论职业成长和发展。他们与员工进行持续的对话，为他们创造学习、成长、获得新技能的机会，尝试不同的做事方式，接受令人兴奋的挑战。最好的管理者不会将发展视为最终的成果。他们通过识别成功和失败来指导员工，激励员工超越他们认为自己能做的事情，将他们与潜在的导师联系起来，并让他们对自己的表现负责。

## 问题7：在工作中，我觉得我的意见受到重视。

从全球范围来看，四分之一的员工强烈认为，在工作中，他们的意见受到重视。通过将这一比例翻一倍，组织可以将员工流动率降低22%，安全事故率降低33%，生产率提高10%。

管理者和领导者必须通晓一切的日子正在迅速消失，因为组织接受了他们正面临前所未有的变化、竞争和停滞的有机增长的事实。没有一个领导者或管理者能够独善其身，他们也不知道所有的答案。支持和考虑个人的意见会带来更明智的决策和更好的结果。员工敬业度是衡量员工价值感和贡献感的重要要素。它揭示了员工是否因他们的见解而受到赏识，是否有机会为他们的工作环境做出重大贡献。因为他们在第一线，员工想要知道他们的雇主在实施变革时正在考虑他们的意见，当他们有机会和渠道向那些愿意倾听而不会报复的人表达自己的意见时，他们会感到自己被赋予了权力。

**最佳做法：**最成功的领导者和管理者常常真诚地利用员工的知识资产来推动变革、解决问题和创新以实现增长。他们倾听一线发生的事情，并征求意见。管理者倾听并处理员工的思想和想法，可以决定员工是否觉得自己的贡献有价值。最好的管理者提倡开放的对话，鼓励能够积极影响业务结果的创造力和新想法。他们还对员工的意见和想法提供公开和诚实的反馈——提倡好的意见和想法，解决不可行的意见和想法。优秀的管理者建立反馈循环，让人们感觉他们参与了决策过程，知道当他们提供意见或建议时会发生什么，并理解为什么建议可能不可行。

## 问题8：公司的使命/目标使我觉得我的工作重要。

在全球范围内，三分之一的员工强烈认为，他们所在组织的使命/目标让他们觉得自己的工作很重要。将这一比例提高一倍，组织可以将缺勤率降低34%，安全事故率降低41%，质量提高19%。

多个敬业度要素的缺乏——工作要求的明确、适当的材料设备和资源、与个人天赋相符的工作、持续的反馈——可能会对生产力造成真正的障碍。

理解为什么员工需要这些要素来做好自己的本职工作很容易，但第8元素就不一样了。这是一种严格意义上的情感需求，而且是一种更高层次的需求，就好像员工在不知道自己的工作与更宏大的计划如何契合的情况下，无法激励自己尽其所能。数据显示，这就是事实。如果一份工作只是一份工作，那么在哪里工作真的不重要。但是员工希望他们的工作有意义。事实上，对于千禧一代来说，这一要素是留住员工的最有力因素之一。出于超出谋生所实际需要的原因，人们寻求对更高目标的贡献。雇员希望相信他们的雇主所做的。人们喜欢归属于一个社区的感觉，不管这个社区是他们的公司、运动队还是教堂。然而，许多领导者和管理者认为，把组织的使命宣言挂在墙上就足以让员工感受到这种联系。然而事实并非如此。

**最佳做法：**与其他要素相比，管理者不能只对使命和目标负责，但它们确实发挥了很大的作用。管理者必须帮助员工理解他们的角色如何与更大的愿景相协同。最高效的管理者通过明确组织的使命，帮助员工发现他们的角色是如何通过将其与日常任务联系起来而实现使命的，从而培养员工的使命感。优秀的管理者会为员工创造机会，让他们分享自己的使命时刻以及企业如何实现目标的故事。但是，领导者在确保使命和目标被正确表述，并与员工的经验相一致方面也扮演着重要的角色。员工知道什么时候组织的使命只是说说而已，他们需要能够在文化中体验真正的使命，并在满足客户需求时履行使命。

## 问题9：我的同事们致力于高质量的工作。

在全球范围内，三分之一的员工强烈认为，他们的同事们致力于做高质量的工作。将这一比例提高一倍，组织可以将人员流动率和缺勤率都降低

31%，盈利能力提高12%，以及将客户参与度得分提高7%。

相信同事对质量的承诺对于优秀团队的表现至关重要。随着工作变得更加相互联系、相互依赖和基于项目，这一要素至关重要。团队中表现最差的人设定了这个团队的标准。员工需要在一个相互信任和尊重彼此努力和成果的环境中工作。这始于对工作标准和团队期望的深刻认识。人们对有能力但不努力的同事的不满程度，和对努力但能力不强的同事的不满程度的比例为6:1。对于高效的员工来说，被分配到一个团队和真正认同这个团队是有很大区别的。员工们想知道他们团队中的每个人都在努力地参与其中。

**最佳做法：**当有同事没有为公司做出贡献或没有为公司的低绩效负责时，员工们可能会产生不满情绪。优秀的管理者不会袖手旁观，让一个团队分崩离析。他们建立绩效和问责标准，并确保所有的团队成员都对其负责。这些管理者通过为每个任务或职能制定质量标准、确认新团队成员了解质量的重要性、表彰优秀的员工，以及让每个团队成员在团队会议上分享他们对高质量工作的期望，从而营造一个员工能够始终如一地产生高质量工作的环境。在跨职能或矩阵环境中工作的管理人员还有一个额外的职责。尽管他们可能没有权力指导那些不向他们汇报的员工，但他们确实有责任与项目负责人讨论工作期望，就员工与其他部门的经验寻求反馈，与跨职能部门建立共享的质量标准。跨功能比对是矩阵结构应用质量标准的关键。

## 问题10：我在工作单位有一个最要好的朋友。

从全球范围来看，十分之三的员工强烈认为，他们在工作单位有一个最要好的朋友。通过将这一比例提高到十分之六，组织可以将安全事故率降低28%，客户参与度得分提高5%，盈利能力提高10%。

敬业度第10要素是12个要素中最具有争议的。与任何其他$Q^{12}$陈述相比，“我在工作中有一个最要好的朋友”更容易产生令人疑问和怀疑。但不争的事实是它预示了绩效结果。早期对员工敬业度和$Q^{12}$要素的研究发现，在表现最好的团队中，员工之间存在一种独特的社会趋势。当员工与他们的团队成员有很深的归属感时，他们会采取积极的行动，使企业受益，否则他们可能根本不会考虑这些行动。

友谊的影响依赖于环境——我们的社交生活，以及它们对表现的影响，并不是凭空存在的。同样，$Q^{12}$的其他要素也不是孤立存在的，它们共同作用为员工积累工作经验。当人们知道对他们的期望是什么，并且有足够的材料和设备来完成他们的工作时，在工作中有一个最要好的朋友在预测留存率方面特别有效。

然而，在商业成果或科学有效性之外，还有一个非常简单的前提：忽视友谊就是忽视人性。然而，许多企业仍在遵守一些政策，这些政策会劝阻或彻底阻止人们参加社交活动或成为朋友。

**最佳做法：**最好的雇主会意识到，人们想要建立有意义的友谊，而对公司的忠诚是建立在这些关系上的。但是，工作上的友谊需要放在合适的背景下。管理者不应该试图制造友谊或让每个人都成为朋友。相反，他们应该创造人们可以互相了解的环境。最好的管理者会寻找机会让他们的团队一起参加活动，鼓励人们分享自己的故事，并在不影响客户服务或其他绩效结果的情况下，安排时间进行社交活动。

对于大多数团队和组织来说，最要好的朋友这一要素不应该是他们最优先考虑的。事实上，如果组织不能满足员工的基本需求（比如明确的工作要求、做员工最擅长的工作的机会、关心他们的管理者和发展的机会），那么友谊就会鼓励员工抱怨。另一方面，如果基本需求得到了满足，友谊就会成为一种强有力的动力。在这种动力中，一次非正式的交谈都有可能转变为关于组织如何发展的创新性讨论。

## 问题11：在过去的六个月内，工作单位有人和我谈及我的进步。

在全球范围内，有三分之一的员工强烈认为，在过去六个月内，在工作单位有人和他谈及自己的进步。将这一比例提高一倍，组织可以将安全事故发生率降低38%，缺勤率降低28%，盈利能力提高11%。

尽管绩效评估非常复杂——平衡计分卡、360度反馈、自我评价和强制评分报告，但能够揭示对评估的看法与员工实际绩效之间最佳联系的陈述却非常简单："在过去六个月内，工作单位有人和我谈及我的进步"。该陈述没有说明这类讨论是一次正式的评估。对员工来说，最重要的是他们知道自己在做什么，他们的工作是如何被理解的，未来将会如何发展。正式的评估并没有错，并且有很多理由推荐它们。但是，敬业度第11要素的成功取决于绩效评估中发生了什么。当管理者定期检查员工的工作进展时，团队成员更有可能相信自己的薪酬是公平的，更有可能留在公司，发生事故的可能性更低，向他人推荐公司是绝佳工作场所的可能性是其他人的两倍以上。

**最佳做法：** 最好的管理者知道，要让员工在工作中成长，他们必须首先知道自己的立场，而且，反馈对于员工的敬业度和绩效至关重要。他们帮助员工了解自己在职业生涯中的位置，并与他们合作制定发展目标。最高效的管理者会根据每个员工的个性、环境和潜力来调整反馈。他们定期与员工沟通，在不进行微观管理的情况下，通过明确工作期望、制定和跟踪绩效指标、了解员工的目标，并找到帮助员工实现目标的创造性方法，帮助他们提高绩效。最重要的是，这些管理者充当着教练的角色——激励、指导和引导员工。

## 问题12：过去一年里，我在工作中有机会学习和成长。

在全球范围内，三分之一的员工强烈认为，过去一年里，他们在工作中有机会学习和成长。将这一比例提高一倍，企业可以实现缺勤率降低39%，安全事故率降低36%，生产率提高14%。

学习和成长的欲望是人类的基本需求，也是保持员工努力势头和激励的必要条件。在企业渴望有机增长之际，这一要素也至关重要。当人们成长时，企业就会成长，并且更希望在商业竞争中立足。当员工感觉他们在学习和成长时，他们会更加努力和高效地工作。但当他们每天都要做同样的事情，却没有机会学习新东西时，他们很少会对自己的工作保持热情或兴奋。许多领导者和管理者错误地把这个要素仅仅归因于额外的培训。但学习和成长可以采取多种形式，如找到更好的工作方式，获得晋升或学习一项新技能。最好的员工永远不会满足。他们总是努力寻找更好、更有效的工作方式。哪里有成长，哪里就有创新。

**最佳做法：**对很多人来说，在工作中是否有成长是区分职业和仅仅是工作的标志。为了让员工得到提高和成长，成功的管理者会挑战他们。最好的管理者创造个人的学习机会，这些学习机会与更大的个人发展计划相联系，通过询问员工正在学习什么，以及他们将学到的知识应用到工作中的频率来检查员工的进步。优秀的管理者明白学习和成长是一个永无止境的过程。他们评估员工的能力，寻找将这些能力与长期目标和抱负相结合的方法，并为每个员工制定短期目标。最重要的是，这些管理者帮助员工看到新机会的价值，并乐于鼓励他们承担新的责任，或者甚至是挑战新的职位，以发挥他们的个人天赋。

# 附录3

## 工作敬业度与组织成果之间的关系[①]

（Q12®元分析：第九版）

## 介绍

### 前言

20世纪30年代，乔治·盖洛普（George Gallup）开始了一项关于人类的需求和满意度的全球研究。他率先开发了科学的抽样程序来衡量民意。除了民意调查的工作之外，盖洛普博士还完成了具有里程碑意义的福祉研究，研究发现95岁甚至更大年纪的人存在的共同特点（Gallup和Hill，1959年）。在接下来的几十年中，盖洛普博士及其同事在全球范围内进行了许多民意测验，涵盖了人们生活的方方面面。他的早期全球民意测验涉及家庭、宗教、政治、个人幸福、经济、健康、教育、安全和工作态度等主题。20世纪70年代，盖洛普博士在报告中说，在北美工作的人中，只有不到一半的人对他们的工作非常满意（Gallup，1976年），而在西欧、拉丁美洲、非洲以及远东的员工对工作的满意度更低。

工作满意度已成为研究人员广泛关注的焦点。除了盖洛普博士的早期研究外，超过10 000篇文章和出版物研究并呈现了关于工作满意度的主题。由

① 本部分内容作者是詹姆斯·K.哈特（James K. Harter）博士（盖洛普）、弗兰克·施密特（Frank L.Schmidt）博士（爱荷华大学）、桑吉塔·阿格拉瓦尔（Sangeeta Agrawal）硕士（盖洛普）、斯蒂芬妮·普洛曼（Stephanie K.Plowman）硕士（盖洛普）、安东尼·布鲁（Anthony Blue）硕士（盖洛普）。

于大多数人清醒的时间大部分都花在工作上，因此，心理学家、社会学家、经济学家、人类学家和生理学家对工作场所的研究非常感兴趣。管理和改善工作场所的过程至关重要，并且几乎对每个组织来说都是巨大挑战。因此，创造变革的工具至关重要，实际上，测量工作场所的情况可以预测到各类组织领导者认为重要的成果。毕竟，组织领导者对工作满意度的研究最有动力和兴趣。

与盖洛普博士的早期民意调查工作并行的，还有内布拉斯加州立大学的心理学家唐·克利夫顿教授针对教育和商业成功的原因的研究。克利夫顿博士于1969年成立了人才甄选研究公司（SRI）。在大多数心理学家忙于研究功能障碍和疾病成因时，克利夫顿及其同事将职业生涯的重点放在了优势心理学上，即研究使人蓬勃发展的原因。

他们早期的数百项研究聚焦来自不同行业和从事不同工作类型的成功个人和团队。特别是有关受学习和工作环境的影响而获得成功的教师和管理人员的研究。这项研究包括对个体差异和最能促进成功的环境的广泛研究。研究人员在研究初期发现，仅仅衡量员工的满意度不足以创造可持续的变革。需要从满意度的最重要因素出发对满意度进行衡量和反馈，以便为那些采取行动和创造变革的人们做好准备。

进一步的研究表明，变革在一线工作中发生最有效——由经理领导的一线团队。对于高管，一线团队直接向他们汇报；对于工厂经理，一线团队是他们每天管理的人员。盖洛普科学家们通过研究伟大的管理者发现，当决策信息是在靠近日常工作的一线层面上收集时，最佳决策就会发生。

1988年，盖洛普和SRI合并后，克利夫顿博士的工作与盖洛普博士的工作也随之合并在一起，从而使得先进的管理科学与顶尖的调查民意测验科学相融合。盖洛普和克利夫顿花费了很多时间研究人们的意见、态度、才华和行为。为此，他们编写问卷，记录回答，研究哪些因素导致不同的答案，并与有意义的结果相关。就调查结果而言，有些问题是可以被采纳的，因为可以带来有意义的启示，有一些则做不到。就管理研究而言，一些问题可以对未来业绩做出预测，另一些则不能。

提出正确的问题是一个反复的过程，科学家可以在这个过程中编写问题并进行分析。相关的研究和问题经过细化和完善可以进一步分析。问题可以重新提炼和表述。这个过程会不断重复。盖洛普在设计本报告主题调查工具时遵循了迭代过程，即盖洛普的Q$^{12}$工具，盖洛普的Q$^{12}$工具旨在测量员工的参与度。

下一节将概述数十年来盖洛普Q$^{12}$员工敬业度工具的开发和验证过程。在此概述之后，我们对339项研究进行了元分析，探讨了230个组织和82 248个业务/工作单元（包括1 882 131名员工）中员工敬业度与绩效之间的关系。

## Q$^{12}$的发展

从20世纪50年代开始，克利夫顿开始研究对工作和学习环境有积极影响的因素，这些因素使人们能够充分发挥天赋。通过这项早期的研究，克利夫顿开始运用科学和优势研究来调查个人的参照系和态度。

20世纪50年代到70年代，克利夫顿继续研究学生、顾问、经理、教师和员工。他使用各种等级量表和访谈技术来研究个体差异、分析问题和解释导致人们差异的因素。他研究的概念包括“专注于优势与劣势”“人际关系”“人员支持”“友谊”和“学习”。他编写并测试了各种问题，包括Q$^{12}$项目的许多早期版本。最初开发的反馈技术旨在提出问题，收集数据并对结果进行不断的讨论，以提供反馈和潜在的改进——一种基于测量的反馈过程。为了了解员工离职的原因，研究人员对离职员工进行了离职面谈。调查结果发现离职的的一个常见原因是经理的素质。

在20世纪80年代，盖洛普科学家们通过研究高绩效的个人和团队来继续进行迭代。研究涉及对个人天赋和工作场所态度的评估。在最初设计问卷的时候，盖洛普研究人员进行了大量定性分析，包括访谈和焦点小组。他们请求高绩效的个人或团队描述他们的工作环境以及他们与成功相关的想法、感受和行为。

研究人员使用定性数据对促使成功的不同因素进行假设。基于这些假设，他们编写并测试了问题。他们还在整个80年代进行了许多定量研究，包括离职面谈，以继续了解员工离职的原因。定性分析（例如焦点小组和访谈）是进行长期而全面员工调查的基础，这些调查称为“组织发展审计”或“管理卓越态度”调查。其中许多调查包括100到200个项目。定量分析包括：因素分析，以评估调查数据的维度；回归分析，以识别数据中的唯一性和冗余性；与标准相关的有效性分析，以识别与有意义的结果相关的问题，例如总体满意度、承诺和生产率。科学家进一步开发反馈方案，以便将调查结果反馈给经理和员工。这样的协议及其在实践中的使用帮助研究人员了解哪些项目在创建对话和促进变革中最有用。

聚焦人才和环境的管理研究实践的一个产物就是组织中的人才最大化理论：

人均生产力=天赋×（关系+正确的期望+认可/报酬）

这些概念随后将成为$Q^{12}$的基础元素的一部分。

随着时间的推移，SRI和盖洛普的研究人员对管理者成功模式进行了大量研究，重点研究管理者的天赋和最有助于成功的环境因素。将管理人才的理论知识与员工态度相关的调查数据相结合，科学家们对建立一个成功的工作场所环境所需要的条件具有独特的看法。“个性化的感知”“绩效导向”“使命”“认可”“学习与成长”“期望”和“合适的人选”等主题不断出现。除管理研究外，研究人员还对成功的老师、学生和学习环境进行了许多研究。

在20世纪90年代，重复逼近法盛行。在这段时间里，盖洛普研究人员开发了$Q^{12}$的第一个版本（“盖洛普工作场所调查”或GWA），期望有效地把握最重要的职场态度。与此同时，定性分析和定量分析继续进行。在这十年中，研究人员进行了1000多个焦点小组研究，开发了上百种测评工具。其中的许多工具附有若干附加工具，科学家们还继续使用离职面谈。这些都显示出了管理者意识到留住员工的重要性。关于$Q^{12}$和其他调查项目的研究也在世界范围内进行，包括美国、加拿大、墨西哥、英国、日本和德国等地。盖洛普的研究人员获得了有关盖洛普核心项目的国际性的跨文化反馈，从而为该项目在不同文化中的适用性提供了研究背景。此外还测试了各种量表类型，包括5点和二分式反应选项的变化。

调查数据的定量分析包括描述性统计，因子分析，判别分析，与标准相关的有效性分析，信度分析，回归分析等相关分析。盖洛普的科学家们继续研究将成功与失败的工作单元区分开的核心概念，以及最能理解这些核心概念的表达方式。1997年，与准则相关的研究被合并到一项元分析中，用来研究员工满意度和敬业度（按$Q^{12}$测量）与整个1135个业务部门的业务/单位利润、生产力、员工保留率和客户满意度/忠诚度之间的关系（Harter和Creglow, 1997年）。元分析还使研究人员能够研究敬业度和结果之间的普适性关系。验证性分析的结果显示了$Q^{12}$项中每一项的实质性标准相关有效性。

与标准相关有效性的研究仍持续进行，因此在1998年元分析被更新（Harter和Creglow, 1998年），其中包括2528个业务/工作单元；在2000年（Harter和Schmidt, 2000年），它已经包括7939个业务/工作部门；在2002年（Harter和Schmidt, 2002年），扩展到了10 885个业务/工作单位；在2003年（Harter, Schmidt和Killham, 2003年），有13 751个业务/工作部门；在2006年（Harter, Schmidt，Killham和Asplund, 2006年），有23 910个业务/工作单位；在2009年（Harter, Schmidt, Killham和Agrawal, 2009年），包括32 394个业务/工作部门；在2013年（Harter, Schmidt, Agrawal和Plowman, 2013年）纳入了49 928个业务/工作单元。该报告提供了盖洛普$Q^{12}$元分析的第九版迭代报告，重点关注员工敬业度与绩效之间的关系。

与2013年报告一样，本报告业务/工作部门的数量增多了，并增加了不同行业和国家/地区的来源和构成。

自从1998年最终版本完成以来，$Q^{12}$已经在198个不同国家、涉及72种语言的3000万名员工中得到推广。此外进行的一系列研究也检验了该工具的跨文化特性（Harter和Agrawal, 2011年）。

## 研究导论

组织内人力资源的质量可能是其增长和可持续性发展的主要指标。要获得具有高素质员工的工作场所，首先要为合适的人选择合适的工作。大量研究已证明有效的工具和系统对于选择合适的人来说至关重要（Schmidt, Hunter，McKenzie和Muldrow，1979年；Hunter和Schmidt，1983年；Huselid, 1995年；Schmidt和Rader，1999年；Harter，Hayes和Schmidt，2004年）。

员工被雇用后，他们每天都会做出决定并采取可能影响其组织成功的行为。绝大部分的决策和行为会受其自身内在驱动的影响。此外还有一个假设是：对待员工的方式以及员工之间相互对待的方式，也会对他们的行为产生积极影响，或者使组织面临风险的消极影响。例如，研究人员发现，一般的工作场所态度和服务意识，客户认知（Schmit和Allscheid, 1995年）和个人绩效结果（Iaffaldano和Muchinsky, 1985年）之间存在正相关关系。最新的元分析揭示了个人工作满意度与个人绩效之间的实质联系（Judge，Thoresen, Bono和Patton, 2001年）。在2000年之前，绝大多数工作满意度研究和后续的元分析的数据都是基于员工个人层面收集和研究的。

在工作组或业务部门级别，也有证据表明员工的态度与各种组织成果有关。组织级别的研究主要集中在横断面研究上。独立研究发现员工态度与绩效结果之间的关系，比如安全性（Zohar，1980年，2000年）、客户体验（Schneider，Parkington 和 Buxton，1980 年；Ulrich, Halbrook，Meder，Stuchlik和Thorpe，1991年；Schneider和Bowen，1993年；Schneider，Ashworth，Higgs和 Carr，1996 年；Schmit 和 Allscheid，1995 年；Reynierse 和 Harker，1992 年；Johnson，1996年；Wiley，1991年）、财务（Denison，1990年；Schneider，1991年）、员工流动率（Ostroff, 1992年）。巴特（Batt）在2002年的一项研究通过使用多元分析检验了人力资源实践（包括员工参与决策）与销售收入增长之间的关系。盖洛普在49 928个业务和工作部门进行了大规模的元分析，分析的内容涉及员工态度（满意度和敬业度）与安全性、客户态度、财务、员工保留、缺勤、质量指标和商品损耗的并发和预测关系（Harter等人，2013年；Harter等人，2009年；Harter等人，2006年；Harter等人，2003年；Harter，Schmidt和Hayes，2002年；Harter和Schmidt，2002年；Harter和Schmidt，2000年；Harter和Creglow，1998年；Harter和Creglow，1997年）。这种元分析，随着时间的推移不断重复，发现员工态度和各种重要的业务成果之间存在着积极的并发和预测关系。它还发现，这些关系普遍存在于各种情况中（行业、业务/工作单位类型和国家）。其他独立研究也发现了类似的结果（Whitman，Van Rooy和Viswesvaran，2010年；Edmans，2012年）。

尽管在个人层面上关于员工个人意见的研究数据已经达成共识，但在业务部门或工作组级别研究数据却至关重要，因为这通常是报告数据的关键（出于保密方面的考虑，员工调查在更广泛的业务部门或工作组级别进行报告）。此外，业务部门级别的研究通常提供机会与大多数业务直接相关的变量建立联系，这些变量通常是客户忠诚度、盈利能力、生产力、员工流动率、安全事件、商品损耗率和质量等，这些变量通常在业务部门汇总并报告给上一级。

在业务部门或工作组级别进行报告和研究数据的另一个优点是，对于个人层面的分析，工具项目得分与维度得分具有相似的可信度，这是因为在业务部门或工作组级别，每个项目的得分是许多个人得分的平均值。这意味着，在业务部门或工作组级别上进行员工调查可能会更高效或更省时，因为项目级别的测量误差影响较小。

这种业务单位级别层面研究的一个潜在问题是业务单位数量有限（业务单位数量成为样本量）或者无法在各个业务单位之间进行比较结果测量，导致数据有限。因为许多研究的数据收集有限，导致各个研究的结果似乎相互矛盾。元分析技术提供了将此类研究汇总在一起的可能，以获得对效应强度及其可概括性的更精确估计。

本文的目的是借助与盖洛普客户一起收集的可用数据，对员工工作场所感知与业务部门绩效之间的关系进行最新的元分析，以得出结果。这项研究的重点是盖洛普的Q12工具。选择Q12是因为它们在业务部门或工作组级别中很重要，它可以测量员工对业务部门中与人相关的管理实践质量的看法。

## Q12的说明

简而言之，Q12的开发基于积累了30多年的定量和定性研究。它的信度聚合效度以及标准相关效度已被广泛研究。它是一种通过先前的心理测量学研究以及对管理者在工作场所创造变化的有用性的实际考虑来验证的工具。

在设计Q12中包含的项目时，研究人员考虑到，从可操作性的角度来看，员工调查项目分为两大类：反映态度结果的测量指标（满意度、忠诚度、自豪感、客户服务感知、留在公司的意愿），以及那些对推动这些结果的可采取行动的问题的形成性措施。Q12衡量了管理层的可操作性问题——那些预测态度结果的问题，如满意度、忠诚度、自豪感等。在盖洛普的标准Q12工具中，在一个总体满意度项目之后，是12个衡量我们发现在主管或经理级别上可操作（可改变）的问题的项目——衡量对工作环境要素的看法的项目，如角色明确性、资源、能力和要求之间的契合性、接受反馈、感受被欣赏。Q12是对“参与条件”的形成性度量，每个条件都是通过对其原因的度量来促进参与的。

瓦格纳（Wagner）和哈特（Harter）在2006年的研究以及Gallup.com上发布的文献对Q12项目的实际应用进行了更详细的讨论。

作为整体性工具（项目Q01—Q12的总和或均值），Q12在业务部门级别的克隆巴赫系数[①]为0.91。在长期调查（测量工作满意度和敬业度的所有已知方面）中，Q01—Q12项的等权平均值（或和）与附加项的等权平均

① 克隆巴赫系数（Cronbach's alpha）是衡量量表或测量信度的一种方法。

值（或和）的元分析收敛有效性为0.91。这也表明$Q^{12}$作为一项综合衡量指标，可以反映较长时间员工调查中的一般因素。各个项目与更广泛的维度真实分数相关，平均约为0.70。虽然$Q^{12}$是衡量可行的参与条件指标，但它的组合具有较高的收敛效度和情感满意度，以及其他直接的工作参与度。如需进一步讨论收敛和判别效度问题以及“敬业度”的结构，可参见哈特（Harter）和施密特（Schmidt）在2008年进行的研究。

如前所述，这是$Q^{12}$业务部门级别元分析第九次迭代的发布。与以前的元分析相比，当前的元分析涵盖了大量的研究、不同的业务部门和国家。当前的元分析中：拥有病患安全数据的业务部门增加了近三倍，具有生产力数据的业务部门增加了81%，具有安全数据的业务部门增加了68%，具有盈利能力数据的业务部门增加了48%，具有营业额数据的业务增加了42%，质量或缺陷数据增加了34%，缺勤数据增加了39%，客户数据增加了27%，收缩数据增加了16%。因此，这项研究提供了最新的数据的实质性更新。

研究范围涵盖73个国家或地区的业务部门，这些国家或地区包括亚洲（孟加拉国、柬埔寨、中国、印度、印度尼西亚、日本、韩国、马来西亚、尼泊尔、巴基斯坦、菲律宾、新加坡、斯里兰卡、泰国和土耳其）、澳大利亚、新西兰、欧洲（奥地利、比利时、法国、德国、希腊、爱尔兰、意大利、荷兰、西班牙、瑞典、瑞士和英国）、东欧（捷克、匈牙利、立陶宛和波兰）、俄罗斯、拉丁美洲（阿根廷、玻利维亚、巴西、智利、哥伦比亚、厄瓜多尔、萨尔瓦多、危地马拉、洪都拉斯、墨西哥、尼加拉瓜和秘鲁）、中东地区（巴林、文莱、埃及、约旦、阿曼和阿拉伯联合酋长国）、北美（加拿大和美国）、非洲（博茨瓦纳、布基纳法索、埃塞俄比亚、冈比亚、加纳、肯尼亚、尼日利亚、卢旺达、坦桑尼亚、多哥、乌干达、赞比亚和津巴布韦）和加勒比海地区（巴巴多斯、百慕大、多米尼加和海地）。纳入本次元分析的38家公司在美国以外的国家/地区运营。

该元分析包括所有可用的盖洛普研究（无论已发表还是未发表），并且没有发表偏倚的风险。

## 元分析，假设，方法和结果

### 元分析

元分析是将不同研究收集的数据进行统计整合。因为它具有可以控制测量误差、抽样误差以及控制个体研究结果出现偏差的特质，因而它提供了独特而强大的信息，元分析消除了偏差，并提供了两个或多个变量之间的有效性或真实关系的估计值。通常在元分析期间计算的统计数据还使研究人员能够探索关系调节者的存在与缺失。

研究人员在心理、教育、行为学、医学和人才聘用领域已进行了1000多次元分析。行为学和社会科学领域的研究文献包括大量的个人研究，结论很明显相互矛盾。但是，元分析提供了一种方法来校正研究结果中变化的人为因素，使研究人员可以估计变量之间的平均关系，也可以通过该方法确定有效性和相互关系是否可以在各种情况下（例如跨公司或地理位置）适用。

本文将不会对元分析进行详细表述。作者鼓励读者参考以下资源，以获取背景信息以及对最新元分析方法的详细描述：施密特（Schmidt）和亨特（Hunter）在2015年的研究，施密特（Schmidt）在1992年的研究，亨特（Hunter）和施密特（Schmidt）在1990年和2004年的研究，利普西（Lipsey）和威尔逊（Wilson）在1993年的研究，班格特–德朗斯（Bangert–Drowns）在1986年的研究，施密特（Schmidt）、亨特（Hunter）、铂尔曼（Pearlman）和洛特斯坦·赫什（Rothstein–Hirsh）在1985年的研究。

## 假设与研究特征

该元分析检验的假设：

**假设1**：业务部门级别的员工敬业度和业务部门的客户忠诚度、生产力和盈利能力呈正相关，与员工流动率、员工安全事件（事故）、缺勤、商品损耗（盗窃）、患者安全性事件（死亡率和跌倒）和质量（缺陷）呈负相关。

**假设2**：员工年敬业度与每个部门业务成果之间的相关性和整体企业情况相关性一致。换句话说，这些相关性在组织之间不会有很大变化。除非是毫无关系的组织或者是与假设1相反的组织。

盖洛普的推论数据库包含339项研究，这些研究是针对230个独立组织的专有研究。它们在每个$Q^{12}$中，使用了一个或多个$Q^{12}$的项目（作为1997年开始的标准政策的一部分，所有项目都包括在所有研究中），并且在业务部门级别汇总了数据，将其与以下汇总的业务部门绩效指标相关联：

客户指标（也称为客户忠诚度）

盈利能力

生产力

流动率

安全事故

缺勤率

缩减率

患者安全事故

质量（缺陷率）

也就是说，在这些分析中，分析的单元是指业务或工作单位，而不是个体员工。

相关性（r值）用来计算每个业务或工作单元的员工敬业度的平均测量值（$Q^{12}$项目的平均值）与这9个总体结果之间的关系。计算每个公司的业务/工作部门之间的相关性，并将这些相关系数搜集录入进数据库。然后，研究人员针对这9个业务/工作单位测量结果分别计算了平均有效性、有效性的标准偏差和有效性概括统计。

与之前的元分析一样，有一些研究是同时进行的有效性研究，其中敬业度和绩效是在大约同一时间段进行测量的，或者敬业度测量值稍稍落后于绩效测量（因为敬业度相对稳定，并且是近期的总结，过去此类研究被称作“同时进行”研究）。预测效度研究包括在时间点1测量的敬业度和在时间点2测量的评估绩效。本次元分析中50%的组织进行了“预测性”的有效性评估。

本研究没有直接解决因果关系问题，该问题最好的解决方法是通过元分析纵向数据，考虑多个变量和路径分析来进行的。因果关系的问题已在其他研究中被广泛讨论和研究（Harter, Schmidt, Asplund, Killham和Agrawal, 2010年）。因果关系研究的结果表明，敬业度和财务绩效是具有相关性的，但参与度对财务业绩的预测比财务业绩对参与度的预测要强。敬业度与财务绩效之间的关系似乎被它与其他结果之间的因果关系所影响。比如客户认知度和员工保留率。也就是说，财务绩效是被影响的结果，受参与度短期结果（如客户认知度和员工保留率）的影响。

选择当前元分析的研究是为了在每一次的分析中每个组织可以出现一次。其中的几个组织被进行了多项研究。在研究中为了呈现每个组织的最佳信息，一些基本规则被使用：如果针对同一客户进行了两项并行的研究（即在同一年同时收集Q[12]和结果数据），则将多个研究中的加权平均效应大小作为该组织的值。如果一个组织同时进行一项预测性研究（在第1年收集Q[12]，并在第2年跟踪结果），则需要收集预测性研究的效果的大小。如果该组织有多个预测性研究，则应该收集这些研究中相关性的平均值。如果对于该组织的重复研究的样本量变化很大，则采用样本量最大的研究。

对于94个组织，有研究表明了业务部门员工认知与客户认知之间的关系。客户认知包括客户指标，患者指标和老师的学生评分。这些指标包括忠诚度、满意度、卓越服务、客户对索赔质量的评估，发起人实际利益和敬业度的测量。研究的最重要的指标是忠诚度指标（例如，推荐/净推荐人或重复业务的可能性），因此我们在本研究中将客户指标称为客户忠诚度。工具因研究而异，顾客忠诚的一般指数是每项测量项目的平均得分。越来越多的研究将“顾客参与度”作为衡量顾客和为顾客服务的组织之间情感联系的标准。

研究人员对85个组织进行了盈利能力研究。盈利能力的定义通常是收入（销售收入）的百分比利润。在几家公司中，研究人员将上一年的差异分数或预算金额的差异作为利润的最佳衡量标准，因为它代表对每个部门的相对业绩进行更精确的测量。因此，当盈利能力数据在一个单位与另一个单位之间的可比性较差时，使用机会（位置）控制。例如，差异变量是将业务部门的利润除以收入，然后从该百分比中减去预算百分比。更明确地说，在某些情况下，计算了部分相关性（r值），在位置变量与业务单位的准确比较相关时，控制位置变量。在每种情况下，盈利能力变量都是衡量盈利能力的指标，而生产力变量（以下）则是衡量产量的指标。

研究人员针对140个组织进行了生产力研究。业务单位生产力的衡量指标包括以下其中之一：财务数据（例如，每人或患者的收入/销售收入）、生产数量（产量）、项目注册、预算工时/劳动力成本、交叉销售、绩效评级或学生成绩分数（针对三个教育组织）。在少数情况下，这是一个二分变量（表现最佳的业务部门=2；不太成功的业务部门=1）。包括在“生产率”中的大多数变量是销售或收入增长的财务指标。与盈利能力一样，在大多数情况下，研究人员有必要将财务结果与业绩目标情况与上一年的数字进行比较，以控制因业务单位的位置变化而产生的差异性业务机会，或者明确计算部分相关性（r值）。

研究人员获得了106个组织流动率数据。流动率是每个业务部门员工流动率的年化百分比。在大多数情况下，自愿离职会上报并在分析中使用。

研究人员获得了53个组织的安全数据。安全措施包括被耽误的工作日/时间的事故发生率，因事件或工作人员的索赔要求（事故和成本）而损失的工作日百分比，事故发生数或事故发生率。

研究人员获得了30个组织的缺勤数据。缺勤测量指标包括每个工作单位每人平均缺勤天数除以可工作的总天数。其中包括病假天数、工时或完全缺勤。

有11个组织提供了缩减措施。缩减率是指因员工盗窃、客户盗窃或商品丢失而造成的商品下落不明的金额。考虑到不同地点的规模，收缩率是按总收入的百分比或与预期目标的差额计算的。

9个医疗机构提供了患者安全措施。患者安全事故的测量指标包括因患者跌倒（占总患者的百分比）、医疗失误和感染率以及因风险调整而导致的死亡率。

16个组织提供了质量测量指标。对于大多数组织而言，质量是通过记录缺陷来衡量的，这些缺陷包括不可销售、退货、质量停工、报废、运营效率、每次检验的拒收率（在制造业中）、强制停机（在公用事业中）、纪律处分、订金准确性（财务）和其他质量的得分。由于大多数质量测量指标都是存在缺陷的测量标准（数字越高表示性能越差），因此对效率和质量得分的测量标准进行反向编码，以便所有变量都具有相同的推论性解释。

整个研究一共涉及了230个组织，82 248个独立业务、工作部门，以及1 882 131名个体员工对调查的回答，平均每个业务部门23名员工，每个组织358个业务、工作部门。我们在230个组织中进行了339项研究。

表1提供了按行业分类的组织的摘要。显而易见，所代表的行业类型存在很大差异，共计49个行业的组织代表了广义的政府行业分类（通过SIC代码）：服务、零售、制造业和金融行业中代表的组织数量最多。业务部门数量最多的是金融和零售行业。在特定的行业类别中代表最多的类别（基于业务部门的数量）是：金融–存储、服务–健康、零售–制药、零售–食品、运输/公用事业–通信、金融–保险、制造业–制药和零售–其他。

表1　工业研究总结

| 行业类型 | 组织数量 | 业务/工作单位数量 | 受访者人数 |
|---|---|---|---|
| 金融–商业银行 | 2 | 996 | 7419 |
| 金融–信用 | 2 | 59 | 581 |
| 金融–存储 | 21 | 16 320 | 176 430 |
| 金融–保险 | 6 | 4219 | 53 581 |
| 金融–抵押 | 1 | 27 | 985 |
| 金融–非存款 | 1 | 94 | 2038 |
| 金融–安全 | 4 | 797 | 25 833 |

续表

| 行业类型 | 组织数量 | 业务/工作单位数量 | 受访者人数 |
|---|---|---|---|
| 金融–交易 | 1 | 73 | 1530 |
| 制造业–飞机 | 1 | 3411 | 37 616 |
| 制造业–建筑材料 | 1 | 8 | 1335 |
| 制造业–化工 | 1 | 928 | 8203 |
| 制造业–计算机和电子产品 | 3 | 239 | 27 002 |
| 制造业–消费品 | 4 | 235 | 7077 |
| 制造业–食品 | 5 | 300 | 21 317 |
| 制造业–玻璃 | 1 | 5 | 1349 |
| 制造业–工业设备 | 1 | 89 | 639 |
| 制造业–工具 | 7 | 105 | 2112 |
| 制造业–其他 | 3 | 396 | 12 478 |
| 制造业–纸 | 1 | 60 | 17 243 |
| 制造业–制药 | 5 | 4103 | 39 575 |
| 制造业–塑料制品 | 1 | 133 | 938 |
| 制造业–印刷 | 2 | 35 | 716 |
| 制造业–造船 | 3 | 882 | 134 297 |
| 材料与构造 | 4 | 1270 | 29 932 |
| 个人服务–美容院 | 1 | 424 | 3226 |
| 房地产 | 3 | 199 | 5964 |
| 零售–汽车 | 4 | 261 | 13 614 |
| 零售–建筑材料 | 3 | 1158 | 65 001 |
| 零售–衣服 | 4 | 1055 | 28 937 |
| 零售–百货商店 | 2 | 816 | 6594 |
| 零售–饮食 | 6 | 736 | 37 191 |
| 零售–电子 | 6 | 1483 | 104 273 |
| 零售–娱乐 | 1 | 106 | 1051 |
| 零售–食品 | 5 | 6204 | 97 049 |
| 零售–工业设备 | 1 | 11 | 484 |

续表

| 行业类型 | 组织数量 | 业务/工作单位数量 | 受访者人数 |
|---|---|---|---|
| 零售-其他 | 10 | 4076 | 157 602 |
| 零售-制药 | 2 | 7321 | 138 428 |
| 服务-商业 | 3 | 645 | 10 309 |
| 服务-教育 | 7 | 459 | 10 746 |
| 服务-政府 | 4 | 240 | 8336 |
| 服务-健康 | 61 | 12 619 | 281 995 |
| 服务-款待 | 8 | 958 | 156 678 |
| 服务-疗养院 | 1 | 353 | 26 582 |
| 服务-娱乐 | 1 | 14 | 288 |
| 服务-社会服务 | 2 | 1525 | 16 920 |
| 运输/公用事业-通信 | 7 | 4234 | 45 506 |
| 运输/公用事业-电力，煤气和卫生服务 | 5 | 1740 | 20 318 |
| 运输/公用事业-无害废物处理 | 1 | 727 | 28 600 |
| 运输/公用事业-卡车运输 | 1 | 100 | 6213 |
| 金融总计 | 38 | 22 585 | 268 397 |
| 总制造 | 39 | 10 929 | 311 897 |
| 总材料和制造 | 4 | 1270 | 29 932 |
| 个人服务总额 | 1 | 424 | 3226 |
| 总房地产 | 3 | 199 | 5964 |
| 零售总额 | 44 | 23 227 | 650 224 |
| 全面服务 | 87 | 16 813 | 511 854 |
| 运输/公用事业总计 | 14 | 6801 | 100 637 |
| 总计 | 230 | 82 248 | 1 882 131 |

表2总结了按业务/工作部门类型分类的组织。企业/工作单位的类型也有很大的变化，从商店到工厂/作坊，从部门到学校。总体而言，代表了23种不同类型的业务/工作单位；工作小组、商店或银行支行的组织最多。同样，

商店和银行分支机构具有最高比例的业务/工作单位代表。

表2　业务/工作单元类型摘要

| 业务/工作单位类型 | 组织数量 | 业务/工作单位数量 | 受访者数量 |
|---|---|---|---|
| 银行支行 | 19 | 16 276 | 183 926 |
| 呼叫中心 | 3 | 1120 | 19 667 |
| 呼叫中心部门 | 4 | 120 | 2409 |
| 育儿中心 | 1 | 1499 | 14 302 |
| 成本中心 | 15 | 3589 | 73 929 |
| 国家 | 1 | 26 | 2618 |
| 经销权 | 4 | 261 | 13 614 |
| 部门 | 12 | 1347 | 33 275 |
| 分部 | 3 | 714 | 134 703 |
| 设施 | 2 | 1080 | 55 182 |
| 医院 | 6 | 782 | 53 307 |
| 旅馆 | 6 | 563 | 149 158 |
| 位置 | 8 | 163 | 8904 |
| 购物中心 | 2 | 166 | 3790 |
| 病人护理部 | 8 | 2399 | 49 122 |
| 工厂/制造厂 | 8 | 776 | 47 920 |
| 区域 | 2 | 113 | 13 520 |
| 餐厅 | 5 | 373 | 21 183 |
| 销售部 | 6 | 391 | 21 722 |
| 销售团队 | 6 | 420 | 27 543 |
| 学校 | 6 | 409 | 10 496 |
| 商店 | 35 | 22 228 | 605 728 |
| 工作小组 | 68 | 27 433 | 336 113 |
| 总计 | 230 | 82 248 | 1 882 131 |

## 元分析方法的使用

分析方法中包括对真实有效性进行分析的加权平均估算、对有效性进行分析的标准差估计及对这些有效性的抽样误差、因变量中的测量误差，以及自变量中范围变化和限制（Q[12] GrandMean）进行校正，并可以进行附加分析以校正自变量测量误差。元分析的最基本形式仅针对抽样误差进行校正方差估算。近30年来的一些研究建议其他校正包括对测量和统计性偏差的校正，例如范围限制和所收集的绩效变量中的测量误差（Hunter和Schmidt，1990年、2004年；Schmidt和Hunter，2015年）。以下各节提供了上述程序的定义。

盖洛普研究人员收集了多个时间段的绩效变量数据，以计算绩效指标的可靠性。由于无法针对每个研究使用多种测量方法，因此研究人员使用了统计性偏差元分析的方法（Hunter和Schmidt，1990年，第158—197页；Hunter和Schmidt，2004年）来校正绩效变量中的测量误差。开发的偏差分布是基于各种研究的测试—重测可靠性。计算业务/工作单位的结果测量可靠性所遵循的程序与施密特（Schmidt）和亨特（Hunter）1996的研究中的方案23一致。考虑到结果的某些变化（稳定性）是真实变化的函数，使用以下公式计算了重新测试的可靠性：

$$(r_{12} \times r_{23}) / r_{13}$$

其中$r_{12}$是指在时间段1测量的结果与在时间段2测量的结果的相关性；$r_{23}$是在时间段2测量的结果与在时间段3测量的结果之间的相关性；$r_{13}$是在时间段1测量的结果与在时间3测量的结果之间的相关性。

上述公式考虑了由于测量误差、数据收集误差、抽样误差（主要是客户和质量指标）引起的业务部门结果的实际变化（与时间段1—2或时间段2—3

相比，这些变化更容易发生在时间段1—3）以及结果指标不可控的变化。一部分估算值可用于季度数据，一部分估算值可用于半年度数据，还有一些估算值可用于年度数据。用于该元分析的偏差分布中的平均时间段与每种标准类型的研究中的平均时间段一致。为客户、收益率、生产率、流动率、安全性和质量指标收集了可靠性的偏差分布。但由于本研究发布时还没有获得这些误差数据，缺勤、缩减率和患者安全等研究未被纳入其中。因此，假设缺勤率、缩减率和患者安全性的可靠性为1.00，从而导致真实有效性估计值存在偏差（此处报告的有效性估计值低于实际值）。这三个变量的偏差分布将在未来获得时添加。

可以说，由于在实践中使用了自变量（如$Q^{12}$中提到的测量员工敬业度）来预测结果，因此参与者的可靠性必须与他们所使用工具的可靠性相一致。但是对自变量中的测量误差进行校正可以解释理论问题，即实际结构（真实分数）如何相互关联。因此，我们提出了自变量可靠性校正前后的分析。

在对范围变量和范围限制进行校正时，需要考虑一些基本的理论问题：这样的校正是否需要进行？在人员选拔中通常会针对范围限制对有效性进行校正，因为在选择求职者时，通常会选择那些预测值得分最高的人。这会有明确的范围限制，该范围限制使观察到的相关性向下偏移（即衰减）。但是在员工满意度和敬业度领域没有明确的范围限制，因为我们正在研究工作场所中存在的结果，工作单位不是根据预测者的分数（$Q^{12}$分数）选择的。

但是我们已经观察到，公司之间在参与标准偏差方面存在差异。造成这种差异的一个假设是：公司在如何鼓励员工满意度和敬业度方面存在差异，在如何形成或没有形成一套共同的价值观和文化方面也存在差异。因此，所研究的跨组织业务单元的总体标准差将大于特定公司内部的标准差。公司之间标准偏差的变化可以被认为是间接范围限制（与直接范围限制相对），改善的间接范围限制校正已纳入此元分析中（Hunter，Schmidt和Le，2006年）。

随着Q[12]的不断开发，盖洛普收集了超过3000万受访者、340万业务单位或工作组以及1165个组织的描述性数据。这些数据累积表明，给定公司内的标准差约为所有业务/工作单位人口的标准差的0.8倍。另外，给定组织的标准偏差相对于总体值的比率因组织而异。因此，如果研究的目标是估计所有业务部门的整体规模（可以说是一个理论上的重要问题），则应根据此类可用数据进行校正。在观察到的数据中，组织的相关性在企业/工作部门之间的变异性小于总体平均值，反之亦然。因此，跨组织的标准差的差异将在观察到的相关性中产生，是可以在解释有效性的普遍性时进行校正的。哈特（Harter）和施密特（Schmidt）2000年的研究中的附录提供了用于元分析的范围限制/变化校正的偏差分布。这些偏差分布在2009年进行了大幅更新，并且元分析中也包括了这些更新。我们在当前的偏差分布中随机选择了100个组织。由于这些表的数量有所增加，因此它们未包含在此报告中。它们与早期研究中的报告类似，但条目数量较多。以下摘录概述了使用工件分布进行的元分析：

在任何给定的元分析中，可能会有几个偏差的信息是偶然间获得的。例如，假设测量误差和范围限制是除抽样误差外唯一相关的工件。在这种情况下，典型的基于偏差分布的元分析分三个阶段进行：

第一，信息的编译基于四方面因素：观察相关性的分布、自变量可靠性的分布、因变量可靠性的分布、范围变化的分布。在本课题中我们编译了四个平均数和四个方差，每一项课题中都提供了任何所包含的信息。

第二，观察相关性的分布的目的是修正抽样误差。

第三，修正抽样误差的分布也会被运用到修正测量误差以及范围变化（Hunter和Schmidt，1990年，第158—159页；Hunter和Schmidt，2004年）。在本课题中，数据统计是建立在全方位的分析基础上进行计算及汇报的，从观察相关性开始，然后修正抽样误差、测量误差以及范围变化带来的影响。无论是组织内范围变更修正（用来修正效度概化估算）还是组织间范围限制修正（用来修正组织间变化的差异）都要进行。组织间范围限制修正帮助我们理解员工敬业度如何影响组织内跨业务单元的绩效。就像已经提到过的，我们已经将间接的范围限制修正流程运用到了元分析中（Hunter等人，2006年）。

元分析包含了一项关于样本量加权有效性以及统计方差的平均数估算——再一次根据样本量加权有效性。基于抽样误差的关于相关性加权的预估方差量也会被计算。下列就是极简元分析中通过预计抽样误差计算方差的公式，运用了之前（Hunter等人，2006年）提到的技术：

$$S_e^2 = (1-\bar{r}^2)^2 / (\bar{N}-1)$$

剩余标准差是通过减去由于抽样误差导致的方差，包括因变量误差中的测量误差中的课题差异导致的方差，以及在观察差异总范围中的课题差异导致的方差得到的。为了估算标准差的真实有效性，剩余标准差会根据不可靠性平均值和范围限制平均值有所调整。因为抽样误差、测量误差以及范围变化产生的方差除以观察方差可以计算出总方差的占比。我们可以大致假设课题有效性很高（比如75%）是因为抽样误差或者其他人为因素，或者假设方向有90%的可靠性（10%的真实有效性分布）。那么正如哈特（Harter）等人的四项研究中提及，我们统计了员工敬业度与综合绩效的相关性（Harter等人，2002年；Harter等人，2006年；Harter等人，2009年；Harter等人，2013年）。

这项计算假设：管理者正在同时管理多项成果并且每一项成果占到总体绩效评估的一部分。为了计算绩效综合指数的相关性，我们使用马塞尔方程式（Mosier, 1943年），使用可靠性分布规律以及产出测定的组织关联，来得出综合测量的可靠性（Harter等人，2002年），病人安全往往会与通常意义上的安全相结合，因为病人安全是一种特定行业变量。这项综合质变的可靠度是0.91。我们可以通过测量相等权重的客户满意度、流动率（保留反向计分）、安全性（事故及患者安全的反向计分）、缺勤率（反向计分）、商品损耗率（反向计分）、财务状况（盈利能力与生产率相同权重）以及质量（缺陷产品率的反向计分）来测量综合绩效。并且，我们通过计算最直接影响员工敬业度的产出项的相等权重的求和——相同权重的客户忠诚度、流动率（保留反向计分）、安全性（事故及病人安全的反向计分）、缺勤率、商品损耗率（反向计分）、质量（缺陷率的反向计分）——来计算综合绩效，得出这项综合变量的可靠性是0.89。

在我们的研究中，我们使用了（Schmidt和Le, 2004年）元分析程序包（为了间接范围限制校正的人为因素分布元分析程序）。这项程序包在亨特（Hunter）和施密特（Schmidt）2004年的研究中有详细描述。

## 结果

此项报告分析的重点是员工总体敬业度（被$Q^{12}$的总均值所定义）与各种各样的产出之间的关系。表3提供了最新的元分析和效度概化统计，这些统计和分析是针对于九项产出的研究中，每一项对员工敬业度和关系的影响而提出的。前面提到的关于真实有效性估算的两个表格是根据观察相关性及方差得来的。其中表1是用来校正组织内范围变化以及因变量的测量误差。这项范围变化会被放置在所有组织里用来表示员工敬业度变化相同的基石。这些结果可以被常规的组织用来估算业务单元间的关系。表2是用来纠正业务单元中人数的范围限制以及因变量测量误差的。我们预测，包括后者用来解释跨组织业务单元效果的范围限制修正，会与已知组织内的效果预期相反。因为跨组织的员工敬业度变化会远比在一般组织中的大。如果我们在跨组织业务单元中计算真实有效性的话，效果会更加明显。

比如说，观察客户忠诚度量表的有效性估算。在没用组织间范围限制校正（在典型的组织中效果往往与之相关）的情况下，员工敬业度的真实效度值是0.21，可信度是0.14的百分之90%。在组织间范围限制校正（在跨组织中的效果往往与此相关）的情况下，员工敬业度的真实有效值是0.28，可信度是0.19的90%。

在先前的课题中，我们高度展示了跨组织中员工敬业度与顾客指标、盈利能力、生产力、员工流动率、安全、商品损耗率、质量（缺陷产品）产出的关系。大多数的跨组织统计的差异是个体课题抽样误差的结果。并且在这七项成果中，75%以上的跨组织相关性差异可以被归结为人为误差（抽样误差、范围限制、测量误差）。换句话说，真实有效性与每个组织课题中的假设方向很接近。对于剩下的两项效果（缺勤率与患者安全），结果表明了跨组织课题中的高度普遍性，我们可以看到在假设方向上我们有90%的可信度。然而，有效性变化比起其他的几项效果而言有一点高，尽管有效性分布还是在假设方向的范围内。这些作用可以被预知，但是跨组织变化效果程度有些大。人为因素并不能完全解释员工敬业度以及后两项产出的相关性变化。这可能是因为缺乏对这几项效果的可靠性预估。不幸的是，我们必须为了这两项效果获取可靠性预估。一旦我们可以获取可靠性预估并且在元分析中获取更多的课题，那么今后的研究会阐释这一结果。无论如何，90%的可信度已经表明了所有这九项效果研究的普遍性拥有翔实的理论依据。这意味着员工敬业度的Q[12]测量有效预测了跨组织在期待方向上的效果，甚至可以运用在不同的领域、不同的国家。

总而言之，根据表3里展示的员工敬业度的综合测量，我们可以看到，影响最大的因素是顾客忠诚度、生产力、离职率、安全事故、缺勤率、患者安全事故以及质量。相关性结果是肯定的并且大致上与盈利能力和商品损耗率相关，但是程度偏小。就盈利能力而言，盈利能力可能是被员工敬业度间接影响并且被类似于顾客忠诚度、生产力、离职率、安全事故、缺勤率、患者安全事故以及质量这样的因素直接影响。记住，生产力变量包含了各种各样业务单元生产力的测量，主要是销售数据。在元分析法中的两大财务上的变量（销售以及盈利）中，员工敬业度跟销售的关系更密切。这可能是因为员工日常的敬业度会被客户认同、流动率、质量以及其他与销售密切相关的因素所影响。事实上，这是根据我们的经验分析的（Harter等人，2010年）。就商品损耗率而言，相关程度会比较低，因为影响货物损耗的因素很多，包括盗窃、仓储问题以及货物损坏。在下一个章节中，我们会深入探究观察关系的实用价值。

根据哈特（Harter）等专家在2002年进行的一项研究，我们计算了员工敬业度与综合绩效的相关性。在之前我们已经定义，表4给我们展示了相关性以及四项分析的D值（真实得分相关性）：观察相关性，因变量测量误差的校正，因变量测量误差、跨公司范围限制的校正，因变量测量误差、范围限制、自变量测量误差的校正。

表3　员工敬业度与业务单元绩效的元分析

| | 顾客忠诚度 | 利润率 | 生产力 | 离职率 | 安全事故 | 缺勤率 | 收缩率 | 患者安全事故 | 质量（瑕疵率） |
|---|---|---|---|---|---|---|---|---|---|
| 业务单元数量 | 20 679 | 31 472 | 45 328 | 43 876 | 9746 | 11 460 | 4514 | 1378 | 2320 |
| 相关性的数量 | 94 | 85 | 140 | 106 | 53 | 30 | 11 | 9 | 16 |
| 平均观察相关性数量 | 0.16 | 0.10 | 0.14 | −0.10 | −0.12 | −0.16 | −0.09 | −0.42 | −0.16 |
| 观察的标准差 | 0.09 | 0.07 | 0.08 | 0.06 | 0.08 | 0.09 | 0.06 | 0.14 | 0.10 |
| 真实有效性① | 0.21 | 0.10 | 0.16 | −0.15 | −0.14 | −0.16 | −0.09 | −0.42 | −0.16 |
| 真实有效性标准差① | 0.05 | 0.04 | 0.04 | 0.01 | 0.03 | 0.05 | 0.03 | 0.08 | 0.04 |
| 真实有效性② | 0.28 | 0.14 | 0.21 | −0.20 | −0.19 | −0.22 | −0.12 | −0.53 | −0.22 |
| 真实有效性标准差② | 0.07 | 0.05 | 0.05 | 0.01 | 0.04 | 0.07 | 0.04 | 0.08 | 0.05 |
| 抽样误差方差的百分比 | 51 | 59 | 48 | 62 | 75 | 34 | 60 | 23 | 69 |
| 方差的百分比① | 80 | 76 | 78 | 98 | 92 | 60 | 75 | 71 | 88 |
| 方差的百分比② | 80 | 77 | 78 | 98 | 92 | 60 | 75 | 71 | 88 |
| 90%可信度值① | 0.14 | 0.06 | 0.10 | −0.13 | −0.11 | −0.09 | −0.05 | −0.32 | −0.12 |
| 90%可信度值② | 0.19 | 0.08 | 0.14 | −0.18 | −0.14 | −0.12 | −0.06 | −0.42 | −0.16 |

①包含了组织内范围变化以及因变量测量误差的校正。

②包含了所有工作单元的范围限制变化及因变量测量误差的校正。

表4　员工敬业度与综合业务单元绩效-所有结果的相关性

| 分析 | 敬业度与绩效的相关性 |
|---|---|
| 观察到的相关性 | 0.27 |
| 标准差 | 0.44 |
| 因变量测量误差校正后的相关性 | 0.28 |
| 标准差 | 0.46 |
| 因变量测量误差及跨组织范围限制校正后的相关性 | 0.36 |
| 标准差 | 0.60 |
| 因变量测量误差、跨组织范围限制。自变量测量误差校正后的真实相关性 | 0.43 |
| 真实标准差 | 0.73 |

在之前的元分析中我们可以看到，表4呈现出员工敬业度与综合绩效有着极其密切的关系。

与2013版的元分析所一致的是，公司中，员工敬业度高的那一半业务单元的综合绩效标准差比员工敬业度低的那一半业务单元的综合绩效标准差，高出0.46。

在跨企业的业务单元中，员工敬业度高的那一半业务单元的综合绩效标准差比员工敬业度低的那一半业务单元的综合绩效标准差，高出0.60。

在校正了所有课题中可能的人为因素后（测试真实关联性分数），员工敬业度高的那一半业务单元的综合绩效标准差比员工敬业度低的那一半业务单元的综合绩效标准差，高出0.73。这是所有的业务单元长期以来的效果预期的真实值。

正如之前提到的，有些产出是员工敬业度的直接后果（员工流动率、客户忠诚度、安全、缺勤率、商品损耗、质量），而另一些效果是间接推导而得的（销售、收益率）。正因为如此，我们同时也计算了短期产出对综合相关性的影响。表5再一次翔实阐述了员工敬业度与综合绩效之间的关系。观察相关性以及D值大致与表4的结果趋同，但是略微偏低（看起来很有可能是因为绩效评价标准并不是完全根据直接产出计算的）。

员工敬业度高的那一半业务单元的综合绩效标准差比员工敬业度低的那一半业务单元的综合绩效标准差，高出0.73。在公司里，差异是0.57个标准差单位，校正所有已知的人为因素以后，差异是0.69个标准差单位。

表5　员工敬业度与综合业务/工作单位绩效的相关性-直接结果
（客户忠诚度、营业额、安全性、旷工、收缩率、质量）

| 分析 | 敬业度与绩效的相关性 |
|---|---|
| 观察到的相关性 | 0.25 |
| 标准差 | 0.41 |
| 因变量测量误差校正后的相关性 | 0.27 |
| 标准差 | 0.44 |
| 因变量测量误差及跨组织范围限制校正后的相关性 | 0.34 |
| 标准差 | 0.57 |
| 因变量测量误差、跨组织范围限制。自变量测量误差校正后的真实相关性 | 0.41 |
| 真实标准差 | 0.69 |

## 效用分析：效果的实用性

### 效用分析

过去，工作满意度与绩效之间的关系这个课题已经限制了效用分析。大家总是认为在没有试图去理解其中潜在的效用的情况下，这两者之间的关系相关性会被打折或者被认为不重要。Q12中包含了盖洛普分析研究中的一些会在业务活动中被本地管理者或者他人改变的项目。比如，理解潜在变化的效用价值是极其重要的。

这项研究文献包含了大量的证据证明一些看起来不大的效果常常实际上产生了很大的效果（Abelson，1985年；Carver，1975年；Lipsey，1990年；Rosenthal和Rubin，1982年；Sechrest和Yeaton，1982年）。就像在表6中所展示的，这里实际上是一个案例。这个课题里所引用的效果比引用自其他方面的实践效果持平或者略高（Lipsey和Wilson，1993年）。

一项更直观展示效果的实用价值的方法是二项式效果显示，或者叫做BESDs（Rosenthal和Rubin，1982年；Grissom，1994年），它更具代表性地表述了对照组与控制组对比下，产出相关变量高于中位数的百分比对比。

BESDs可以被运用到这项课题研究的结果。表6展示了，员工敬业度（$Q^{12}$）综合测量上，打分高的业务单元与打分低的业务单元，占综合绩效在中位数以上的业务单元的百分比。在组织内的业务单元和跨组织的业务单元都使用了真实有效性估算（仅在因变量中校正测量误差）。

我们可以通过表6看到一点，员工敬业度顶部的和底部的差异是有意义

表6　员工参与度和结果的BESD

| 员工敬业度 | 公司内部业务单位 | 跨公司的业务单位 |
|---|---|---|
| | 综合表现中位数（总）以上% | 综合表现中位数（总）以上% |
| 顶部 | 64 | 68 |
| 底部 | 36 | 32 |
| | 综合表现中位数以上%（直接结果） | 综合表现中位数以上%（直接结果） |
| 顶部 | 63 | 67 |
| 底部 | 37 | 33 |

的。我们将Q12平均值在50%以上的业务单元定义为顶部，并且将低于50%的定义为底部。我们可以通过表6很清晰地看到，如果学习研究顶部的一半做了些什么，可能获得的管理上的成功会远远多于底部的那一半。

关于业务单元的综合绩效，员工敬业度顶部的业务单元在他们所在组织中的成功率会高78%，并且在所有样本组织中成功率高113%。换言之，员工敬业度高的业务单元在他们自身的组织中拥有接近两倍的概率获得高于平均值的综合绩效，并且这个概率在所有组织中是2.1倍。

为了更好地表达，表7展示了各种程度的员工敬业度获得高于平均绩效表现的可能性。在盖洛普的数据库中，所有的业务单元中拥有最高员工敬业度

表7　高于公司中值的业务部门百分比综合绩效

（客户忠诚度、盈利能力、生产力、营业额、安全性、缺勤率、收缩率、质量）

| 员工能动性的百分位 | 高于公司中位数的百分比（%） |
|---|---|
| 高于99 | 80 |
| 95 | 72 |
| 90 | 68 |
| 80 | 62 |
| 70 | 58 |
| 60 | 54 |
| 50 | 50 |
| 40 | 46 |
| 30 | 42 |
| 20 | 38 |
| 10 | 32 |
| 5 | 28 |
| 低于1 | 20 |

水平的业务单元有80%的可能性获得高于平均值的综合绩效。与之相对应的是员工敬业度最低水平的业务单元获得的概率只有20%。所以，即便员工敬业度很低也可能产生高绩效，只不过可能性非常的低（实际上，只有四分之一）。

在本课题中，表现这些效果背后实际意义的表现形态包括了效用分析（Schmidt和Rauschenberger，1986年）。公式的推广被用来预估员工选择改进后的实际价值增长的结果。这些公式考虑到了效果的程度（相关性）、结果的变化性、自变量差异（在这个案例中指员工敬业度）。并且，这些公式可以被运用到预估不同程度$Q^{12}$分布下的绩效结果。之前的课题研究（Harter等人，2002年）提供了效用分析的案例，比较了$Q^{12}$顶部和底部的产出差异。在荟萃分析过的公司里，我们可以看到非常典型的员工敬业度顶部和底部的差距：顾客忠诚度2—4分，盈利能力1—4分，数以十万美元记的产值/每月，低流动率公司流动率差4—10分，高流动率的公司流动率差15—50分。

盖洛普研究人员最近使用了相似的维度（一种更新的分析法在Harter等人2002年的研究中有说明）对多重组织进行了效用分析。通过比较员工敬业度顶部和底部的业务单元，导致了下述产出中，中位数百分比的差异：

顾客忠诚度/敬业度差异是10%

盈利能力差异是21%

生产力（销售收入）差异是20%

生产力（生产记录与评估）差异是17%

对于高流动率公司（年流动率40%以上的公司）的流动率变化差异是24%

对于低流动率公司（年流动率40%以下的公司）的流动率变化差异是59%

安全事故差异是70%

商品损耗率差异是28%

缺勤率差异是41%

患者安全事故差异是58%

质量（缺陷产品）差异是40%

上述差异以及效用分析的具体金钱价值每个公司应该单独计算。考虑到组织专属的维度、情况以及跨业务单元产出的分布。中位数的预估代表大量课题研究中实效分析分布的中间点（生产力的中位数为83、流动率为92、安全为48、客户忠诚度为57、盈利能力为48、缺勤率为29、质量为14、商品损耗为11、患者安全为10），根据结果以及相似结果类型的组织数据有效性得出。

从中我们可以看到一点，如果组织有许多业务单元，那么上述关系是非常有用的。与文献所一致的效用分析的分数非常关注一项效用，那就是员工敬业度以及组织绩效的关系。或者保守讲，从实用角度上说，这是有意义的。

## 讨论

本次更新的元分析报告的结果继续为之前对$Q^{12}$工具进行的元分析提供了大规模的交叉验证。本研究将元分析数据库的规模扩大了32 320个业务/工作单位（增加了65%），研究的国家和工作单位类型也增加了。业务单元级别上的敬业度和绩效之间的关系在各公司中仍然是实质性的、高度概括的。公司间相关性的差异主要归因于研究偏差。对于2013年样本量为10 000个或更多业务单位（客户、盈利能力、生产率和人员流动率）的研究结果，这一更新的元分析结果几乎完全适用。对于这些结果，从2013年至2015年，效应量的差异在0.01—0.02之间，并且普遍性的证据仍然很充分。该数据库的规模让我们对员工敬业度与业务成果之间的真正关系有了信心，也让我们对这种关系的规模有了信心，这有助于计算绩效管理计划投资的潜在回报。多次重复的元分析得出的一致结果也表明，在不同经济时期，甚至在自1997年本系列研究开始以来技术发生巨大变化的情况下，职场观念对企业的重要性和相关性。

这些发现很重要，因为它们意味着可以在不同组织之间开发和使用通用工具，并有很大的信心获得重要的绩效相关信息。本研究的数据进一步证实了这样的理论：做对员工最有利的事情并不一定与做对企业/组织最有利的事情相矛盾。

同样值得注意的是，由于盖洛普咨询公司已经就变革举措对管理人员进行了培训并与公司建立了合作伙伴关系，各组织在员工敬业度方面（第一年和第二年之间）平均经历了标准差增长的一半，而在三年或三年以上之后，通常会经历标准差完全增长和更多增长。任何应用工具和改进过程效用的一个重要因素是研究变量的变化程度。目前的证据表明，员工敬业度是可改变的，并且随着业务单位或工作组的不同而存在很大差异。

正如我们在这里介绍的效用分析以及该分析在其他迭代中所证明的那样，所观察到的效应大小具有重要的实际意义，尤其是考虑到此处所衡量的敬业度是非常可变的。

盖洛普现在和未来的研究重点都集中在扩大研究结果的基础上，包括健康和福祉变量。例如，一项研究发现，在控制人口统计数据和先前的健康状况（包括体重指数）之后，2008年的员工敬业度与2009年的病假之间存在着密切的联系。在全球范围内的样本中，盖洛普在2010年发现工作敬业度与生活满意度、日常体验和健康之间的一致联系。另一项纵向研究发现，在控制了人口统计数据、健康史和药物使用情况后，敬业度的变化预测了胆固醇和甘油三酸酯（通过血液样本）的变化（Harter，Canedy和Stone，2008年）。最近，在比较敬业的和离职的员工时，我们观察到瞬时影响和皮质醇的差异（Harter和Stone，2011年）。另一项研究发现，工作敬业度可以预测参与组织赞助的健康计划的可能性（Agrawal和Harter，2009年）。其他人则发现敬业度对于不同群体的包容性认知是不可或缺的（Jones和Harter，2004年；Badal和Harter，2014年）。总之，这些研究表明，一个吸引人的工作场所的影响范围相当广泛。

## 参考文献

Abelson, R. P. (1985). A variance explanation paradox: When a little is a lot. *Psychological Bulletin,* 97(1), 129–133.

Agrawal, S., & Harter, J. K. (2009, October). *Employee engagement influences involvement in wellness programs*. Omaha, NE: Gallup.

Badal, S., & Harter, J. K. (2014). Gender diversity, business–unit engagement, & performance. *Journal of Leadership & Organizational Studies,* 2(4), 354–365.

Bangert–Drowns, R. L. (1986). Review of developments in meta–analytic method. *Psychological Bulletin,* 99(3), 388–399.

Batt, R. (2002). Managing customer services: Human resource practices, quit rates, and sales growth. *Academy of Management Journal,* 45(3), 587–597.

Carver, R. P. (1975). The Coleman Report: Using inappropriately designed achievement tests. *American Educational Research Journal,* 12(1), 77–86.

Denison, D. R. (1990). *Corporate culture and organizational effectiveness.* New York: John Wiley.

Edmans, A. (2012, November 1). The link between job satisfaction and firm value, with implications for corporate social responsibility. *Academy of Management Perspectives,* 26(4), 1–19.

Fleming, J. H., Coffman, C., & Harter, J. K. (2005, July–August). Manage your Human Sigma. *Harvard Business Review,* 83(7), 106–114.

Gallup (2010). *The state of the global workplace: A worldwide study of employee engagement and wellbeing.* Omaha, NE: Gallup.

Gallup, G. H. (1976, Winter). Human needs and satisfactions: A global survey. *Public Opinion Quarterly,* 40(4), 459–467.

Gallup, G. H., & Hill, E. (1959). *The secrets of long life.* New York: Bernard Geis.

The Gallup Organization (1992–1999). *Gallup Workplace Audit* (Copyright Registration Certificate TX–5 080 066). Washington, D.C.: U.S. Copyright Office.

Grissom, R. J. (1994). Probability of the superior outcome of one treatment over another. *Journal of Applied Psychology,* 79(2), 314–316.

Harter, J. K., & Agrawal, S. (2011). *Cross-cultural analysis of Gallup's $Q^{12}$ employee engagement instrument.* Omaha, NE: Gallup.

Harter, J. K., Asplund, J. W., & Fleming, J. H. (2004, August). *HumanSigma: A meta-analysis of the relationship between employee engagement, customer engagement and financial performance.* Omaha, NE: The Gallup Organization.

Harter, J. K., Canedy, J., & Stone, A. (2008). A longitudinal study of engagement at work and physiologic indicators of health. Presented at Work, Stress, & Health Conference. Washington, D.C.

Harter, J. K., & Creglow, A. (1997). *A meta-analysis and utility analysis of the relationship between core GWA employee perceptions and business outcomes.* Lincoln, NE: The Gallup Organization.

Harter, J. K., & Creglow, A. (1998, July). *A meta-analysis and utility analysis of the relationship between core GWA employee perceptions and business outcomes.* Lincoln, NE: The Gallup Organization.

Harter, J. K., Hayes, T. L., & Schmidt, F. L. (2004, January). *Meta-analytic predictive validity of Gallup Selection Research Instruments (SRI).* Omaha, NE: The Gallup Organization.

Harter, J. K., & Schmidt, F. L. (2000, March). *Validation of a performance-related and actionable management tool: A meta-analysis and utility analysis.* Princeton, NJ: The Gallup Organization.

Harter, J. K., & Schmidt, F. L. (2002, March). *Employee engagement, satisfaction, and business-unit-level outcomes: A meta-analysis.* Lincoln, NE: The Gallup Organization.

Harter, J. K., & Schmidt, F. L. (2006). Connecting employee satisfaction to business unit performance. In A. I. Kraut (Ed.), *Getting action from organizational surveys: New concepts, technologies, and applications* (pp. 33–52). San Francisco: Jossey–Bass.

Harter, J. K., & Schmidt, F. L. (2008). Conceptual versus empirical distinctions among constructs: Implications for discriminant validity. *Industrial and Organizational Psychology,* 1, 37–40.

Harter, J. K., Schmidt, F. L., Agrawal, S., & Plowman, S. K. (2013, February). *The relationship between engagement at work and organizational outcomes: 2012*

$Q^{12}$ *meta-analysis.* Omaha, NE: Gallup.

Harter, J. K., Schmidt, F. L., Asplund, J. W., Killham, E. A., & Agrawal, S. (2010). Causal impact of employee work perceptions on the bottom line of organizations. *Perspectives on Psychological Science,* 5(4), 378–389.

Harter, J. K., Schmidt, F. L., & Hayes, T. L. (2002). Business–unit–level relationship between employee satisfaction, employee engagement, and business outcomes: A meta–analysis. *Journal of Applied Psychology,* 87(2), 268–279.

Harter, J. K., Schmidt, F. L., & Killham, E. A. (2003, July). *Employee engagement, satisfaction, and business-unit-level outcomes: A meta-analysis.* Omaha, NE: The Gallup Organization.

Harter, J. K., Schmidt, F. L., Killham, E. A., & Agrawal, S. (2009). $Q^{12}$ *meta-analysis.* Gallup. Omaha, NE.

Harter, J. K., Schmidt, F. L., Killham, E. A., & Asplund, J. W. (2006). $Q^{12}$ *meta-analysis.* Gallup. Omaha, NE.

Harter, J. K., & Stone, A. A. (2011). Engaging and disengaging work conditions, momentary experiences, and cortisol response. *Motivation and Emotion,* 36(2), 104–113.

Hunter, J. E., & Schmidt, F. L. (1983). Quantifying the effects of psychological interventions on employee job performance and work–force productivity. *American Psychologist,* 38(4), 473–478.

Hunter, J. E., & Schmidt, F. L. (1990). *Methods of meta-analysis: Correcting error and bias in research findings.* Newbury Park, CA: Sage.

Hunter, J. E., & Schmidt, F. L. (2004). *Methods of meta-analysis: Correcting error and bias in research findings* (2nd ed.). Newbury Park, CA: Sage.

Hunter, J. E., Schmidt, F. L., & Le, H. A. (2006). Implications of direct and indirect range restriction for meta–analysis methods and findings. *Journal of Applied Psychology,* 91, 594–612.

Huselid, M. A. (1995). The impact of human resource management practices on turnover, productivity, and corporate financial performance. *Academy of Management Journal,* 38(3), 635–672.

Iaffaldano, M. T., & Muchinsky, P. M. (1985). Job satisfaction and job performance: A meta–analysis. *Psychological Bulletin,* 97(2), 251–273.

Johnson, J. W. (1996). Linking employee perceptions of service climate to customer satisfaction. *Personnel Psychology,* 49, 831–851.

Jones, J. R., & Harter, J. K. (2004). Race effects on the employee engagement–turnover intention relationship. *Journal of Leadership & Organizational Studies,* 11(2), 78–87.

Judge, T. A., Thoresen, C. J., Bono, J. E., & Patton, G. K. (2001). The job satisfaction–job performance relationship: A qualitative and quantitative review. *Psychological Bulletin,* 127(3), 376–407.

Lipsey, M. W. (1990). *Design sensitivity: Statistical power for experimental research.* Newbury Park, CA: Sage.

Lipsey, M. W., & Wilson, D. B. (1993). The efficacy of psychological, educational, and behavioral treatment: Confirmation from meta–analysis. *American Psychologist,* 48(12), 1181–1209.

Mosier, C. I. (1943). On the reliability of a weighted composite. *Psychometrika,* 8, 161–168.

National Technical Information Services. (1987). *Standard Industrial Classification manual.* Washington, D.C.: Executive Office of the President, Office of Management and Budget.

Ostroff, C. (1992). The relationship between satisfaction, attitudes, and performance: An organizational level analysis. *Journal of Applied Psychology,* 77(6), 963–974.

Reynierse, J. H., & Harker, J. B. (1992). Employee and customer perceptions of service in banks: Teller and customer service representative ratings. *Human Resource Planning,* 15(4), 31–46.

Rosenthal, R., & Rubin, D. B. (1982). A simple, general purpose display of magnitude of experimental effect. *Journal of Educational Psychology,* 74, 166–169.

Schmidt, F. L. (1992). What do data really mean? Research findings, meta–analysis, and cumulative knowledge in psychology. *American Psychologist,* 47(10), 1173–1181.

Schmidt, F. L., & Hunter, J. E. (1977). Development of a general solution to the problem of validity generalization. *Journal of Applied Psychology,* 62, 529–540.

Schmidt, F. L., & Hunter, J. E. (1996). Measurement error in psychological research: Lessons from 26 research scenarios. *Psychological Methods,* 1(2), 199–223.

Schmidt, F. L., & Hunter, J. E. (2015). *Methods of meta-analysis: Correcting error and bias in research findings.* (3rd ed.). Thousand Oaks, CA: Sage.

Schmidt, F. L., Hunter, J. E., McKenzie, R. C., & Muldrow, T. W. (1979). Impact of valid selection procedures on work–force productivity. *Journal of Applied Psychology,* 64(6), 609–626.

Schmidt, F. L., Hunter, J. E., Pearlman, K., & Rothstein–Hirsh, H. (1985). Forty questions about validity generalization and meta–analysis. *Personnel Psychology,* 38, 697–798.

Schmidt, F. L., & Le, H. A. (2004). Software for the Hunter–Schmidt meta–analysis methods. Iowa City, IA: Tippie College of Business, University of Iowa.

Schmidt, F. L., & Rader, M. (1999). Exploring the boundary conditions for interview validity: Meta–analytic validity findings for a new interview type. *Personnel Psychology,* 52, 445–464.

Schmidt, F. L., & Rauschenberger, J. (1986, April). *Utility analysis for practitioners.* Paper presented at the First Annual Conference of The Society for Industrial and Organizational Psychology, Chicago, IL.

Schmit, M. J., & Allscheid, S. P. (1995). Employee attitudes and customer satisfaction: Making theoretical and empirical connections. *Personnel Psychology,* 48, 521–536.

Schneider, B. (1991). Service quality and profits: Can you have your cake and eat it too? *Human Resource Planning,* 14(2), 151–157.

Schneider, B., Ashworth, S. D., Higgs, A. C., & Carr, L. (1996). Design, validity, and use of strategically focused employee attitude surveys. *Personnel*

*Psychology,* 49(3), 695–705.

Schneider, B., & Bowen, D. E. (1993). The service organization: Human resources management is crucial. *Organizational Dynamics,* 21, 39–52.

Schneider, B., Parkington, J. J., & Buxton, V. M. (1980). Employee and customer perceptions of service in banks. *Administrative Science Quarterly,* 25, 252-267.

Sechrest, L., & Yeaton, W. H. (1982). Magnitudes of experimental effects in social science research. *Evaluation Review,* 6(5), 579–600.

Ulrich, D., Halbrook, R., Meder, D., Stuchlik, M., & Thorpe, S. (1991). Employee and customer attachment: Synergies for competitive advantage. *Human Resource Planning,* 14(2), 89–103.

Wagner, R., & Harter, J. K. (2006). 12: *The elements of great managing.* New York: Gallup Press.

Whitman, D. S., Van Rooy, D. L., & Viswesvaran, C. (2010). Satisfaction, citizenship behaviors, and performance in work units: A meta–analysis of collective construct relations. *Personnel Psychology,* 63(1), 41–81.

Wiley, J. W. (1991). Customer satisfaction: A supportive work environment and its financial cost. *Human Resource Planning,* 14(2), 117–127.

Zohar, D. (1980). Safety climate in industrial organizations: Theoretical and applied implications. *Journal of Applied Psychology,* 65(1), 96–102.

Zohar, D. (2000). A group–level model of safety climate: Testing the effect of group climate on microaccidents in manufacturing jobs. *Journal of Applied Psychology,* 85(4), 587–596.

# 附录4

## 基于优势的员工发展与组织成果之间的关系[①]

——优势元分析

## 摘要


### 目标

迄今为止，来自众多组织的研究证据表明，基于优势的员工发展可以带来更具吸引力和更高效的工作场所。这项研究的目的是将元分析应用于一系列基于优势发展的研究，并检验可推广的证据。

具体来说，本文将研究以下内容：

1. 22个组织中基于优势的员工发展与绩效之间的真实关系
2. 组织间基于优势的员工发展与绩效之间关系的一致性或概括性
3. 调查结果对公司管理人员的实际意义


## 元分析，假设，方法和结果

### 元分析

元分析可以对两个或多个目标变量之间的关系或两组实验干预的影响进

① 本部分作者是吉姆·阿斯普隆德（Jim Asplund）硕士（盖洛普）、詹姆斯·K.哈特（James K. Harter）博士（盖洛普）、桑吉塔·阿格拉瓦尔（Sangeeta Agrawal）硕士（盖洛普）、斯蒂芬妮·K.普劳曼（Stephanie K. Plowman）硕士（盖洛普）。

行累积研究。前者是r值的元分析，而后者是d值的元分析（实验组和对照组之间的差异除以合并的标准偏差）。使用高级统计方法（例如可靠性和范围限制分布）的元分析数据更适合使用r值而不是d值。由于d值可以直接转换为双点r值，反之亦然，因此最容易将d值转换为r值进行元分析，然后再将真实得分的r值转换回d值以进行解释。这个过程被用于该项研究。

对于该项元分析，我们在可能的情况下校正了人为的误差来源，例如采样误差、测量误差和范围限制。大多数因变量的测量误差都是基于先前盖洛普元分析中的偏差分布来修正的。基于施密特（Schmidt）和亨特（Hunter）在1996年进行的研究中的场景23，也使用了重测可靠性评估。场景23考虑到因变量的某些变化（稳定性）是实际变化带来的影响。

## 基于优势的干预

盖洛普基于优势的干预措施的一般定义是，受访者完成克利夫顿优势评估并认识到自己的最佳天赋。在实践中，基于优势的干预措施在目的、类型和规模上各不相同。在某些情况下，受访者会得到更高级的指导和培训，而在其他情况下，他们会得到更基本的信息，例如书籍、网站说明和教程。在一些组织中，干预措施是为团队领导者设计的，而在其他组织中，则对个人贡献者进行了干预。

盖洛普研究人员进行了累积研究，按业务/工作单位比较了基于优势的发展干预的强度。在某些研究中，将已接受基于优势干预的业务单位与未进行基于优势干预的业务单位进行比较。在其他研究中，将接受优势干预的员工比例较低（但不为零）的业务单位与接受优势干预的员工比例较高业务单位进行比较。这些研究包括随机实验设计，但绝大多数是准实验设计，利用候补名单对照组而非随机实验组和对照组。在可能的情况下，将假设用来解释非随机实验组与对照组之间可能存在差异的变量用作分析中的统计对照（例如基准敬业度、地理位置、业务/工作单位年限、贸易区市场统计数据、产品类型）。

## 基于优势的干预类型

研究人员将基于优势的干预措施分为四类：

1. 业务/工作单位至少包括一名完成克利夫顿优势评估的人员，因变量与那些没有一个人完成评估的业务/工作单位相比较。

2. 记录在业务/工作单元中完成克利夫顿优势评估的个人百分比。在这种情况下，实验组自变量可能在1%—100%之间。

3. 个别经理完成了克利夫顿评估和经理发展课程，比较他们与那些未完成课程的管理人员的业务/工作单位因变量。

4. 个别经理完成了克利夫顿优势评估，比较他们与那些未完成评估的管理人员的业务/工作单位因变量。

## 因变量

在研究中确定了六个一般性的因变量：销售额、利润、员工敬业度、客户忠诚度、人员流动率和安全（事故）。以下是对研究中包含的六个因变量结果的描述：

销售额：销售额、收盘价、每笔交易的单位、收入增长、工时收入、与预算或目标相比的销售收入、可比销售收入增长和生产利用率。

利润：销售利润率、利润增长、毛利润增长、利润率下降（反向评分）、

利润率与目标、现有客户利润、息税（利息和税收）前利润（EBIT）

员工敬业度：敬业度调查中业务单元的平均分数。

客户忠诚度：客户对产品（服务）质量的看法。

人员流动率：年度业务/工作单位流动率，入职前90天的员工流动率。

安全：工人赔偿费用、工人赔偿事件、患者受伤、事故发生频率、事故严重程度。

在所有研究中，在接受优势干预的组织中，总样本的比例存在很大差异。这些值在小于1%到99%之间变化（0.01以下到0.99）。在任何比例下，方差最大为0.50。因此，偏离0.50会降低可能的效应大小。范围限制校正是基于研究中U（sd / SD）自变量估计的偏差分布进行的，为结果干预组合创建了不同的偏差分布。在这种情况下，对范围限制的校正使真实效应预估范围在数量上与同等条件下的实验组和对照组设计中所期望的范围更加接近。

在对盖洛普的推论数据库进行详尽审查中，积累了同时拥有克利夫顿优势评估数据和业绩数据的组织。研究人员将他们的详细审查限制在至少有30个完整的克利夫顿优势评估，由于缺乏可识别的对比组，一些研究不得不被删除。最后，研究人员在22个组织中进行了43项研究，包括120万人。

研究机构来自广泛的行业，包括重型设备和车辆制造、零售和商业银行、大众和专业零售、电力公用事业、金融和保险、医疗保健、航空航天、食品和其他农产品、建筑材料、投资服务、教育和制药。

总研究人群在地理位置上也各不相同，业务/工作单位来自45个国家。每次研究的国家数目从1到36个不等。

进行此元分析的步骤如下：

1. 根据结果类型、优势干预类型以及研究是否使用控制变量对研究进行分类。

2. 根据实验效果变量的性质，将实验研究和准实验研究中的d值转换为r或双歧r（在一种干预类型中，实验变量是连续的——业务/工作单位中接受克利夫顿优势评估人员的百分比）。

3. 使用偏差分布进行元分析，报告观察到的和真实的评分效应大小、标准偏差和概化统计。

4. 将r值转换回d值效应量。

5. 利用效用分析来估算各种干预—结果组合的效应量的实用价值。

## 结果

这项研究主要探讨学习或发展优势与组织绩效测量之间的关系。这些关系的元分析和有效性概括统计数据如表1所示。

表1　结果与克利夫顿优势评估干预之间关系的元分析

| 业务单位级别 | | | | | | |
|---|---|---|---|---|---|---|
| | 客户 | 利润 | 安全 | 销售收入 | 敬业度 | 流动率 |
| 业务单位数量 | 1345 | 7188 | 423 | 9438 | 29 620 | 1581 |
| r的数量 | 3 | 9 | 3 | 10 | 15 | 3 |
| 平均观测值r | 0.053 | 0.129 | −0.119 | 0.082 | 0.086 | −0.214 |
| 观测值SDr | 0.013 | 0.063 | 0.101 | 0.052 | 0.063 | 0.030 |
| 平均观测值d | 0.110 | 0.260 | −0.240 | 0.170 | 0.170 | −0.450 |
| 真实有效性r1 | 0.107 | 0.251 | −0.209 | 0.150 | 0.215 | −0.478 |
| 真实有效性SD1 | 0.000 | 0.078 | 0.060 | 0.054 | 0.095 | 0.000 |

续表

| 业务单位级别 | | | | | | |
|---|---|---|---|---|---|---|
| | 客户 | 利润 | 安全 | 销售收入 | 敬业度 | 流动率 |
| 真实有效性d1 | 0.220 | 0.540 | -0.440 | 0.310 | 0.450 | -1.240 |
| 方差占比一抽样误差 | 1311.2 | 30.5 | 68.6 | 37.9 | 12.7 | 194.3 |
| 方差占比1 | 1566.2 | 55.7 | 87.9 | 66.7 | 60.0 | 541.6 |
| 90%CVr | 0.107 | 0.151 | -0.286 | 0.081 | 0.093 | -0.478 |
| 90%CVd | 0.220 | 0.310 | -0.620 | 0.160 | 0.190 | -1.240 |

SD=标准差
1包括对组织内直接范围变化和因变量测量误差的校正
表1的图像描述：结果与克利夫顿强度评估干预之间关系的元分析

在校正因变量测量误差和组织内范围限制之后，显示了平均观测值的相关性和标准偏差，然后是预估的真实有效性。这一范围限制校正将所有组织置于关于自变量的可变性的相同基础上。这些结果可以被看作是对平均组织中各个业务/工作单位之间关系的预估。

研究结果揭示了组织间的普遍性，90%的可信度值表明了这一点，所有这些都符合假设关系（Schmidt和Hunter，1977年）。也就是说，克利夫顿优势评估在各个组织（包括不同行业和不同国家的组织）中可以在预期的方向上有效地预测这些结果。

对于某些测量，研究偏差解释了相关性中的大部分偏差。为了安全和销售，相关性中至少有三分之二的差异归因于采样误差、范围变化或测量误差。利润指标的结果与此相似，但程度要轻一些；这些相关性中超过一半的可变性归因于测量偏差。

就客户和员工流动率测量而言，研究样本在效应量之间的差异远小于抽样误差所带来的差异。这种情况通常发生在每个表条目有少量研究的情况下，例如此处。因此，人为因素造成的预估偏差超过了总的观测变异性。

## 控制变量

如前所述，在分析中，为了解释非随机实验组和对照组之间可能存在的差异而假设的变量被用作统计对照。与因变量本身一样，这些控制变量的可用性和质量在组织内部和组织之间明显不同。

1. 安全：所有研究都包括控制变量，包括员工敬业度、地理标识、员工和市场人口统计变量。

2. 客户：三项研究中的两项包括控制变量，包括员工敬业度、工作和产品类型以及其他员工人口统计变量。

3. 流动率：所有三项研究均采用了控制变量，包括员工敬业度、地理标识、经理任期、员工任期、竞争对手的数量和类型以及员工和市场人口特征。

4. 敬业度：所有研究均由敬业度调查管理队列（干预前的基线敬业度）进行对照。

5. 利润：9项研究中的6项使用了控制变量，包括员工和客户参与度、地理标识、员工任期、产品类型、员工和市场人口统计学特征、业务/工作单位特征以及竞争对手的数量和类型。

6. 销售额：10项研究中有7项使用了控制变量，包括员工和客户的敬业度、地理标识、员工任期、产品类型、员工和市场人口统计学特征、业务/工作单位特征以及竞争对手的数量和类型。

总的来说，这项元分析中有85%的研究使用了某种类型的控制变量。

## 设计效果

如前所述，纳入元分析的研究使用了四种不同的研究设计。元分析的一个局限性在于每个设计的研究数量并不大。表2列出了用于分析的不同研究设计的范围。

表2　不同研究设计的范围

| 预估真实有效性 | | | | | | | | |
|---|---|---|---|---|---|---|---|---|
| 业务单位级别元分析 | 因变量 | 研究类型 | 控制变量包含? | 关联数 | 平均值 | 降低10% | 提升10% | 范围 |
| 1 | 客户 | 1 | 混合 | 3 | 0.11 | 0.11 | 0.11 | 0.00 |
| 2 | 利润 | 混合 | 混合 | 9 | 0.25 | 0.15 | 0.35 | 0.20 |
| 3 | 利润 | 混合 | 是 | 6 | 0.29 | 0.29 | 0.29 | 0.00 |
| 4 | 利润 | 混合 | 否 | 3 | 0.14 | 0.14 | 0.14 | 0.00 |
| 5 | 利润 | 1,3 | 混合 | 6 | 0.25 | 0.14 | 0.37 | 0.22 |
| 6 | 利润 | 1,3 | 是 | 5 | 0.29 | 0.25 | 0.32 | 0.07 |
| 7 | 利润 | 2,4 | 混合 | 3 | 0.25 | 0.25 | 0.25 | 0.00 |
| 8 | 安全 | 1 | 是 | 3 | −0.21 | −0.29 | −0.13 | 0.15 |
| 9 | 销售额 | 混合 | 混合 | 10 | 0.15 | 0.08 | 0.22 | 0.14 |
| 10 | 销售额 | 混合 | 是 | 7 | 0.14 | 0.05 | 0.23 | 0.18 |
| 11 | 销售额 | 混合 | 否 | 3 | 0.26 | 0.26 | 0.26 | 0.00 |
| 12 | 销售额 | 1,3 | 混合 | 7 | 0.14 | 0.06 | 0.23 | 0.18 |
| 13 | 销售额 | 1,3 | 是 | 6 | 0.14 | 0.04 | 0.24 | 0.20 |
| 14 | 销售额 | 2,4 | 混合 | 3 | 0.20 | 0.20 | 0.20 | 0.00 |
| 15 | 流动率 | 1,3 | 是 | 3 | −0.48 | −0.48 | −0.48 | 0.00 |
| 16 | 员工敬业度 | 1,2 | 是 | 15 | 0.22 | 0.09 | 0.34 | 0.25 |

对于大多数结果的测量，研究设计存在显著的异质性。由于每种设计类型的研究数量很少，因此很难就不同类型优势干预的影响做出许多推论。

## 效用分析：效果的实用性

### 效用分析

这里提到的效应大小通常很难解释。关于“小”或“大”效应量的规定（Cohen，1988年）可能无法提供信息，因为这些效应量的实际意义取决于改善自变量的成本以及因变量变化的收益。罗森塔尔（Rosenthal）等人2000年提供了一个在数值上效应量较小但具有较大实际效益的经典例子：一项研究报告说使用β受体阻滞剂可增加心脏病发作的存活率（第27页）。这项研究的影响因子为0.04，但这表示将来的心脏病发作率减少了4%，具有一定的实际意义。研究文献还包含许多其他例子，这些例子在数字上效应量中等但具有巨大的实际效益（Abelson，1985年；Carver，1975年；Lipsey，1990年；Sechrest和Yeaton，1982年）。

人们可以通过使用效用分析方法（Schmidt和Rauschenberger，1986年）来表达研究结果的实际影响。用于预估由于员工选择权提高而增加的美元价值的产出的公式也已经被推导出。这些公式应用效应值的大小、研究结果的可变性以及自变量的差异来预估绩效结果的差异。

所有结果的效用预估值均包含在表3中，代表了具有相当大实际意义的差异。考虑到效应大小各不相同，这在某种程度上取决于是否使用了控制变量，因此我们对实际效用的预估较为保守。我们根据真实得分效应值的第10个百分位数（90%可信度值）和观察到的效应平均值得出了可能效用预估的范围。结果的可变性是基于文献和盖洛普数据库的值估算的。

表3 所有结果的效用预估值

| 业务单位级别结果 | 基于90%CV和观察值的范围 |
|---|---|
| 客户 | 3.4%-6.9% |
| 利润 | 14.4%-29.4% |
| 安全 | 22.9%-59.0% |
| 销售额 | 10.3%-19.3% |
| 敬业度 | 9%-15%敬业的员工 |
| 低流动性组织 | 5.8-16.1分 |
| 高流动性组织 | 26.0-71.8分 |

## 讨论

本研究是首次使用克利夫顿优势评估对学习优势的实际益处进行元分析。这些发现很重要，因为它们意味着干预措施可以在不同的组织中开发和使用，并且具有很高的可信度。本研究的数据证明了在员工发展上投资可以为其组织、客户及所有者提供物质和心理上的好处。

## 参考文献

Abelson, R. P. (1985). A variance explanation paradox: When a little is a lot. *Psychological Bulletin,* 97(1), 129-133. doi: 10.1037/0033-2909.97.1.129.

Carver, R. P. (1975). The Coleman report: Using inappropriately designed achievement tests. *American Educational Research Journal,* 12(1), 77-86.

Cohen, J. (1988). *Statistical power analysis for the behavioral sciences* (2nd ed.).

Hillsdale, NJ: Lawrence Earlbaum Associates.

Lipsey, M. W. (1990). *Design sensitivity: Statistical power for experimental research.* Newbury Park, CA: SAGE Publications.

Rosenthal, R., Rosnow, R. L., Rubin, D. B. (2000). *Contrasts and effect sizes in behavioral research: A correlational approach.* Cambridge: Cambridge University Press.

Schmidt, F. L., & Hunter, J. E. (1977). Development of a general solution to the problem of validity generalization. *Journal of Applied Psychology,* 62(5), 529.

Schmidt, F. L., & Hunter, J. E. (1996). Measurement error in psychological research: Lessons from 26 research scenarios. *Psychological Methods,* 1(2), 199-223.

Schmidt, F. L., & Rauschenberger, J. (1986, April). *Utility analysis for practitioners.* Paper presented at the first annual conference of The Society for Industrial and Organizational Psychology, Chicago, IL.

Sechrest, L., & Yeaton, W. H. (1982). Magnitudes of experimental effects in social science research. *Evaluation Review,* 6(5), 579-600. doi: 10.1177/0193841X8200600501.

# 附录5

## 经理人员招聘和发展状况的盖洛普元分析研究[①]

大约60年前，盖洛普开始研究管理角色——卓越模式和内在倾向，用以预测团队和组织的领导者在工作场所的出色表现。盖洛普积累了大量关于管理者成功的定性和定量研究结果，并维护了一个数据库，该数据库包含300多个工具开发和验证研究，这些研究都是关于管理者在不断变化的商业和经济时代中的成功。

在每个组织或企业中，所有员工必须履行各自的职责。每个角色的存在都是为了满足企业所服务人员的需求，无论他们是客户、学生还是病人。当满足这些需求与企业的宗旨和目标相一致时，就会实现可持续增长。从一线员工到经理再到领导者，这一理论适用于组织中的所有角色。

管理角色通常存在于企业领导的高层与个人贡献者及其直接主管之间。管理角色中的具体职务名称差异很大，往往反映了组织特定的工作标签或特定组织层次结构。

为了划分管理角色的类型，盖洛普的研究人员回顾了过去对200多个角色的研究，这些角色来自多个行业，包括零售、酒店、制造业、金融和化工，这使得研究人员能够从理论上探讨那些能够成功履行管理者职责的人才主题。这些主题构成了选择管理评估项目的内容基础。盖洛普的项目库包括

---

① 本文由杨永伟（Yongwei Yang）博士、约瑟夫·H.斯特勒（Joseph H. Streur）博士、詹姆斯·K.哈特（James K. Harter）博士、桑吉塔·阿格拉瓦尔（Sangeeta Agrawal）硕士完成。

300多种用于管理评估内容的工具开发研究。这些研究的数据会根据心理测量特性（效度、可靠性、单个项目/主题/维度的公平性）而不断更新和被审核。基于对管理者成功特征的定性和定量审查，我们发现了如下概括性维度可以用来预测未来管理上的成功：

1. 工作动机——激励团队做出优异的表现
2. 工作风格——为团队设定目标并安排资源，使其表现出色
3. 主动积极——通过自身影响让他人采取行动，克服逆境和阻力
4. 团队合作——用深厚的感情建立忠诚的团队
5. 思维过程——对战略和决策进行深入的分析

然后，可以对这些内在倾向进行系统评估，并结合对经验和绩效的严格审查，从而对经理或领导者的潜能形成一个客观而完整的描述。

盖洛普在管理选择工具应用于该领域后，一直收集与之相关的绩效数据。这些工具涵盖了各个级别的管理，从一线管理到行政领导级别。根据这些数据，盖洛普进行了并发（交叉验证）和预测效度研究，研究了工具得分与绩效结果之间的关系，包括绩效等级、直接汇报给经理的员工敬业度、业务单位的财务绩效管理、生产率、客户对服务质量的评价、直接汇报给经理的员工流动率以及综合绩效衡量（结合财务和非财务指标）。在过去的几十年中，研究人员进行了各种研究，包括先前两次对盖洛普选择工具的元分析（Schmidt和Rader，1999年；Harter等，2004年）。本次元分析的目的是更新之前的元分析，特别是针对涉及管理职位工作需求的管理选择工具，其中包括对组织成果进行人员管理。基于盖洛普之前的研究，盖洛普开发了管理选择评估，这是本报告的重点。过去研究的元分析有效性评估为理解当前工具的有效性及其在不同环境中的通用性提供了基础。

方法：这项元分析仅包含盖洛普公司历来开发的工具交叉验证样本，包括深度评估（结构化访谈）和基于网络的评估。对于每个绩效结果变量的样本都是独立的。由于绩效测量中的测量误差，观察到的有效性通常会存在向下偏差。而在预测有效性研究的情况下，由于明确使用了工具评分来选择管理人员，有效性范围受到了限制。研究人员使用偏差分布来校正这些向下偏差。

盖洛普的研究人员对14 597名管理人员进行了136项研究。在这些研究中，有81项为预测效度研究，55项为同时进行的交叉验证研究。87项研究来自深度（结构化）访谈，49项来自网络评估。这些研究包括7项一般绩效结果，有些研究包含多种结果的相关性。最常见的结果变量是管理者的绩效评级，其次是直接向每位管理者汇报的员工敬业度调查结果；财务绩效指标，例如经理管理的业务单位的销售和利润数字；生产力指标，例如绩效奖励、奖金、总账（财务）和住宿（酒店）。7项研究包含基于财务绩效、客户参与度和员工敬业度的综合绩效指标。5项研究包含客户对经理业务单位提供的服务质量的评级，3项研究包含员工保留数据（向领导报告的员工年流动率，反向评分）。

这些研究包括不同行业的管理者，包括农业、消费品、建筑、金融服务、零售、制造业、石油、保险、医疗保健、学校、酒店、饭店、其他服务、军事和高科技。我们还纳入了国际数据，其中包括来自非洲、加拿大、印度、马来西亚、新加坡和亚洲其他地区的经理人，除了英国和美国。对于研究中的一些结果，提供了多种措施（如多种财务措施）。在这些情况下，盖洛普研究人员遵循一些基本的决策规则。在某些情况下，对相同的结果提供了难以区分的重要标准度量，我们对研究之间的相关性进行了平均，并对研究样本使用了这一平均值。在其他情况下，一个特定的措施被确定为对结果最具建设性的措施。

本研究使用了元分析方法（Hunter和Schmidt，2004年）。元分析是对许多不同研究中积累的数据进行统计整合。它提供了强大的信息，因为它控制着测量和采样误差以及其他扭曲个体研究结果的特性。元分析试图消除偏差，并提供对两个或多个变量之间的真实有效性或真实关系的估计。通常在元分析过程中计算出的统计数据使得研究人员能够探索关系的存在与否。在本研究中，研究人员使用交互式程序（Hunter和Schmidt，1990年）进行了改进，提高了基于偏差分布的元分析的准确性（Hunter和Schmidt，2004年；Hunter和Schmidt，1994年；Law，Schmidt和Hunter，1994年；Schmidt等人，1993年）。盖洛普研究人员使用偏差分布元分析方法，因为并非所有研究都具有必要的范围限制和因变量可靠性估计。直接范围限制校正仅适用于预测效度研究，对于交叉有效性研究，我们将间接范围限制校正程序应用于该元分析（Hunter, Schmidt和Le, 2006年）。在同时进行的交叉验证研究中，在职员工之间可能存在间接范围限制，因为在职员工可能是通过某种方法来选择的，这些方法可以改善绩效，然后标准可靠性估计可能会被削弱。我们修正了并发和预测研究设计中性能变量中的测量误差。

**偏差分布——预测可靠性分布**。预测（自变量）可靠性偏差分布（均值=0.82；s=0.04）取自盖洛普评估报告的重测可靠性，包括深度评估和网络评估（Harter, 2003年）。在此元分析中，没有对预测可靠性的平均真实效度进行校正。相反，对于概化分析，我们使用预测可靠性偏差分布来校正真实有效性标准偏差。

**偏差分布——绩效评级**。管理者绩效评级包括用于管理目的的评级和仅用于研究目的的评级。评分形式差异很大，但每项研究中使用的因变量是该评分中所含项目平均值的综合“总体”评分。当两者都提供时，后者用于增加可靠性和内容覆盖率。有专家团队对管理者绩效评级的内部评级者可靠性进行了广泛的研究，形成了平均值为0.52（s = 0.10）的偏差分布（Rothstein，1990年；Viswesvaran等人，1996年）。

**偏差分布——员工敬业度。**员工敬业度采用盖洛普（Gallup）的$Q^{12}$测量法进行衡量，该测量法已得到广泛的研究和报道（Harter，Schmidt，Agrawal和Plowman，2013年）。GrandMean（12个员工敬业度项目的平均值）被用作标准变量，汇总了向经理汇报的员工的反馈。基于亨特（Hunter）和施密特（Schmidt）在1996年的研究中提供的公式和场景23（第219页），在业务单位级别基于重测可靠性创建了偏差分布。使用相同的公式计算财务绩效、生产力、客户评级和员工流动率的重测可靠性，该校正针对这些变量从一个时间段到下一个时间段可能发生的实际变化进行了校正。员工敬业度的平均偏差分布可靠性为0.73（s = 0.14）。

**偏差分布——财务绩效。**财务变量包括业务单位级别的美元销售额、销售收入、利润、利润增长、每间可用客房（酒店）收入，利润与目标的百分比和毛利率与目标的百分比。财务绩效的定义与之前的盖洛普元分析的定义略有不同，因为在当前的元分析中，我们排除了那些非纯财务变量的研究，例如新账户数量、已售单元或客房夜数，这些变量被纳入了生产力类别中。我们还包括了纯粹的金融综合指标。在“综合绩效”类别中，我们包括财务和非财务结果的综合。因为财务结果代表了收入、销售和利润的混合集合，所以我们将业务单位级别生产力（收入或销售）的偏差分布与哈特（Harter）等人在2013年的研究中的利润元分析相结合。这导致平均值为0.87

（s = 0.18）。

**偏差分布——生产率**。如前所述，生产率指标包括绩效奖励、奖金、总账户（财务）和客房住宿（酒店）。对于生产记录，我们使用哈特（Harter）等人在2004年为性能统计和生产记录而编制的偏差分布，平均值为0.98（s=0.01）。

**偏差分布——综合性能**。在包括管理绩效综合指标的六项研究中，所有研究均包括财务、客户和员工敬业度结果的总和。我们使用了哈特（Harter）等人在2004年使用的复合测量的偏差分布，平均值为0.75（s = 0.04）。

**偏差分布——客户评级**。在业务单位级别上汇总通过调查客户反馈向客户提供的服务措施，我们使用了哈特（Harter）等人在2013年编写的偏差分布，平均值为0.68（s = 0.20）。

**偏差分布——员工留存率**。哈特（Harter）等人在2013年也编制了业务单位级别员工流动率的偏差分布，平均值为0.50（s = 0.26）。

范围限制。如前所述，此分析中的研究包括并发有效性研究和预测有效性研究。明确的范围限制通常发生在预测有效性研究中，即组织选择得分较高的申请人，这导致预测有效性预估的衰减。在本研究中，我们使用基于盖洛普研究（Harter等人，2004年）编制的偏差分布，平均U值（雇用员工的标准差/申请人的标准差）为0.77（s = 0.16）。

**结果**。表1列出了绩效标准变量类型中按研究设计（并行或预测）得出的元分析结果。先前的元分析（Schmidt和Rader，1999；Harter等人，2004年）发现盖洛普工具可以预测各种绩效结果，包括对经理人选择工具的研究。这里报告的数据也是如此，其中增加了一些变量，包括对管理人才与员工敬业度之间关系进行的大量研究，以及五项关于报告管理人才与客户服务质量评级之间关系的研究。此外，四项研究报告了管理人才与管理业务单位员工流失之间的关系。

表1 管理者人才与管理者绩效关系的元分析

| 标准类型 | 样本类型 | 案例数量 | 关联数量 | 平均观测关联 | 观测相关标准差 | 真实有效性 | 真实有效性标准差 | 90%信度值 | 10%信度值 |
|---|---|---|---|---|---|---|---|---|---|
| 综合性能 | 预测 | 256 | 6 | 0.26 | 0.07 | 0.37 | 0.00 | 0.37 | 0.37 |
| 绩效评级 | 并发 | 2995 | 29 | 0.19 | 0.13 | 0.36 | 0.11 | 0.22 | 0.51 |
| | 预测 | 5662 | 26 | 0.16 | 0.11 | 0.28 | 0.14 | 0.10 | 0.46 |
| 员工敬业度 | 并发 | 1765 | 22 | 0.19 | 0.14 | 0.30 | 0.12 | 0.15 | 0.46 |
| | 预测 | 1013 | 9 | 0.18 | 0.15 | 0.26 | 0.15 | 0.06 | 0.47 |
| 生产率 | 预测 | 685 | 11 | 0.17 | 0.13 | 0.24 | 0.01 | 0.22 | 0.26 |
| 财务绩效 | 预测 | 880 | 21 | 0.21 | 0.20 | 0.29 | 0.17 | 0.07 | 0.51 |
| 客户评级 | 预测 | 492 | 6 | 0.10 | 0.11 | 0.15 | 0.00 | 0.15 | 0.15 |
| 员工留存率 | 预测 | 411 | 3 | 0.05 | 0.02 | 0.11 | 0.00 | 0.11 | 0.11 |

从结果来看，仍然有大量证据表明，管理人才与七项绩效结果之间的关系具有普遍性。各项研究中真实有效性的分布显然是在假设的方向上。在所研究的七个结果中，综合绩效的预测效度最高（0.37），在校正了测量误差、范围限制和抽样误差后，六项研究的预测效度是一致的。这是有道理的，因为管理者会朝着多种结果进行管理。人才对组织绩效的影响应通过多个变量（包括财务和非财务因素）的组合得到最佳的表达和评价。对于四个结果（绩效评级、员工敬业度、生产率和财务绩效），预测有效性的大小相似，在

0.24到0.29之间变化。这些真实的有效性在很大程度上也是可概括的，各个研究的预测有效性存在差异，但是分布显然是积极的。这意味着人们可以期望在许多情况下找到与这些绩效结果呈正相关的关系。预测效度的最大差异发生在财务绩效和员工敬业度上，但是效度的第10个百分位数和第90个百分位数分别在0.07和0.06到0.51和0.47范围内。这表明，对财务绩效和员工敬业度的预测分布显然是朝着积极的方向发展的，但是在关系的大小上可能存在一些调节因素。财务结果效应大小可能会因可用财务指标类型以及管理层对这些变量的影响程度而微调。也有可能，管理人才与员工敬业度之间的关系在某种程度上依赖于不同组织的人才评估中所包含的特定结构。尽管如此，历史研究中使用的各种人才评估始终积极预测财务绩效和员工敬业度。效应值的大小只是确定实际效用的一个因素。也就是说，如果各个业务单位的绩效差异很大，则较小的效应值可以解释较高的美元价值实际效应。下一节将详细讨论实际效用。其余结果（客户评级和员工留存率）包括较少的研究，但它们也揭示了在假设方向上的真实有效性。更高的管理天赋与更积极的客户认知度（0.15）、更高的员工留存率（0.11）相关。

## 解释标准效度系数

与标准相关的效度证明通常表示为相关性。当然，人们可能会问这样一个问题：这些相关性“很大”吗？这一问题需要在相关背景下予以回答。第一个背景是文献中有关人员甄选方法的标准相关效度的结果，已发表的关于性格因素对领导或管理有效性的可预测性的元分析研究是有限的。在校正了预测和标准的不可靠性以及范围限制后，相关专家报告了五大人格特征和领导效能之间的真实得分相关性，范围介于0.16（认真）至0.24（外向性和开放性）之间（Judge，Bono，Ilies和Gerhardt，2002年）。纸笔型智力测量与领导力效能测量之间的真实得分具有相关性，介于0.17至0.33之间，且这种相关性可能会根据有效性测试的类型而有所不同（Judge，Colbert和Ilies，2002年）。管理者评估的预估标准效度与贾奇（Judge）等人在2002年、2004年报告的标准效度具有可比性，在某些情况下甚至更高。

在过去的二十年中，各种元分析研究探索了就业面试和其他选择方法的有效性（McDaniel，Whetzel，Schmidt和Maurer，1994年；Schmidt和Hunter，1998年）。如这些研究所示，效度系数之间的差异来源不仅限于选择评估的类型、被测结构和工作的类型。这种差异也可能源于标准度量的类型。在贾奇（Judge）等人2002年的研究中，领导效能的衡量主要基于上级和下级的评级。在贾奇（Judge）等人2004年的研究中，包含了“客观”有效性衡量标准——作者将其定义为“基于可量化的分数（例如，生存模拟中的团队绩效……）”（第544页）。

然而，这两项研究似乎都没有包括组织或业务成果的衡量标准。相比之下，用于评估管理者评估的标准相关效度的标准措施采用了综合度量，其中考虑了工作绩效的多个方面。这些研究中使用的标准测量方法的多样性和合理的效度预估为使用盖洛普管理者评估进行组织干预提供了有力的支持。

理解效度系数大小的另一个背景是考虑其实际业务影响或潜在效用。目前已有一些方法来评估实施选择方法的影响。理论预期模型（Taylor和Russell，1939年）表明，在保持效度恒定的情况下，选择程序的实际收益可能会由于选择率的降低而增加，也可能受工作中基本成功率的影响（即不使用选择工具的成功率）。例如，假设管理岗位人员的基本成功率是50%，应用从元分析中获得的0.37综合绩效预测效度，则选择排名前10%的申请者会将成功率提高到76%，或者提高52%。在被雇用者中，30%的选择率将使成功率达到67%，或提高34%。考虑到20%的基本成功率和10%的选择率，被雇用者的成功率为42%，或者是基本成功率的两倍以上。在30%的选择率下，那些被雇用者将有33%的成功率。

关于财务绩效，假设盖洛普数据库中业务单位级别销售额或销售收入的平均预测有效性水平和变异系数（标准差与平均值的比率）为63%，在盖洛普工具上选择排名前10%的经理申请者，将使每位经理的收入或销售收入提高32%。选择收入最高的30%可使每位经理的收入或销售收入增加21%。鉴于组织内部各个业务单位的利润差异很大（平均变动系数为94%），选择前10%的经理候选人可能与每个经理人48%的利润差异有关。选择前30%的经理人候选人可以与每个经理人32%的利润差异有关。这些类型的效用估计值可以对管理者负责的许多结果进行计算。简而言之，如果系统地使用盖洛普管理者选择工具，这些示例表明，随着时间的推移，一个组织可以期望在业务单位绩效方面产生巨大的实际变化。

## 参考文献

Harter, J. K. (2003). *Test-retest reliability of Gallup selection assessments.* Gallup Technical Report. Omaha, NE.

Harter, J. K., Hayes, T. L., & Schmidt, F. L. (2004). *Meta-analytic predictive validity of Gallup Selection Research Instruments (SRI)*. Gallup Technical Report. Omaha, NE.

Harter, J. K., Schmidt, F. L., Agrawal, S. A., & Plowman, S. K. (2013). *The relationship between engagement at work and organizational outcomes: 2012*

$Q^{12}$ *meta-analysis.* Gallup Technical Report. Omaha, NE.

Hunter, J. E., & Schmidt, F. L. (1990). *Methods of meta-analysis: Correcting error and bias in research findings.* Newbury Park, CA: Sage.

Hunter, J. E., & Schmidt, F. L. (1994). Estimation of sampling error variance in the meta-analysis of correlations: Use of average correlation in the homogeneous case. *Journal of Applied Psychology,* 79, 171-177.

Hunter, J. E., & Schmidt, F. L. (1996). Measurement error in psychological research: Lessons from 26 research scenarios. *Psychological Methods,* 1, 199-223.

Hunter, J. E., & Schmidt, F. L. (2004). *Methods of meta-analysis: Correcting error and bias in research findings (2nd ed.).* Newbury Park, CA: Sage.

Hunter, J. E., Schmidt, F. L., & Le, H. A. (2006). Implications of direct and indirect range restriction for meta-analysis methods and findings. *Journal of Applied Psychology,* 91, 594-612.

Judge, T. A., Bono, J. E., Ilies, R., & Gerhardt, M. W. (2002). Personality and leadership: A qualitative and quantitative review. *Journal of Applied Psychology,* 87, 765-780.

Judge, T. A., Colbert, A. E., & Ilies, R. (2004). Intelligence and leadership: A quantitative review and test of theoretical propositions. *Journal of Applied Psychology,* 89, 542-552.

Law, K. S., Schmidt, F. L., & Hunter, J. E. (1994). Nonlinearity of range corrections in meta-analysis: Test of an improved procedure. *Journal of Applied Psychology,* 79, 425-438.

McDaniel, M. A., Whetzel, D. L., Schmidt, F. L., & Maurer, S. D. (1994). The validity of employment interviews: A comprehensive review and meta-analysis. *Journal of Applied Psychology,* 79, 599-616.

Rothstein, H. R. (1990). Interrater reliability of job performance ratings: Growth to asymptote level with increasing opportunity to observe. *Journal of Applied Psychology,* 75, 322-327.

Schmidt, F. L., & Hunter, J. E. (1998). The validity and utility of selection methods in personnel psychology: Practical and theoretical implications of 85 years of research findings. *Psychological Bulletin,* 124(2), 262.

Schmidt, F. L., Law, K., Hunter, J. E., Rothstein, H. R., Pearlman, K., & McDaniel, M. (1993). Refinements in validity generalization methods: Implications for the situational specificity hypothesis. *Journal of Applied Psychology,* 78, 3-12.

Schmidt, F. L., & Rader, M. (1999). Exploring the boundary conditions for interview validity: Meta-analytic validity findings for a new interview type. *Personnel Psychology,* 52, 445-464.

Taylor, H. C., & Russell, J. T. (1939). The relationship of validity coefficients to the practical effectiveness of tests in selection: discussion and tables. *Journal of Applied Psychology,* 23(5), 565.

Viswesvaran, C., Ones, D. S., & Schmidt, F. L. (1996). Comparative analysis of the reliability of job performance ratings. *Journal of Applied Psychology,* 81, 557-574.

# 注释

这本书涉及广泛的研究。想要了解更多关于盖洛普的研究和书中提到的其他研究的细节，请查看本章的注释。

请注意，没有标明来源的统计数据均来自于盖洛普的研究。

## 第一部分　战略

### 第2章　为什么组织变革如此困难

2018年，盖洛普对法国、德国、西班牙和英国的4000名全职和兼职员工进行了调查，不到四分之一的员工强烈认同公司领导让他们对未来充满热情。

### 第3章　领导者必备的两个特质

在盖洛普领导力研究的50年回顾中，我们发现了一个广泛的成功领导者的特质：高强度工作、催化剂作用、责任心、灵活性、目标导向、有计划、自我认知、重要的人际网络、人才伯乐、领导团队、业务定位、建立概念、获取知识、战略思维、竞争性、勇气、协调能力、结构化、充满热情、投资意识、共启愿景。

### 第4章　凝聚多个团队

为了有效地领导，盖洛普发现，高管们会通过自己的愿景激励他人；通过建立问责制和领导变革，使组织价值最大化；通过发展员工，建立关系和有效沟通来指导和建立一个支持者群体。

### 第5章　做出正确的决策

2018年，盖洛普对欧洲4000名全职和兼职员工进行了调查，其中法国人中的41%，英国人中的33%，德国人中的26%，和西班牙人中的27%，强烈认为他们的公司有正确的心态，能够快速响应商业需求。

## 第二部分 文化

### 第6章 什么是组织文化

2018年，盖洛普对法国、德国、西班牙和英国的4000名全职和兼职员工进行了调查，每个国家约有三分之一的员工强烈同意，他们会向他人推荐自己的公司作为理想工作场所。

## 第三部分 雇主品牌

### 第9章 吸引新的员工

不只是千禧一代，大多数员工更喜欢在网上找工作。一个基本的要求是使网上工作机会容易找到，用户友好和视觉上有吸引力。网站应该包括引人注目的内容，清楚地描述你的组织与竞争对手的区别——你的目的，品牌意图和文化。考虑到85%的千禧一代通过智能手机上网，如果你的目标是吸引千禧一代，要确保你的网站提供完美的移动体验。

只有四分之一的求职者（主要是X一代和婴儿潮一代）仍然通过报纸来寻找工作机会。

### 第11章 招聘分析

将四项招聘标准（以往的经验和成就、先天倾向性、多轮面试和在职观察）结合起来，可以将招聘成功率从20%提高到70%。

一项100年的研究发现，许多选择方法可以提高绩效预测，包括一般智力测试、招聘面试（有结构的和无结构化的）、正直诚实和性格测试、背景调查、履历数据、之前的工作经验、工作成就样本，以及评估中心使用的其他方法（Schmidt等人，2016年）。研究人员可以使用其中的许多方法来衡量五种先天特征或倾向（工作动机、工作风格、主动积极、团队合作、思维过程），并将它们结合起来，最大限度地预测其绩效。研究发现，全面的心理能力是预测一个人表现的唯一最强因素，而其他许多方法在预测一个人的表现时基本上都是加在一起的。全面的心理能力可以通过多种方式来获得，包括对心理能力或思维过程的直接测试、先前的经验和成就、情景判断知识测试和工作选拔赛等。

## 第14章　员工发展的捷径——建立基于优势的对话

敬业的员工会花更少的时间独自工作，而会花更多的时间与经理交流。不幸的是，对公司来说，最不敬业的员工会花更多的时间和客户在一起，这可能会让客户产生消极情绪。

盖洛普对49 495个业务部门基于优势的干预措施的实验和准实验研究进行元分析，结果显示，员工敬业度、生产力、利润、保留率、安全性和客户体验都得到了显著改善。此外，在21项研究中对23 640名个人的敬业度和10 592个团队的销售业绩的总体分析中，那些收到关于自己优势和非优势反馈的人取得了显著的绩效改进，这比那些只收到优势反馈的人要高。这些研究表明，最好的反馈形式包括主要关注发展他的优势，同时意识到并讨论如何管理非优势，以免它们成为劣势。

此外，盖洛普的数据显示，今天的员工希望他们的经理主要根据自己的优势来培训指导他们成长。

## 第16章　建设基于优势的组织文化的五个步骤

1. 从CEO开始，否则行不通。虽然这是一个理想的起点，但盖洛普合作过的大多数组织都在部门或部门中开始采用**基于优势**的方法，在组织中创建了一种**基于优势**的亚文化。在这些情况下，为了得到管理层的支持，他们需要把这些亚文化作为测试案例，通过定量和定性的研究来证明投资的回报——**基于优势**的方法是如何与实现组织成果相联系的。

2. 要求每个员工发现自己的优势。在一些组织中，随着时间的推移，在各种项目中加入基于优势的方法，优势发现就会自然而然地发生。在理想情况下，每个员工都能尽早发现自己的优势。

3. 建立一个内部的优势教练网络。虽然人力资源对于实施和支持基于优势的文化至关重要，但盖洛普发现，当来自业务和其他职能领域的人员成为优势教练时，才能实现最无缝衔接的应用。成为一名优势教练并不需要是一份全职工作。教练融入组织主流的能力越强，他们的效率就越高。

4. 将优势整合到绩效管理中。**经理人**要想成为最有效的教练，他们首先需要知道如何利用自己的优势。他们需要有参与感——他们自己需要良好的员工体验。从你的经理开始，当他们看到以**优势**为基础的方法对自己生活的影响时，他们会更有效地培训指导团队。

5. 改变你的学习发展项目。大多数组织都会有一些项目或培训来弥补劣势。在某些情况下，通过合规和道德培训，让人们意识到盲点是必要的。

### 第19章 离职

2018年，盖洛普对法国、德国、西班牙和英国的4000名全职和兼职员工进行了调查，我们发现不同国家的员工报告的留在当前雇主的意愿存在很大差异。例如，65%的德国员工和60%的西班牙员工强烈同意他们计划三年后留在现在的公司。只有38%的英国人和36%的法国人强烈同意会留在现有公司。

## 第四部分 教练型领导

### 第20章 教练的三个要求

2018年，盖洛普对法国、德国、西班牙和英国的4000名全职和兼职员工进行了调查，结果显示，34%的英国员工强烈赞同经理将他们纳入自己的目标设定之中。德国（29%）、法国（25%）和西班牙（19%）的比例较低。在这四个国家中，30%或更少的员工认为，经理的绩效管理方式能够激励他们出色地完成工作。

### 第21章 五种教练对话

2018年，盖洛普对欧洲4000名全职和兼职员工进行了调查，其中22%的德国员工，24%的英国员工，22%的法国员工和12%的西班牙员工强烈认为，他们在过去一周收到了有意义的反馈。

多项大规模学术研究发现，持续培训指导对绩效有影响。

### 第25章 让“我的发展”成为员工留下来的理由

2018年盖洛普对欧洲的4000名全职和兼职员工进行了调查。结果发现，在法国（23%）、德国（23%）、英国（17%）和西班牙（17%），不到四分之一的员工强烈认为，在现任公司有明显的职业发展机会。

### 第27章 团队领导者的突破

克利夫顿34个优势主题被分为四个优势领域

| 执行力 | 影响力 | 建立关系 | 战略思维 |
| --- | --- | --- | --- |
| 成就<br>统筹<br>信仰<br>公平<br>审慎<br>纪律<br>专注<br>责任<br>排难 | 行动<br>统率<br>沟通<br>竞争<br>完美<br>自信<br>追求<br>取悦 | 适应<br>关联<br>伯乐<br>体谅<br>和谐<br>包容<br>个别<br>积极<br>交往 | 分析<br>回顾<br>前瞻<br>理念<br>搜集<br>思维<br>学习<br>战略 |

在一项对159个客户服务团队的研究中，研究人员发现，客户忠诚度最高的团队中至少有一个人对组织其他成员具有高度的“中心性”。那些具有高中心性的人与组织中具有高度影响力的其他人联系在一起。社交网络分析通过考虑每个人的第一级、第二级和第三级联系来计算每个人在整个社交网络中的中心地位。

在另一项针对821名员工的研究中，研究人员发现，敬业度最高的员工的**经理人**往往对组织的其他成员具有高度的社会网络中心性。

术语“集体智能”是广泛研究文献的一部分，包括“共享的心智模型”和“共享的认知”。“当团队成员意见一致，或者他们的想法不同但彼此互补时，团队通常会表现得更好。”

## 第28章　员工敬业度项目为什么没有奏效

基于盖洛普对230家公司的82 248个**业务单元**的业绩结果的研究，结合%4s和%5s的5点协议尺度产生了一个不如针对%5s（强协议）有效的度量。在%5（非常同意）度量标准上提高10个百分点，与%4s（一般同意）提高10个百分点相比，其在业务结果（利润、生产力、客户忠诚度、营业额和安全性）上的提高几乎翻了一番。

## 第30章　卓越经理人的五大特质

在盖洛普的数据库中，50年间有数百项深入的研究考察了伟大管理随时间的变化。数百项研究中的每一项都提供了在研究进行的特定时间内哪些特质能预测成功的洞见。我们将“成功”定义为高的团队生产力、敬业度、保留率、客户服务评级和利润。

我们将这些十年来的研究结合起来，以了解哪些改变了，哪些没有改变。我们发现，预测成功团队表现的许多基本特征具有实质性的一致性。20世纪70年代和80年代的许多成功因素在今天仍然可以用来预测成功：成功的**经理人**会被驱使去实现业绩成果，并与员工建立密切的个人关系来实现这些成果。

我们发现在第30章中列出的相同的总体维度（工作动机、工作风格、主动积极、团队合作和思维过程）在成功的**经理人**身上也存在。但我们也发现，如今的优秀**经理人**在如何组建团队、如何通过思维过程解决问题和做出决策方面也存在重要差异。

以下是我们团队通过这项研究发现的两个重要差异：

1. 过去的**经理人**可以通过制定规则和对员工施加控制来影响其他人。这些**经理人**需要成为如何完成工作的核心人物和设计师。如今，**经理人**扮演着**引导师**或教练的角色。我们可以把这些**经理人**看作是协调者。他们必须以权威的口吻发言，同时对员工的意见保持开放的态度。在一个工作时间和空间灵活、工作和生活融合的世界里，今天的**经理人**需要建立明确的问责制度。

2. 过去的**经理人**通过试图理解他们的团队所处的环境以及意识到做出**决策**的更大的环境来解决问题。这为**经理人**在做决策时提供了一个明智的观点。今天，成功的**经理人**更多的是分析型决策者。他们肯定更关注未来和系统，自然对可能性和新想法感兴趣，他们是更客观和基于经验的问题解决者和数据消费者。

过去的**经理人**和现在的**经理人**之间的这两种差异反映了现代**职场**的变化——**员工**的独立性增强和信息获取方面的实质性进步。选择领导高绩效团队的经理的新概要应该考虑到这些变化。盖洛普对我们的招聘分析进行了校准，以反映这些变化。

## 第31章　如何培养经理人

盖洛普的研究人员研究了581家组织，这些组织在第一次和第二次员工敬业度测量期间有（n = 309）参与了盖洛普的培训，有（n = 272）未参与。这包括了从2000年到2016年参与员工敬业度测量的250万人的数据。培训内容包括**优势**教育、员工敬业度教育和**经理人**教育。

投资于**优势**培训的公司员工的敬业度平均提高了17%，而那些只在$Q^{12}$进行测评、没有接受培训的公司员工的敬业度平均提高了8%。使用了员工敬业度培训而没有进行**优势**培训的组织提高了12个百分点。对于10 000人的大型组织，例如，**优势**培训中有2330万美元的评估——第一年的生产力回报——或者比那些没有使用培训的公司多出1210万美元，比那些使用优势培训的公司多出860万美元。

# 第五部分　职场的未来

## 第34章　多元化和包容性："请尊重我。"

在美国的员工中，9%的人不同意或强烈不同意他们在工作中受到了尊重。在这9%的人中，90%的人表示，他们在工作中至少经历过35类歧视或骚扰中的n类。

2018年，盖洛普对欧洲的4000名全职和兼职员工进行了调查。结果显示，3%的英国员工不认同或强烈不同意自己在工作中总是受到尊重；4%的德国人、10%的西班牙人和12%的法国人持同样看法。

## 第36章　多元化和包容性："领导者会做正确的事情。"

2018年盖洛普对欧洲4000名全职和兼职员工进行的一项调查显示，57%的英国员工强烈认为，如果他们对道德和诚信提出关注，他们的雇主就会做正确的事情；36%的法国员工、32%的西班牙员工和31%的德国员工持同样看法。

## 第45章　公司创新：如何管理和培育创造力

2018年盖洛普对欧洲的4000名全职和兼职员工进行了一项调查，结果发现55%的英国员工表示，他们每周至少有几次时间来进行创造性思考或讨论工作中的新想法；48%的法国员工，38%的西班牙员工和德国员工持同样观点。在德国，41%的员工强烈认为，他们在想出新的更好的做事方法时受到了鼓励，在英国是36%，法国员工中的30%和西班牙员工中的20%持同样的看法。

一项针对25 257名18岁及以上美国员工的研究表明，参与度越高，想法就越多：

• "在过去的12个月里，你或你的团队有什么想法来改善你的公司或组织吗？"

61%的人认为"是的"。

• "你的想法目前实施的情况如何？"

46%的受访者表示，他们有了一个想法，而且已经付诸实施。

• "你的想法是否为你的团队、公司或组织节省了成本、增加了收入或提高了效率？"

20%的人说，他们有了一个想法，这个想法得到了实施，并且得到了改善。

• 敬业的员工认为：

他们（或他们的团队）有想法的可能性比普通员工高20%，比主动离职的员工高66%。

自己有了一个想法，然后付诸实施，并得到改善的概率是普通员工的2.4倍，是主动离职员工的7.8倍。

## 第46章　没有卓越的经理人，组织不可能实现“敏捷”

2018年，盖洛普对欧洲4000名全职和兼职员工进行了一项调查。结果显示，在英国、德国、法国和西班牙约有四分之一的员工强烈认为，他们拥有正确的工具和流程，可以快速响应业务需求。对于本部门与其他部门之间的合作感到满意的比例大致相同。

## 第49章　人工智能已经到来，现在该怎么办

2018年盖洛普对欧洲的4000名全职和兼职员工进行的一项调查显示，37%的德国员工强烈认为，他们的公司很容易实施有助于提高生产力的新技术；26%的法国员工、21%的英国员工和18%的西班牙员工持同样看法。和美国一样，这些欧洲国家的大多数员工认为，他们的工作岗位不会因为新技术而在未来5年内被裁撤。

## 第51章　沉溺于技术——人力资本管理系统和其他解决方案

2018年盖洛普对欧洲4000名全职和兼职员工进行的一项调查显示，在西班牙和法国，35%的受访者强烈认为获取与他们的工作相关的数据很容易，德国和英国的这一比例分别为55%和51%。

## 第52章　用预测分析更好地决策：经理人的点球成金之道

2018年盖洛普对欧洲4000名全职和兼职员工进行的一项研究中，36%的德国员工强烈认为，他们的公司很好地利用了可用的数据，做出了正确的决策，32%的法国员工、31%的西班牙员工和29%的英国员工持同样看法。

# 关于盖洛普公司

## 盖洛普管理咨询

盖洛普研究人类行为超过70年，与大多数咨询公司有着很大的区别——其他公司主要围绕传统领域（如降低成本、建立或重新设计流程和系统或者收购与兼并等）提供服务，而我们致力于帮助公司推动真正的“有机增长”（Organic Growth），即通过可持续的运作来提升营业收入和利润。

盖洛普整合数十年在管理、经济、心理、社会等多领域不断取得的研究和实践成果，探索出一条如何帮助企业实现持续发展和利润增长的途径——这就是盖洛普路径（The Gallup Path）。该路径指导企业如何关注顾客与企业的情感联系，工作环境和员工的敬业度，发展优秀的经理，识别个人的优势，因才适用，从而驱动企业可持续的发展和利润的真正增长。

## 盖洛普企业成功路径

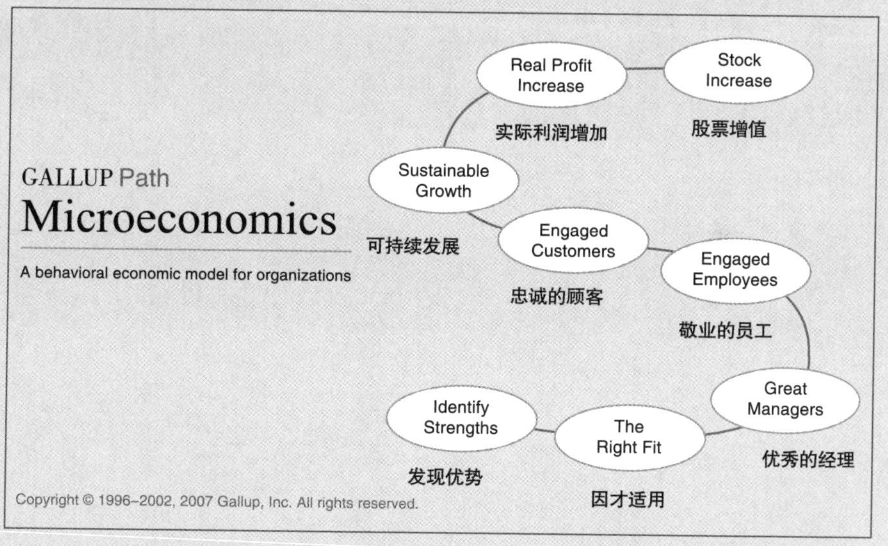